U0404555

北京大學中國語言學研究中心

語言接觸視角下的北京郊區語音演變研究

（15YJC740023，2015年教育部人文社會科學一般項目）

早期北京話珍稀文獻集成

主編　劉雲

清代官話正音文獻

分卷主編　周晨萌

正音咀華

[清] 莎彝尊　著

韓沛玲　校注

北京大學出版社
PEKING UNIVERSITY PRESS

圖書在版編目（CIP）數據

正音咀華 /（清）莎彝尊著；韓沛玲校注. —北京：北京大學出版社，2018. 6
（早期北京話珍本典籍校釋與研究）
ISBN 978-7-301-29128-3

Ⅰ. ①正… Ⅱ. ①莎… ②韓… Ⅲ. ①漢字—正音詞典—中國—清代 Ⅳ. ①H114.9-61

中國版本圖書館CIP數據核字（2017）第328758號

書　　名　正音咀華
　　　　　ZHENGYIN JUHUA
著作責任者　［清］莎彝尊　著　韓沛玲　校注
責任編輯　王鐵軍　任　蕾
標準書號　ISBN 978-7-301-29128-3
出版發行　北京大學出版社
地　　址　北京市海淀區成府路205號　100871
網　　址　http://www. pup. cn　　新浪微博：@北京大學出版社
電子信箱　zpup@ pup. cn
電　　話　郵購部 62752015　發行部 62750672　编輯部 62754144
印 刷 者　北京虎彩文化傳播有限公司
經 銷 者　新華書店
　　　　　720毫米×1020毫米　16開本　29.75印張　246千字
　　　　　2018年6月第1版　2018年6月第1次印刷
定　　價　118.00元

總 序

語言是文化的重要組成部分,也是文化的載體。語言中有歷史。

多元一體的中華文化,體現在我國豐富的民族文化和地域文化及其語言和方言之中。

北京是遼金元明清五代國都(遼時爲陪都),千餘年來,逐漸成爲中華民族所公認的政治中心。北方多個少數民族文化與漢文化在這裏碰撞、融合,産生出以漢文化爲主體的、帶有民族文化風味的特色文化。

現今的北京話是我國漢語方言和地域文化中極具特色的一支,它與遼金元明四代的北京話是否有直接繼承關係還不是十分清楚。但可以肯定的是,它與清代以來旗人語言文化與漢人語言文化的彼此交融有直接關係。再往前追溯,旗人與漢人語言文化的接觸與交融在入關前已經十分深刻。本叢書收集整理的這些語料直接反映了清代以來北京話、京味文化的發展變化。

早期北京話有獨特的歷史傳承和文化底藴,於中華文化、歷史有特別的意義。

一者,這一時期的北京歷經滿漢雙語共存、雙語互協而新生出的漢語方言——北京話,她最終成爲我國民族共同語(普通話)的基礎方言。這一過程是中華多元一體文化自然形成的諸過程之一,對於了解形成中華文化多元一體關係的具體進程有重要的價值。

二者,清代以來,北京曾歷經數次重要的社會變動:清王朝的逐漸孱弱、八國聯軍的入侵、帝制覆滅和民國建立及其伴隨的滿漢關係變化、各路軍閥的來來往往、日本侵略者的占領,等等。在這些不同的社會環境下,北京人的構成有無重要變化?北京話和京味文化是否有變化?進一步地,地域方言和文化與自身的傳承性或發展性有着什麽樣的關係?與社會變遷有着什麽樣的關係?清代以至民國時期早期北京話的語料爲研究語言文化自身傳承性與社會的關係提供了很好的素材。

了解歷史才能更好地把握未來。新中國成立後，北京不僅是全國的政治中心，而且是全國的文化和科研中心，新的北京話和京味文化或正在形成。什麼是老北京京味文化的精華？如何傳承這些精華？爲把握新的地域文化形成的規律，爲傳承地域文化的精華，必須對過去的地域文化的特色及其形成過程進行細致的研究和理性的分析。而近幾十年來，各種新的傳媒形式不斷涌現，外來西方文化和國内其他地域文化的衝擊越來越强烈，北京地區人口流動日趨頻繁，老北京人逐漸分散，老北京話已幾近消失。清代以來各個重要歷史時期早期北京話語料的保護整理和研究迫在眉睫。

"早期北京話珍本典籍校釋與研究（暨早期北京話文獻數字化工程）"是北京大學中國語言學研究中心研究成果，由"早期北京話珍稀文獻集成""早期北京話數據庫"和"早期北京話研究書系"三部分組成。"集成"收録從清中葉到民國末年反映早期北京話面貌的珍稀文獻并對内容加以整理，"數據庫"爲研究者分析語料提供便利，"研究書系"是在上述文獻和數據庫基礎上對早期北京話的集中研究，反映了當前相關研究的最新進展。

本叢書可以爲語言學、歷史學、社會學、民俗學、文化學等多方面的研究提供素材。

願本叢書的出版爲中華優秀文化的傳承做出貢獻！

王洪君、郭鋭、劉雲

二〇一六年十月

“早期北京話珍稀文獻集成”序

清民兩代是北京話走向成熟的關鍵階段。從漢語史的角度看，這是一個承前啓後的重要時期，而成熟後的北京話又開始爲當代漢民族共同語——普通話源源不斷地提供着養分。蔣紹愚先生對此有着深刻的認識：“特别是清初到19世紀末這一段的漢語，雖然按分期來説是屬于現代漢語而不屬於近代漢語，但這一段的語言（語法，尤其是詞彙）和‘五四’以後的語言（通常所説的‘現代漢語’就是指‘五四’以後的語言）還有若干不同，研究這一段語言對於研究近代漢語是如何發展到‘五四’以後的語言是很有價值的。”（《近代漢語研究概要》，北京大學出版社，2005年）然而國内的早期北京話研究并不盡如人意，在重視程度和材料發掘力度上都要落後於日本同行。自1876年至1945年間，日本漢語教學的目的語轉向當時的北京話，因此留下了大批的北京話教材，這爲其早期北京話研究提供了材料支撑。作爲日本北京話研究的奠基者，太田辰夫先生非常重視新語料的發掘，很早就利用了《小額》《北京》等京味兒小説材料。這種治學理念得到了很好的傳承，之後，日本陸續影印出版了《中國語學資料叢刊》《中國語教本類集成》《清民語料》等資料匯編，給研究帶來了便利。

新材料的發掘是學術研究的源頭活水。陳寅恪《〈敦煌劫餘録〉序》有云：“一時代之學術，必有其新材料與新問題。取用此材料，以研求問題，則爲此時代學術之新潮流。”我們的研究要想取得突破，必須打破材料桎梏。在具體思路上，一方面要拓展視野，關注“異族之故書”，深度利用好朝鮮、日本、泰西諸國作者所主導編纂的早期北京話教本；另一方面，更要利用本土優勢，在“吾國之舊籍”中深入挖掘，官話正音教本、滿漢合璧教本、京味兒小説、曲藝劇本等新類型語料大有文章可做。在明確了思路之後，我們從2004年開始了前期的準備工作，在北京大學中國語言學研究中心的大力支持下，早期北京話的挖掘整理工作於2007年正式啓動。本次推出的“早期北京話珍稀文獻集成”是階段性成果之一，總體設計上“取異族之故書與吾國之舊籍互相補正”，共分“日本北京話教科書匯編”“朝鮮日據時期漢語會話書匯編”“西人北京話教科書匯編”“清代滿漢合璧文獻萃編”“清代官話正音文獻”“十全福”“清末民初京味兒小説書系”“清末民初京味兒時評書系”八個系列，臚列如下：

“日本北京話教科書匯編”於日本早期北京話會話書、綜合教科書、改編讀物和風俗紀聞讀物中精選出《燕京婦語》《四聲聯珠》《華語跬步》《官話指南》《改訂官話指南》《亞細亞言語集》《京華事略》《北京紀聞》《北京風土編》《北京風俗問答》《北京事情》《伊蘇普喻言》《搜奇新編》《今古奇觀》等二十餘部作品。這些教材是日本早期北京話教學活動的縮影，也是研究早期北京方言、民俗、史地問題的寶貴資料。本系列的編纂得到了日本學界的大力幫助。冰野善寬、内田慶市、太田齋、鱒澤彰夫諸先生在書影拍攝方面給予了諸多幫助。書中日語例言、日語小引的翻譯得到了竹越孝先生的悉心指導，在此深表謝忱。

“朝鮮日據時期漢語會話書匯編”由韓國著名漢學家朴在淵教授和金雅瑛博士校注，收入《改正增補漢語獨學》《修正獨習漢語指南》《高等官話華語精選》《官話華語教範》《速修漢語自通》《速修漢語大成》《無先生速修中國語自通》《官話標準：短期速修中國語自通》《中語大全》《“内鮮滿”最速成中國語自通》等十餘部日據時期（1910年至1945年）朝鮮教材。這批教材既是對《老乞大》《朴通事》的傳承，又深受日本早期北京話教學活動的影響。在中韓語言史、文化史研究中，日據時期是近現代過渡的重要時期，這些資料具有多方面的研究價值。

“西人北京話教科書匯編”收録了《語言自邇集》《官話類編》等十餘部西人編纂教材。這些西方作者多受過語言學訓練，他們用印歐語的眼光考量漢語，解釋漢語語法現象，設計記音符號系統，對早期北京話語音、詞彙、語法面貌的描寫要比本土文獻更爲精準。感謝郭鋭老師提供了《官話類編》《北京話語音讀本》和《漢語口語初級讀本》的底本，《尋津録》、《語言自邇集》（第一版、第二版）、《漢英北京官話詞彙》、《華語入門》等底本由北京大學圖書館特藏部提供，謹致謝忱。《華英文義津逮》《言語聲片》爲筆者從海外購回，其中最爲珍貴的是老舍先生在倫敦東方學院執教期間，與英國學者共同編寫的教材——《言語聲片》。教材共分兩卷：第一卷爲英文卷，用英語講授漢語，用音標標注課文的讀音；第二卷爲漢字卷。《言語聲片》采用先用英語導入，再學習漢字的教學方法講授漢語口語，是世界上第一部有聲漢語教材。書中漢字均由老舍先生親筆書寫，全書由老舍先生録音，共十六張唱片，京韵十足，殊爲珍貴。

上述三類"異族之故書"經江藍生、張衛東、汪維輝、張美蘭、李無未、王順洪、張西平、魯健驥、王澧華諸先生介紹，已經進入學界視野，對北京話研究和對外漢語教學史研究産生了很大的推動作用。我們希望將更多的域外經典北京話教本引入進來，考慮到日本卷和朝鮮卷中很多抄本字跡潦草，難以辨認，而刻本、印本中也存在着大量的異體字和俗字，重排點校注釋的出版形式更利于研究者利用，這也是前文"深度利用"的含義所在。

對"吾國之舊籍"挖掘整理的成果，則體現在下面五個系列中：

"清代滿漢合璧文獻萃編"收入《清文啓蒙》《清話問答四十條》《清文指要》《續編兼漢清文指要》《庸言知旨》《滿漢成語對待》《清文接字》《重刻清文虚字指南編》等十餘部經典滿漢合璧文獻。入關以後，在漢語這一强勢語言的影響下，熟習滿語的滿人越來越少，故雍正以降，出現了一批用當時的北京話注釋翻譯的滿語會話書和語法書。這批教科書的目的本是教授旗人學習滿語，却無意中成爲了早期北京話的珍貴記録。"清代滿漢合璧文獻萃編"首次對這批文獻進行了大規模整理，不僅對北京話溯源和滿漢語言接觸研究具有重要意義，也將爲滿語研究和滿語教學創造極大便利。由于底本多爲善本古籍，研究者不易見到，在北京大學圖書館古籍部和日本神户外國語大學竹越孝教授的大力協助下，"萃編"將以重排點校加影印的形式出版。

"清代官話正音文獻"收入《正音撮要》（高静亭著）和《正音咀華》（莎彝尊著）兩種代表著作。雍正六年（1728），雍正諭令福建、廣東兩省推行官話，福建爲此還專門設立了正音書館。這一"正音"運動的直接影響就是以《正音撮要》和《正音咀華》爲代表的一批官話正音教材的問世。這些書的作者或爲旗人，或寓居京城多年，書中保留着大量北京話詞彙和口語材料，具有極高的研究價值。沈國威先生和侯興泉先生對底本搜集助力良多，特此致謝。

《十全福》是北京大學圖書館藏《程硯秋玉霜簃戲曲珍本》之一種，爲同治元年陳金雀抄本。陳曉博士發現該傳奇雖爲崑腔戲，念白却多爲京話，較爲罕見。

以上三個系列均爲古籍，且不乏善本，研究者不容易接觸到，因此我們提供了影印全文。

總體來説，由于言文不一，清代的本土北京話語料數量較少。而到了清末民初，風氣漸開，情況有了很大變化。彭翼仲、文實權、蔡友梅等一批北京愛國知識分子通過開辦白話報來“開啓民智”“改良社會”。著名愛國報人彭翼仲在《京話日報》的發刊詞中這樣寫道：“本報爲輸進文明、改良風俗，以開通社會多數人之智識爲宗旨。故通幅概用京話，以淺顯之筆，達樸實之理，紀緊要之事，務令雅俗共賞，婦稚咸宜。”在當時北京白話報刊的諸多欄目中，最受市民歡迎的當屬京味兒小説連載和《益世餘譚》之類的評論欄目，語言極爲地道。

“清末民初京味兒小説書系”首次對以蔡友梅、冷佛、徐劍膽、儒丐、勳鋭爲代表的晚清民國京味兒作家群及作品進行系統挖掘和整理，從千餘部京味兒小説中萃取代表作家的代表作品，并加以點校注釋。該作家群活躍于清末民初，以報紙爲陣地，以小説爲工具，開展了一場轟轟烈烈的底層啓蒙運動，爲新文化運動的興起打下了一定的群衆基礎，他們的作品對老舍等京味兒小説大家的創作産生了積極影響。本系列的問世亦將爲文學史和思想史研究提供議題。于潤琦、方梅、陳清茹、雷曉彤諸先生爲本系列提供了部分底本或館藏綫索，首都圖書館歷史文獻閲覽室、天津圖書館、國家圖書館提供了極大便利，謹致謝意！

“清末民初京味兒時評書系”則收入《益世餘譚》和《益世餘墨》，均係著名京味兒小説家蔡友梅在民初報章上發表的專欄時評，由日本岐阜聖德學園大學劉一之教授、矢野賀子教授校注。

這一時期存世的報載北京話語料口語化程度高，且總量龐大，但發掘和整理却殊爲不易，稱得上“珍稀”二字。一方面，由于報載小説等欄目的流行，外地作者也加入了京味兒小説創作行列，五花八門的筆名背後還需考證作者是否爲京籍，以蔡友梅爲例，其真名爲蔡松齡，查明的筆名還有損、損公、退化、亦我、梅蒐、老梅、今睿等。另一方面，這些作者的作品多爲急就章，文字錯訛很多，并且鮮有單行本存世，老報紙殘損老化的情況日益嚴重，整理的難度可想而知。

上述八個系列在某種程度上填補了相關領域的空白。由于各個系列在内容、體例、出版年代和出版形式上都存在較大的差異，我們在整理時借鑒《朝鮮時代漢語教科書叢刊續編》《〈清文指要〉匯校與語言研究》等語言類古籍的整理體例，結合各個系列自身特點和讀者需求，靈活制定體例。“清末民初京味兒小説書系”和“清末民初京味兒時評書系”年代較近，讀者群體更爲廣泛，經過多方調研和反復討論，我們決定在整理時使用簡體横排的形式，儘可能同時滿足專業研究者和普通讀者的需求。“清代滿漢合璧文獻萃編”“清代官話正音文獻”等系列整理時則采用繁體。“早期北京話珍稀文獻集成”總計六十餘册，總字數近千萬字，稱得上是工程浩大，由于我們能力有限，體例和校注中難免會有疏漏，加之受客觀條件所限，一些擬定的重要書目本次無法收入，還望讀者多多諒解。

“早期北京話珍稀文獻集成”可以説是中日韓三國學者通力合作的結晶，得到了方方面面的幫助，我們還要感謝陸儉明、馬真、蔣紹愚、江藍生、崔希亮、方梅、張美蘭、陳前瑞、趙日新、陳躍紅、徐大軍、張世方、李明、鄧如冰、王强、陳保新諸先生的大力支持，感謝北京大學圖書館的協助以及蕭群書記的熱心協調。“集成”的編纂隊伍以青年學者爲主，經驗不足，兩位叢書總主編傾注了大量心血。王洪君老師不僅在經費和資料上提供保障，還積極扶掖新進，“我們搭臺，你們年輕人唱戲”的話語令人倍感温暖和鼓舞。郭鋭老師在經費和人員上也予以了大力支持，不僅對體例制定、底本選定等具體工作進行了細致指導，還無私地將自己發現的新材料和新課題與大家分享，令人欽佩。“集成”能够順利出版還要特别感謝國家出版基金規劃管理辦公室的支持以及北京大學出版社王明舟社長、張鳳珠副總編的精心策劃，感謝漢語編輯部杜若明、鄧曉霞、張弘泓、宋立文等老師所付出的辛勞。需要感謝的師友還有很多，在此一并致以誠摯的謝意。

“上窮碧落下黄泉，動手動脚找東西”，我們不奢望引領“時代學術之新潮流”，惟願能給研究者帶來一些便利，免去一些奔波之苦，這也是我們向所有關心幫助過“早期北京話珍稀文獻集成”的人士致以的最誠摯的謝意。

劉　雲

二〇一五年六月二十三日

於對外經貿大學求索樓

二〇一六年四月十九日

改定於潤澤公館

《正音咀華》解題

《正音咀華》是清代莎彝尊爲廣東人學習官話而著的一部作品。據侯精一先生(1962)研究,本書初稿成于1837年之前,名爲《正音辨微》,共五卷,曾在1843年之前刊行過一次。目前看到的咸豐癸丑年(1853)版本,是其原版的修訂本:將原来的五卷編爲語音、會話、詞彙三卷,同时增加續編一卷,并更名爲《正音咀華》。后来又經過重刊,有宣統庚戌(1910)版本等。本次標點、校注以咸豐癸丑本(塵談軒刻本)爲底本,參校宣統庚戌本。

《正音咀華》包括語音、會話、詞彙、續篇四個部分。卷一(語音)主要介紹了切字原理,正音、北音、五音、開合等各種語音概念,各音類發音方法,聲韻調系統,以及以千字文爲綱的正音的同音字表。卷二(會話)是圍繞問士、問農、問工、問商、探友、回拜、辭行、送行、說情、呈究、紳見、屬賀、屬見、送離等主題構成的口語語料。卷三(詞彙)分爲天文、時令、地輿、房屋、水火、人物、身體、形貌、品行、動静、飲食、衣冠、禮樂、言語、稱呼、乖謬、疾病、婚喪、工商、頑耍、金銀、銅鐵、錫瓦、竹木、花果、禽獸、蟲魚、雜門,共二十八類。這種詞彙分類方法對今天的方言詞彙分類仍有參考價值。每一類中,首列生字,以反切注音,下列出相關的詞語,每一詞語都附有廣東話對應的表達。續編是官話的長篇語料,有將經典文獻《論語》《孟子》中的章節翻譯爲當時官話的文本,也有當時官司訴訟的實際語料。

方法科學是《正音咀華》的特點之一。“讀書貴識字,識字貴考音。”作者深諳語音學習對掌握正音的重要意義。在卷一中,作者採用等韻學方法,詳細介紹了“正音”的切音原理,并從生理學角度科學描述了每一音類的發音方法,如“用上下兩唇相拍讀”“用舌尖舔上讀”,分别發出重唇音和舌尖音等。

而重視區域語言之間的共時、横向的比較,保留了大量早期語言信息,是本書的另一亮點。各卷中,作者均重視正音、北音、土音等之間的比較。比如,卷一“土音同正音異”“正北音異”等内容;卷二、卷三、續編裏均有朱筆旁批形式的音注(校注本採用小字下標形式),其中大量使用廣州話的同音字標注官話字音。這對於研究方言的歷史演變具有重要參考價值。

本書整理本採用横排格式,底本中的異體字、異形詞均予保留,部分生僻字形在注釋中説明。部分表格順應横排的習慣作了調整。

目 録

自　序

是書爲習正音者設也。予自友教①以來，廿餘年矣！口談之暇，搜訂各字音韻，與及事物稱謂之殊、言語應酬之法，撰爲此書，使學者由是而習焉。因覩②各友鈔謄之苦，不得已而付諸剞劂③，庶幾④後之學者可購而得云爾。其有未合者，願高明惠教之，幸甚！

莎秬薌⑤自題

---

① 友教：指以朋友的身份教授，不以傳統的師徒身份教授。如明歸有光《策問二十三道》："昔者，孔子及門人論學，其後七十子之徒，以此友教諸侯。"

② 覩：睹。

③ 剞劂：雕版，刻書。

④ 庶幾：表示在上述情況下，大概可以避免某種不希望的後果或顯示某種希望。

⑤ 莎彝尊，長白（今吉林長白）人，字秬薌，生卒年不詳。除《正音咀華》外，還著有《正音切韻指掌》（咸豐十年）、《正音再華傍注》（同治六年），皆爲廣東人學官話之作品。

鄧　序

凡音之起,必由於樂;凡音之和,必有其韻。此天地自然之節,亦斯人同然之情。所以脣齒牙喉舌各不相同,而五音[①]之中又分爲八音[②],舌尖别以捲舌,重屑[③]析爲輕脣,而又釐出上腭,此天籟也,而人巧備焉。其聲實通於萬物而無不響應者也,精之者惟莎公彝尊。丁酉仲夏出《正音辨微》一書,質於余,余撫卷而嘆。何嘆也? 以其得天地自然之節,知斯人同然之情也。音韻一本,法簡而賅,其便於初學者;第二本千字文,尤無美不備;餘本亦詳盡直捷。誠得是書而揣摩之,真可謂無微不入矣! 余幸其急付梓,以公於世也,故樂爲之序云。

賜進士出身誥授中憲大夫雲南糧儲
道前翰林院庶吉士南海鄧士憲拜撰

---

① 五音,即脣音、齒音、牙音、喉音、舌音。

② 八音,即重脣音、輕脣音、牙音、齒音、舌尖音、頂腭音、捲舌音、喉音。

③ 屑:脣。

梁序

恭讀上諭[①]，忳忳[②]以閩廣爲念，務期諧聲、會意，嫻[③]習語音，成遵道[④]之休風，著同文之盛軌，庶於聖人六書垂教之旨不廢，其慮可謂遠大。邇來[⑤]省會烝烝日上，士人講求官話，預爲將來出仕用，所在皆有。雖南北分腔，而語言則一，但教者苦無善法，故學者每至三五月仍未純熟。非其心不專，實其法不捷也。余丙申自京囘[⑥]，得見彝尊莎先生，人品敦厚，口角錚錚[⑦]，字字清歷，視當世之懶怠虛浮名實不稱者大有逕庭。其出所爲正音書，共成五本，業經付梓行世。今閱十載，又欲由博反約[⑧]，撮爲三本，首切音千字文，次話頭，次別俗，學者誠手是書，考求數月，音韻既通，律呂[⑨]幾徹[⑩]，將《紅樓夢》《官話彙篇》《正音撮要》等書閒有舛漏，亦可以訂正無訛，視俗本相去不啻天淵矣。

吳川學梁作楫謹識

---

① 上諭：指雍正六年（1728）發佈的官方法令。

② 忳忳：憂愁的樣子。《楚辭・九章・惜誦》："申侘傺之煩惑兮，中悶瞀之忳忳。"王逸注："忳忳，憂貌也。"

③ 嫻：嫻。

④ 遵道：遵循正道。这里指遵循正音。

⑤ 邇來：近來。

⑥ 囘：回。

⑦ 口角錚錚：指言辭乾淨有力。

⑧ 由博反約：出自《孟子・離婁下》"博學而詳說之，將以反說約也"。意思是，有淵博的知識，并可以歸納成簡單而概括的結論。

⑨ 律吕：音律。

⑩ 徹：彻，通透。

仇　跋

一字有一義，一字即有一音。自沈約定四聲而音學始備。我國朝聲教暨訖，四海同文，字典一書，逐字釐訂，定以字母而調其音切，固已考核精微，推敲細緻，允爲字學之津梁①，音学之極軌②，習正音者可無事他求矣。惟是五方之音語不同，南北之口腔各異。雖官場定例俱限正音，而聲口之清濁高下，究難盡脱土音，所以然者，齊人楚語習慣使然，而脣齒喉舌之音未嘗細辨，故出言祇求近似，字眼究未認真也。今讀沙彝尊先生正音一書，見其逐字細求音切，而又審其音之所自出。凡喉音、舌音、脣音、齒音、牙音，無不剖辨入微，可謂詳審精密，深切著明矣！證以字典不爽毫釐，参以正音自然脗③合。學者果能從此究心，講求字母切字之法，而辨其清濁高下之由。矢口之間，喉舌齒牙各不相雜，而更辨其喉之頂腭、舌之尖捲、脣之輕重，與夫牙間、齒縫秩然不紊，則字音無不正矣！字音既正，然後可以研求字義。由四聲而推究韻學，由今文而進考古文，摛④爲詞藻，發爲文章，以鳴國家之盛。夫豈僅爲語言文字之末，不致土音是操，不爲方言所囿云爾哉！

賜進士出身誥授朝議大夫貴州興義府知府加
五級紀錄十次前翰林院庶吉士仇效忠拜撰

---

① 津梁：分别指渡口和橋梁。
② 極軌：最高的法則、楷模。
③ 脗：吻。
④ 摛：鋪陳。

凡　例

（一）是編專爲正音者作也。其切音先要明白，而後語音始可清楚。脣齒牙喉舌五音析爲八音，其訣云：脣吻分輕重，舌尖捲上膛，喉腭居內外，牙齒定中旁。故將切法載於首，以便於初學也。

（二）字音八十字，横列爲四行，分有句讀。第一行係大開口音；二行，半開口音；三行，合齒音；四行，合脣音。首行如"戞喀"至"發襪"是也。餘倣①此。

（三）字韻三十五字，直列爲十六句。有三字一句者，首字是大開口音，次字半開口音，三字合口音；二字一句者，首字開口音，次字合口音。如有一圈者，有音無字也。

（四）字母六十字，乃切音之要也。切字之法，如玉出崑岡之岡字係戞佒切。調之之訣：戞佒戞佒戞京堅岡，即岡字矣。又如康字，係喀佒喀佒喀傾牽康，即康字矣。將字音、字韻、字母三欵②俱以習之爛熟，則切音無不正矣。舉此爲式，餘可類推。

（五）千字文所收同音之字，不過萬數，皆目前常見易識者。倘他書中遇有此書未收之字，當以字典查其切音，亦可類推。

（六）彙注如崐字，本姑渾切，音褌，讀作坤；有巨字上聲，音矩，讀作"具"音；淡字，覃上聲，音毯，讀作澹音。如此之類，係借音從俗讀者，而爲言語相通也。

（七）此書之切音須從正音字切，方是正音，若字典等書之切音。由正音則切回正音，土音則切回土音。

（八）自古韻書皆不分陰陽，惟中原韻於平聲則分之，於上去聲則否。中州韻於平去聲皆分，而上聲仍混。茲北韻於平聲亦分，則上去入俱用陽聲而不用陰聲。常人謂北音高者，即此之故也。

---

① 倣：仿。

② 欵：款。

（九）韻中陰上、陰去聲，只可以南音所用。若北音中遇此等字，當必陰出而陽收之。蓋北方屬陰，故聲出多陰，其陽收者，陰極而陽生也。

（十）翻切之法，諸書都有，但俱遠，一字未能矢口而得。至中原、中州二書，庶幾近之然。如東字作多籠切，則多字之出音誠得之矣，而籠字之字身，猶以舌之多動一動爲嫌，且音又屬陽，與本音不洽。茲作都翁切，則連讀翻切之二字宛肖讀本音之一字矣。餘俱倣此。

（十一）字音範圍内間有入聲字借作上平聲讀。如戛字之類，本係入聲，此借作上平聲讀。是乃取其字音叶韻，非作如字讀也。

卷　一

長白莎彝尊秬薌甫著
男弼良夢巖
姪温良洛泉　仝[①]校

新訂切字捷法

法以六十字爲母，原本自《玉篇》，論清濁高下，聲韻相偶，洵切字提綱之要。兹每字母上隨指一字以示概，俾易於誦習，不過一朝一夕之功耳！至熟極生巧，觸類引伸，則統凡音莫外是焉。蓋天地自然之節奏，其妙未易以言傳，學者果篤信而專精之，自然了悟。凡平仄俱同一母，公屬京堅，拱共谷亦是京堅，餘倣此。其用一圈者，有音無字也，顧無字之音正無庸揣擬，惟以字母之音字俱有者習之爛熟。至錯舉他字，沖口而出，悉協無差，則凡無字而皆有音發乎唇吻之間，由是可用之於切字矣。切字之例，每用二字，上取字音，下取字韻，合而調之，自得其音焉。如岡字戛泱切，戛母屬京堅，泱岡聲韻相諧，調之之訣：戛泱戛泱，戛京堅岡。首將二字重疊念之，六七復歸字母，則其音自然顯露於第八字也。舉此爲式，餘可類推，神而明之，存乎其人。

國朝《字典》音義大備，而等韻之方未易通曉。若用此法，參以正音，按諸《字典》，分毫不爽，實爲初學捷徑焉。夫讀書貴識字，識字在考音，而考音悉本切字，此誠學者之要務也。

爰述所聞，細加增訂，用公同志似不無小補云。

---

① 仝：同。

字母切韻要法

證鄉談法

鄉談豈但分南北,每郡鄉鄰便不同。由此故教音韻證,不因指示甚難明。

分八音法

見溪郡疑是牙音,端透定泥舌尖音。知徹澄娘頂腭音,幫滂並明重脣音。非敷奉微輕脣音,精清從心邪齒縫。照穿牀審禪亦腭,影曉喻匣是喉音。來日捲舌了上音,後習學者自分明。

分四聲法

平聲平道莫低昂,上聲高呼猛烈强。去聲分明哀遠道,入聲短促急收藏。

身備五音詩

人人共此音,反切何曾苦。脣舌齒牙喉,宮$_{\text{土君}}$商$_{\text{金臣}}$角$_{\text{木民}}$徵$_{\text{火事}}$羽$_{\text{水物}}$,心$_{\text{火}}$肝$_{\text{木}}$脾$_{\text{土}}$肺$_{\text{金}}$腎$_{\text{水}}$,聖道誰云遠,一身通萬古。

入聲作平聲

戛喀哈搭拉髾帀擦薩發襪德諾勒側測則塞佛給刷豁卓確學約畧弱酌芍鵲削結歇迭帖揑别擎滅折徹舌接切屑角卻割剝朴莫雀訣缺血曰劣拙雪鴿黑餑禿突凸出粥押鴨壓噎掖納錫

入聲作上聲

塔法髮戟筆劈尺北鵠谷薛鐵

入聲作去聲

末臘辣掣特惡赫澀嫱屐亦易役佾域郁玉逆璧蜜日斥赤客蔔歿脈麥墨册悦

粤力栗立設色穡陸褖辱勿物唬蔑妾藥躍月獄育沃肉鬱葉怯

十 问

何爲正音？答曰：遵依欽定《字典》《音韻闡微》①之字音，即正音也。

何爲南音？答曰：古在江南建都，即以江南省話爲南音。

何爲北音？答曰：今在北燕建都，即以北京城話爲北音。

何爲切音？答曰：每用兩字，上一字是發言之音，下一字是收回散出之韻。音爲標，韻爲箭，標箭彼此相對，即切音也。

何爲五音？答曰：五行有土金木火水，五臟有脾肺肝心腎，五音有宫商角徵羽，口腔有喉齒牙舌脣是也。

何爲九聲？答曰：如"分焚粉憤糞秎②拂法佛"是也。餘倣此。

何爲清濁？答曰：《字典》有"見溪郡疑"，"見"是清，"溪"是次清，"郡"是濁，"疑"是次濁。《五車韻瑞》③又云：其清音即俗謂乾淨，濁音即俗謂漢或④也。

何爲開合？答曰：字典有四聲音韻圖，如"岡康湯張"是開口音，"工空中充"是合口音。

何爲陰陽？答曰：上平聲、上上聲、上去聲、上入聲是陰聲也；下平聲、下上聲、下去聲、下入聲是陽聲也。

何爲口法？答曰：有大牙用力、喉氣貫出、舌尖舔上、兩脣相拍、舌頭微捲，舌根縮短、舌尖鬆放、脣如吹火之辨也。

以上四聲字

傍註有官字者，是用官話讀。傍註有土字者，是用土話讀。傍註有兩個字

---

① 《音韻闡微》：清李光地等撰，康熙五十四年奉敕撰，雍正四年告成。

② 底本作"粉"，據宣統本改。

③ 《五車韻瑞》：明代淩稚隆（生卒年不詳）著，據說該書仿照陰時夫《韻府群玉》而成，在每一韻之下，先列出一小篆字，後以韻隸事。據葉再生《中國近現代出版通史》考證，《五車韻瑞》是世界上首部"華英字典"，也是首部語言直譯本。

④ 漢或：含混。

者,是用合切讀。傍註有開字者,是用開口讀。傍註有合字者,是用合脣讀。傍註有一個字者,是與土音同讀。

上平土音同正音異

牽官千軒官先　卿土稱馨土升　昭土嘲超土抄　司土師師土詩　虧籠煨隳蒿煨
根土巾①毡　肱土公轟土空　昏土歡温土　稽土之溪土痴　甄土珍欣土先
欽土千音土烟　雍土翁甕平　駒土朱驅處　商土生雙疎②瞿③　遵土津土前④
優土夭休土燒　空籠翁凶書雍　康卡瞿腔俗青　哇土嘩訶花　岡土耕江之央
興土升兄書雍　昌土撐𢠸初汪　寬籠灣歡呼灣　魁籠煨灰呼煨　鈎土溝鳩土招⑤

下平土音同正音異

賢官咸延官言　詳先生牆俗青　微土威迷尾平　雄書雍紅土空　如官於儒魚烏
誰土衰垂土吹　詞土疵臍土痴　毛土貓模母平　樓土蔸流土了平　偷土卵鱗土連⑥
衡土亨行土升　聯官連鑾路灣　從土葱松土崧　巡土孫秦土千　咸官先涵土慳
民免平文土温　成官亨繩土笙　還呼灣腔土灣　宜土衣兒捲舌　忙土猛忘官王
黄訶王王哇瞿

上聲土音同正音異

毀海合委土　刊官看罕官旱　忍引　蟒土猛網横　起土矢喜土屎
苦籠虎土好　刎土尹敏土免　母土舞土鄔　恥土矢始土屎　以土耳官主
火土可夥土礚　雅土也瓦土剮　美土米尾土委　遣餞開顯鮮開　考靠上巧悄
狗九九土沼　走土酒酒土勦

---

① 底本作“中”,據宣統本改。
② 疎:疏。
③ 宣統本作“[illegible]”,下同。
④ 宣統本作“煎”。
⑤ 宣统本作“沼”。
⑥ 底本作“𤀹”,據宣統本改。

去聲土音同正音異

貴始①會季治	富付庫箍去	縣善開院願開	阜土埠土步	惠好會位土
犒靠號效	外壞礙官女	氣翅戲試	務芊暮土務	課磕貨賀
信土善遜土	義土二捲舌	冒貌戊麻后合	訕下去簒寸開	彙位累類
就召袖兆	第地隸利	萬患慢土	胤土硯釁盛	論土紊土運
訓篆糞份	搆究土召	翅土啻土示	肇掉紹筲去	盜官道渡土

入聲土音同正音異

族糟俗蘇	筆卑不逋	各哥角將入	核訶轄賒了	撤車設射
骨姑橘朱	臘罅立利	谷姑菊朱	瑟射失戶	克磕黑訶
宅遮擲之	哭箍曲處	密昧物芊	雜官咱集之	佛科乏花

開合上字開口下字合口

酸蘇灣孫苟	糟嘲租糟	倒打考賭土	惱鐃弩土努	勞撈盧魯
刀打敲都土	保鮑補土	套他效吐土	桃他敲圖叨	刁開口丟土
討他巧土土	報鮑部步	毛貓模母	早近瓜租土	老罅巧魯土
暴鮑步土	道打效杜土	盜打效渡土	狗九九沼	走土酒酒沼

正北音異

北	正音巴額切 北音巴每切	百	正音巴額切 北音巴矮切	白	正音巴額切 北音巴孩切
薄	正音巴額切 北音巴敖切	肋	正音拉額切 北音拉位切	勒	正音拉額切 北音拉非切
賊	正音市額切 北音市微切	黑	正音哈額切 北音哈餒切	塞	正音薩額切 北音薩孩切

---

① 依字音,"始"當作"姑"。

擇	正音渣額切 北音渣孩切	摘	正音渣額切 北音渣孩切	宅	正音渣額切 北音渣孩切
翟	正音渣額切 北音渣孩切	窄	正音渣額切 北音渣矮切	拆	正音叉額切 北音叉孩切
角	正音居喲切 北音基要切	覺	正音居喲切 北音基要切	脚	正音基喲切 北音基咬切
學	正音虛喲切 北音希堯切	鶴	正音希喲切 北音哈敖切	藥	正音於覺切 北音衣教切
鑰	正音於角切 北音衣教切	雀	正音妻喲切 北音妻咬切	嚼	正音賌喲切 北音賌堯切
略	正音離喲切 北音離要切	削	正音須喲切 北音四幽切	粥	正音渣屋切 北音渣歐切
綠	正音羅屋切 北音離遇切	續	正音薩屋切 北音西遇切	熟	正音賒屋切 北音沙侯切
着	正音朱活切 北音渣敖切	鑿	正音租活切 北音租敖切	落	正音盧或切 北音拉傲切
累	正音盧會切 北音拉位切	淚	正音盧會切 北音拉位切	類	正音盧會切 北音拉位切
瑞	正音書會切 北音如會切	雷	正音盧囘切 北音拉微切	誰	正音書回切 北音沙微切
薛	正音西掖切 北音西也切	色	正音沙額切 北音沙矮切	血	正音虛曰切 北音希也切
更	正音戞鞥切 北音基英切	硬	正音阿正切 北音基英切	給	正音戞益切 北音戞尾切

音韻範圍

口法	用兩腮内大牙力讀	用喉氣嘘嘘貫出讀	用舌尖舔上讀	用上下兩唇相拍讀	用舌頭微微卷上讀	用舌尖松放頂出齒罅讀	用唇如輕輕吹火讀
	牙音	喉音	舌尖音	重唇音	捲舌	齒縫音	輕唇
字音橫讀，音注附後。	戞喀 歌珂 基欺 姑軲	哈阿 訶婀 希衣 呼烏	搭他納 德忒諾 低梯泥 都稌奴	巴葩麻 波頗麽 篦批彌 逋鋪模	拉髯 勒熱 離兒 盧儒	帀擦薩 則城塞 賫妻西 租粗蘇	發襪 (科)(窩) 非微 夫無
字韻直讀	佒 鞥 翁	安灣 恩温	汪央淵 英 (宏)雍濟	煙 阿 婀 因 衣	唉歪 餕煨	熫① 夭 歐 幽	呀喲 爺 於肥
字母	公空 京傾 堅牽 岡康	烘翁 興英 掀烟 炕佒	東通農 丁廳甯 顛天年 當湯囊	崩彭懵 兵俜明 遍偏眠 邦滂茫	龍戎 零仍 連然 郎穰	宗聰松 精清星 箋千仙 臧倉桑	風嗡 [illegible][illegible] (洑)(閒) 方亡

音　注*

戞讀作家　喀磕丫切　哈讀作蝦　阿讀作鴉　搭打平聲　他土音同
納拏上平　巴土音同　葩怕平聲　麻讀作孖　拉罅平聲　髯而鴉切
渣土音同　叉土音同　沙土音同　帀茲鴉切　擦雌鴉切　薩思鴉切
發讀作花　襪讀作嘩

歌家婀切　珂卡婀切　訶蝦婀切　婀鴉哥切　德搭婀切　忒他婀切
諾納婀切　波土音同　婆土音同　麽土音同　勒罅婀切　熱而婀切
側渣婀切　測叉婀切　色沙婀切　則帀婀切　城擦婀切　塞薩婀切
佛讀作科　獲讀作窩

---

① 熫：鏖。

* 凡讀作“家、蝦”等字俱用廣城土音，即是戞哈等字正音。

基讀作知　欺讀作痴　希讀作詩　衣義平聲　低搭衣切　梯他衣切
呢納衣切　篦讀作卑　披土音同　彌眉上平　離土平聲　兒土平聲
知渣衣切　癡叉衣切　詩沙衣切　赍即衣切　妻戚衣切　西息衣切
㊥土音同　㊦土音同

姑土音同　軲磕烏切　呼讀作蒿　烏土音同　都土音同　瑹讀作叨
奴土平聲　逋土音同　鋪土音同　模土音同　盧羅烏切　儒也烏切
朱渣烏切　初叉烏切　書沙烏切　租土音同　粗土音同　蘇土音同
夫土音同　無讀作烏

佒讀作甖　鞥讀作鶯　翁甕平聲　安晏平聲　恩鴉根切　汪橫上平
央衣䱍切　淵於彎切　䶮讀作淵　烟大開口　因讀作烟　唉讀作挨
餘阿鷄切　厓衣皆切　爊讀作拗　夭大開口　幽兒招切　呀也上平
喲魚哥切　肥魚靴切

同音彙注

千字文	反切	聲類	同音字	備註
天	梯烟切	舌尖	添	
地	搭異切	舌尖	杕苐第弟悌蝃蝷帝蒂揥禘諦埭棣逮遞嚏	
元	於權切	喉音	芫沅沿鉛垣員圓園袁轅原源椽緣爰猨援瑗媛鳶黿	
黃	呼王切	喉音	皇遑隍惶徨煌蝗鰉潢璜磺鐄	
宇	衣矩切	喉音	予窳雨羽楰庾圉圄敔語齬禹瑀鄅與嶼俁傴愈嘘醹	
宙	遮后切	頂腭	咒詋味冑紂酎紨晝甃縐皺籀	
洪	呼翁切	喉音	陎虹紅訌弘宏鞃鴻	
荒	呼汪切	喉音	肓謊慌幌	
日	兒一切	捲舌	衵馹	

續表

千字文	反切	聲類	同音字	備註
月	衣厥切	喉音	曰汨戉越鉞樾軏刖玥悅說閱粵樗抉巇	
盈	衣形切	喉音	迎塋瑩熒螢滎營縈贏凝楹	
昃	渣額切	頂腭	仄宅窄側翟簀責摘擇澤磔謫	
辰	車痕切	頂腭	臣沉岑陳宸晨塵	
宿	塞屋切	齒縫	戍①夙俗蕢帥粟蓿速觫餗蔌簌樕遬謖樎藗肅齪續	
列	離掖切	捲舌	茢洌冽烈裂迾鬣獵躐	
張	渣佒切	頂腭	章遧彰漳慞璋樟獐嫜鄣蟑	
寒	哈藍切	喉音	含函涵崡槭菡邯邗鼾韓	
來	拉孩切	捲舌	萊箂俫徠崍棶秾騋	
暑	賒武切	頂腭	所抒黍鼠癙數墅	
往	哇倣切	喉音	枉	
秋	妻幽切	齒縫	萩湫楸誎鞦鰍鶖酋遒鰌	
收	賒歐切	頂腭	莌	
冬	都翁切	舌尖	東凍蝀零鼕	
藏	擦昂切	齒縫	鑶	
閏	如慍切	捲舌	潤	
餘	衣徐切	喉音	于竽盂余予魚雩俞逾窬渝瑜榆踰愉覦與輿腴虞娛	
成	車恒切	頂腭	丞承呈程裎酲乘盛晟城誠澄橙棖塍懲	
歲	蘇位切	齒縫	璲檖碎粹睟誶樲祟彗篲穗繐遂邃燧燧禭繸	歲本從止,試場作嵗。
律	離玉切	捲舌	嵂膟	

① 底本作“戉”。

續表

千字文	反切	聲類	同音字	備註
呂	離宇切	捲舌	侶旅膂嶁褸縷	呂,俗作吕,非。
調	梯堯切	舌尖	佻跳迢苕笤齠髫蜩鰷條鰷	
陽	衣祥切	喉舌	羊佯洋庠瘍昜揚楊暘颺	
雲	於羣切	喉音	云芸沄妘耘紜隕匀昀筠澐	
騰	他恒切	舌尖	疼騰滕縢謄藤	
致	渣異切	頂腭	治志痣誌摯鷙贄至緻制製稚雉擲智哲質置滯懥觶	
雨	衣矩切	喉音	入宇字	
露	拉悟切	捲舌	路賂輅蕗簵潞璐鷺	
結	基掖切	牙音	孑杰刦刧劫訐桀拮桔袺詰絜潔傑偈揭楬竭碣羯	
爲	烏葵切	喉音	危峗桅唯惟帷維韋違幃圍闈	爲,本字,今通作為。
霜	書汪切	頂腭	雙孀礵	
金	基因切	牙音	斤巾今妗衿衾觔筋禁襟	金,二上不出頭。
生	賒翰切	頂腭	升昇陞牲鉎笙甥勝聲	
麗	拉異切	捲舌	吏戾淚例利痢莉俐唎詈荔沴蒞隸厲勵礪蠣儷	
水	書委切	頂腭	華	
玉	衣局切	喉音	育沃郁鈺浴欲慾昱煜鋈彧罭蜮緎毓蔚熨獄澳鬻鬱	
出	車屋切	頂腭	怵絀俶畜蓄慉搐黜齪齣	
崐	軲温切	牙音	坤堃昆琨錕髡	昆,音褌,北作坤音。
岡	戛佒切	牙音	亢扛杠肛矼罡崗釭剛綱鋼	
劍	基硯切	牙音	見件儉諫監鑒鑑建健揵間澗瞯覸	

續表

千字文	反切	聲類	同音字	備註
號	哈傲切	喉舌	好顥秏顥灝	
巨	基遇切	牙音	句具苣拒秬距詎鉅倨踞鋸遽據醵㢆懼颶屨瞿	巨，上聲六語韻，北作具音。
闕	驅月切	牙音	屈缺決訣觖闋獗嶡蕨劂	
珠	遮烏切	頂腭	朱茱侏洙株硃蛛誅銖邾猪諸瀦	
稱	車鞥切	頂腭	偵偁赬撐𣫍檉蟶鐺	
夜	衣借切	喉音	啷	
光	姑汪切	牙音	侊洸桄胱觥	
果	姑我切	牙音	菓裹蜾	
珍	遮恩切	頂腭	砧針真瑱甄箴鱵斟	
李	拉以切	捲舌	里俚哩娌悝理裡鯉裏履澧禮醴鱧蠡	
柰	納艾切	舌尖	奈耐鼐褦	
菜	擦艾切	齒縫	蔡	
重	朱甕切	頂腭	仲俇衆眾種	
芥	基隘切	牙音	介疥界价玠蚧魀戒誡屆解	
薑	基央切	牙音	江豇姜畺僵殭蝹韁繮	
海	哈矮切	喉音	頦駭醢醢亥	
鹹	希言切	喉音	咸涎弦絃賢啣銜閒嫺閑橺嫌	
河	呼訛切	喉音	苛何呵訶荷	
淡	搭岸切	舌尖	旦但袒疸蛋啖誕癉憚彈澹	淡，覃上聲，北作澹音。
鱗	離吟切	捲舌	林淋琳霖遴鄰嶙璘磷麟廩臨	
潛	妻言切	齒縫	前錢錢燂燗	
羽	衣矩切	喉音	入宇字	

續表

千字文	反切	聲類	同音字	備註
翔	西羊切	齒縫	跭庠祥詳	翔音詳，讀牆誤。
龍	盧洪切	捲舌	蘢籠礱聾嚨攏瓏櫳朧襱韊隆窿	
師	沙衣切	頂腭	尸屍施邿詩鳲蓍葹篩獅螄釃	
火	呼我切	喉音	伙夥	
帝	搭異切	舌尖	入地字	
鳥	呢咬切	舌尖	蔦褭裹嬝嫋嬲	
官	姑灣切	牙音	莞倌棺冠綸觀關瘝鰥	
人	熱痕切	捲舌	仁芢	
皇	呼王切	喉音	入黄字	
始	沙倚切	頂腭	矢豕弛史使駛菇屎	始，音史，讀齒誤。
制	渣異切	頂腭	入致字	
文	襪痕切	輕唇	芠雯蚊紋聞閿	
字	帀異切	齒縫	自牸	
乃	納矮切	舌尖	奶迺嬭	
服	發屋切	輕唇	伏茯洑袱虙弗佛紼匐幅福偪蝠 黻菔復覆腹複蝮馥	
衣	呀基切	喉音	依沂伊咿猗椅猗漪噫醫鷖	
裳	叉昂切	頂腭	常嫦長萇場塲腸嘗償	
推	琮煨切	舌尖	焞蓷	推，退平聲。
位	烏貴切	喉音	畏胃渭謂媦蝟衛爲僞蔚尉慰隗 魏餧緯穢薈彙	
讓	髯浪切	捲舌	攘釀	
國	姑活切	牙音	括聒适郭廓椁槨漷摑幗蟈虢馘	
有	衣九切	喉音	友右卣酉羑宥莠誘聈黝牖槱	

續表

千字文	反切	聲類	同音字	備註
虞	衣徐切	喉音	入餘字	
陶	他敖切	舌尖	逃咷桃鞉鼗濤幬萄淘掏綯韜	
唐	他昂切	舌尖	棠堂搪膛螳鏜餳傏塘榶糖螗餹	
弔	低耀切	舌尖	釣銱銚頫調掉寫	
民	彌銀切	重唇	旻岷玟珉垊碈緡閩	
伐	佛哈切	輕唇	法乏疺筏閥罰發髮	
罪	租位切	齒縫	辠最醉	
周	渣歐切	頂腭	州洲舟侜輈盩譸週啁賙輖	
發	佛哈切	輕唇	入伐字	
商	沙佒切	頂腭	謪傷殤觴	
湯	他佒切	舌尖	盪	
坐	租卧切	齒縫	做佐座	
朝	叉敖切	頂腭	晁巢潮鼂	
問	哇恨切	輕唇	免汶紊	
道	搭傲切	舌尖	到悼盜導稻蹈翿幬翿	
垂	初唯切	頂腭	陲捶錘箠椎搥槌鎚	垂从土,《字典》土部五畫。
拱	姑孔切	牙音	栱珙拳鞏	
平	披盈切	重唇	泙怦坪枰評苹萍凭屏帡郱瓶憑	
章	渣佒切	頂腭	入張字	
愛	阿蓋切	喉音	艾僾嗳暧靉藹靄礙	
育	衣局切	喉音	入玉字	
黎	拉宜切	捲舌	梨蜊犁藜黧棃蠡狸貍离漓璃褵謧離籬羅罹蠡酈驪	黎从氺,俗作黎,非。

續表

千字文	反切	聲類	同音字	備註
首	沙偶切	頂腭	手守㑳獿	
臣	叉痕切	頂腭	入辰字	
伏	佛屋切	輕唇	入服字	
戎	如洪切	捲舌	茸狨羢絨毧氄	
羌	欺央切	牙音	瘜腔椌羫跭蜣	羌,音腔,讀薑誤。作羌、羗竝非。
遐	希牙切	喉音	遐霞瑕蝦騢	
邇	兒紀切	捲舌	耳刵洱咡珥峏餌爾	
壹	呀吉切	喉音	乙弋亦邑泆役抑易佾逆逸液掖揖域棫億繹翼益溢	
體	他倚切	舌尖	涕稊醍	
率	色屋切	頂腭	朮述術茮東菽淑倏蜀欘屬孰塾熟蹜縮贖叔	率,舜入聲。
賓	篦因切	重唇	邠玢斌彬豳濱臏檳璸繽	
歸	姑煨切	牙音	圭刲邽珪跬閨規瑰嫣溈傀龜	
王	烏黃切	喉音	任	
鳴	彌盈切	重唇	名銘明盟冥蓂溟螟瞑	
鳳	佛硬切	輕唇	奉俸諷賵縫	
在	市艾切	齒縫	再載	
竹	渣屋切	頂腭	竺筑築柷捉逐蓫柷妯舳軸粥濁蠋斮樵囑躅燭觸	
白	巴額切	重唇	百迫伯柏舶帛泊箔北剥雹跋鈸駁搏博膊薄脖鉢撥	
駒	基於切	牙音	拘車俱居据琚腒裾	
食	沙益切	頂腭	十什失石拾式拭軾虱室寔實碩適射溼飾蝕識釋	

續表

千字文	反切	聲類	同音字	備註
場	叉昂切	頂腭	入裳字	
化	呼話切	喉音	話華樺畫擭	
被	巴袂切	重唇	貝狽孛悖誖背褙倍焙蓓貴輩奰	
草	擦好切	齒縫	艸	
木	麻屋切	重唇	目苜牧沐霂楘睦穆繆歿	
賴	拉艾切	捲舌	倈徠唻睞誺賚癩藾籟瀨	賴从負,俗作頼,非。
及	加益切	牙音	吉岌芨笈伋汲級急訖給亟極殛屐戟棘蕀激劇佶擊	
萬	哇岸切	輕唇	浣琓翫曼蔓	
方	發俠切	輕唇	芳坊枋	
蓋	戛艾切	牙音	匄丐㓣摡溉	蓋,該去聲。
此	擦倚切	齒縫	佌泚玼跐	
身	賒恩切	頂腭	申伸呻神紳深琛參娠森	
髮	佛哈切	輕唇	入伐字	
四	薩異切	齒縫	巳汜祀寺兕禩似姒思俟食伺笥飼嗣泗駟耜廁肆賜禩	
大	德罷切	舌尖	伏	
五	阿古切	喉音	伍午仵忤迕塢鄔	
常	叉昂切	頂腭	入裳字	
恭	姑翁切	牙音	工攻功宮弓芎躬公蚣供觥肱龔	
惟	烏歸切	喉音	入爲字	
鞠	基郁切	牙音	局偮跼匊菊掬椈諊踘麴鞠橘譎繘	
養	衣獎切	喉音	印仰怏鞅癢	
豈	欺上聲	牙音	企芑屺杞起跂頍啓棨綮婍綺稽	

續表

千字文	反切	聲類	同音字	備註
敢	戛罕切	牙音	秆桿稈趕榦擀橄鱤簳贛感鹹	
毀	呼委切	喉音	卉悔虺洧賄鮪頮喙䪜燬譭翽	
傷	沙佒切	頂腭	入商字	
女	呢宇切	舌尖	籹	
慕	麼務切	重唇	募暮墓	
貞	渣轄切	頂腭	正征怔鉦箏脝錚楨禎烝蒸鯖徵癥	貞,音征,讀珍誤。
潔	基掖切	牙音	入結字	
男	納寒切	舌尖	南喃楠蝻諵呥難	
效	希耀切	喉音	効恔校傚孝誟斅殽斆	
才	擦孩切	齒縫	材財裁纔	
良	離羊切	捲舌	凉涼諒輬梁粱樑粮量糧	
知	渣衣切	頂腭	之芝支芰吱肢跂祗蜘脂巵梔	
過	姑卧切	牙音	譌	
必	巴亦切	重唇	苾邲逼偪湢煏楅辟薜壁璧躄躄鐴筆篳蓽畢蹕碧鷩	
改	戛海切	牙音	忋	
得	搭額切	舌尖	踤德悳	
能	納恒切	舌尖	滜	
莫	麻惡切	重唇	万末茉沫抹袜靺没歿陌脉麥嘿默幕驀寞漠膜邈墨	
忘	襪王切	輕唇	亡	
罔	襪倣切	輕唇	惘誷網輞輞魍	
談	他寒切	舌尖	痰惔餤郯覃潭譚彈澹壇檀曇罎	
彼	巴倚切	重唇	匕比妣秕粃圮否俾鄙	

續表

千字文	反切	聲類	同音字	備註
短	都挽切	舌尖	揎	
靡	麻倚切	重唇	弥米洣眯敉謎瀰	
恃	沙異切	頂腭	士仕氏示世市柹是侍峙蒔視試弒逝舐豉事啻誓謚	恃,北音事。
己	嘉倚切	牙音	几芑紀麂掎踦幾機蟣	
長	叉昂切	頂腭	入裳字	
信	西印切	齒縫	迅汛訊	
使	沙倚切	頂腭	入始字	使,詩上聲。
可	喀我切	牙音	肯坷炣	
覆	發屋切	輕唇	入服字	
器	欺去聲	牙音	企弃炁愒氣愾棄契褉憩	
欲	衣郁切	喉音	入玉字	
難	納寒切	舌尖	入男字	
量	離羊切	捲舌	入良字	量,里上出頭。
墨	麻惡切	重唇	入莫字	
悲	巴餧切	重唇	杯盃陂桮卑萆碑	
絲	薩衣切	齒縫	私司伺厮斯澌撕嘶思偲楒緦颸虒鷥	
染	髯罕切	捲舌	冉苒蹨皺難	
詩	沙衣切	頂腭	入師字	
讚	市岸切	齒縫	賛濽瓚酇鑿	
羔	戛爊切	牙音	咎高篙膏糕餻櫜皐槔鼛	
羊	衣祥切	喉音	入陽字	
景	基影切	牙音	洞炯頸儆憼警境憬璟	

續表

千字文	反切	聲類	同音字	備註
行	希應切	喉音	杏荇幸倖悻脛興釁舋	
維	烏葵切	喉音	入爲字	
賢	希言切	喉音	入鹹字	
克	喀額切	牙音	売殼尅咳刻頦渴客喀嗑磕	
念	呢硯切	舌尖	舩	
作	租或切	齒縫	怍昨鑿	
聖	沙硬切	頂腭	乘剩盛勝賸	聖,从壬。
德	搭額切	舌尖	入得字	
建	基硯切	牙音	入劍字	
名	彌盈切	重唇	入鳴字	
立	拉亦切	捲舌	力苙笠粒栗慄溧篥曆歷靂癧瀝櫟礫皪	
形	希盈切	喉音	行桁桁刑邢侀鉶型莖陘	
端	都灣切	舌尖	耑篅褍觽鍴騗	
表	篦咬切	重唇	俵婊裱	
正	遮硬切	頂腭	症政怔証證挣鄭	
空	軲翁切	牙音	穹倥悾崆箜	
谷	歌屋切	牙音	汩骨告牯梏鵠榾穀轂	
傳	初完切	頂腭	船椽輲	
聲	賖鞥切	頂腭	入生字	
虛	希於切	喉音	吁圩盱盱訏嘘墟謼歔	
堂	他昂切	舌尖	入唐字	
習	西益切	齒縫	夕舄昔惜晳熠褶析淅晰席蓆悉蟋息媳熄膝錫隰襲	

續表

千字文	反切	聲類	同音字	備註
聽	梯應切	舌尖	汀闛	
禍	呼卧切	喉音	和荷貨賀	
因	衣金切	喉音	氤茵姻裍絪音瘖陻湮禋闉殷慇陰婣	
惡	阿各切	喉音	厄阸軛鈪詻頟額頞鄂愕齶遻堊	
積	雨益切	齒縫	迹跡即唧寂集輯疾嫉漬蹟賾績勣踖藉籍脊瘠鶺稷	
福	發屋切	輕唇	入服字	
緣	於權切	喉音	入元字	
善	沙岸切	頂腭	汕訕單禪墠撕擅膳蟮繕饍鱔鄯贍扇搧謆騸	
慶	欺應切	牙音	磬罄	
尺	叉益切	頂腭	斥赤叱吃勅敕飭	
璧	巴亦切	重唇	入必字	
非	發衣切	輕唇	妃飛扉蜚霏緋騑婓	
寶	巴好切	重唇	保堡葆褓飽鴇	
寸	粗愠切	齒縫	刌	
陰	衣金切	喉音	入因字	
是	沙異切	頂腭	入恃字	
競	基應切	牙音	逕勁徑敬竟鏡	
資	市衣切	齒縫	孜姿粢裕諮貲鄑菑淄緇錙輜兹滋鎡孳鼒	資，从二不从冫。
父	發悟切	輕唇	伏仆訃赴負偩婦付附咐鮒駙腐賦富副傅賻輔覆	
事	沙異切	頂腭	入恃字	

續表

千字文	反切	聲類	同音字	備註
君	居봉切	牙音	窘頵軍均鈞麇麕	
曰	於厥切	喉音	入月字	
嚴	衣賢切	喉音	言炎研妍沿鉛碞延筵綖挻焉閆閻簷檐顔鹽巖	
與	衣矩切	喉音	入宇字	與、与上下俱横畫,不作与。
敬	基應切	牙音	入競字	
孝	希要切	喉音	入效字	
當	搭佒切	舌尖	簹璫膅襠鐺	
竭	基掖切	牙音	入結字	
力	拉億切	捲舌	入立字	
忠	朱翁切	頂腭	中盅衷忪潨終螽鍾鐘	
則	帀額切	齒縫	賊鰂	
盡	賫印切	齒縫	進磪晉搢縉賮藎燼贐	
命	彌應切	重唇	詺	
臨	離吟切	捲舌	入鱗字	
深	沙恩切	頂腭	入身字	
履	拉倚切	捲舌	入李字	
薄	巴額切	重唇	入白字	
夙	塞屋切	齒縫	入宿字	
興	希英切	喉音	馨	興,俗作興,非。
温	烏昆切	喉音	氲瘟轀薀	
清	妻應切	齒縫	倩瀙	清,清去聲。
似	薩異切	齒縫	入四字	
蘭	拉寒切	捲舌	婪嵐闌瀾攔欄襤藍籃	

續表

千字文	反切	聲類	同音字	備註
斯	薩衣切	齒縫	入絲字	
馨	希英切	喉音	入興字	
如	兒於切	捲舌	茹洳	
松	蘇翁切	齒縫	娀崧倯徐淞鬆嵩	松,音嵩。
之	渣衣切	頂腭	入知字	
盛	沙硬切	頂腭	入聖字	
川	初灣切	頂腭	穿瑏	
流	離由切	捲舌	琉硫旒鎏留遛瘤霤溜榴騮駵劉鏐	
不	巴屋切	重唇	卜樸濮醭	
息	西益切	齒縫	入習字	
淵	衣涓切	喉音	夗帑鴛宛鵷	
澄	叉恒切	頂腭	入成字	
取	妻宇切	齒縫	娶	
映	衣敬切	喉音	應	映,音應,讀影誤。
容	衣窮切	喉音	彤峵蓉溶瑢榕鎔榮嶸融庸傭墉鏞顒	
止	渣倚切	頂腭	只枳咫底底祇紙芷阯沚址祉趾𣥠旨指痔峙徵	
若	如覺切	捲舌	鄀弱篛嫋	
思	薩衣切	齒縫	入絲字	
言	衣咸切	喉音	入嚴字	
辭	擦宜切	齒縫	祠詞茨瓷餈疵呰慈磁糍鷀	
安	阿干切	喉音	諳鞍罨庵菴唵鵪	
定	低應切	舌尖	訂飣椗錠	

續表

千字文	反切	聲類	同音字	備註
篤	得屋切	舌尖	督獨襡韣瀆犢櫝牘殰讀黷匵樍毒纛	
初	車烏切	頂腭	芻蒭雛	
誠	叉恒切	頂腭	入成字	
美	眉上聲	重唇	每浼浼亹	美从羊从大,俗作美,非。美同羙。
慎	沙恨切	頂腭	腎甚蜃瘮	
終	朱翁切	頂腭	入忠字	
宜	呀兮切	喉音	匜貤酏怡貽移遺夷洟姨胰痍疑嶷倪輗鯢霓儀頤彝	
令	離應切	捲舌	另	
榮	於窮切	喉音	入容字	
業	衣劫切	喉音	曳拽偞渫偞咽噎葉謁擖臬闑孽蘖饁	
所	賒武切	頂腭	入暑字	所,音暑,讀作鎖。
基	加衣切	牙音	乩肌飢朞期箕笄姬奇畸攲稽雞羈幾璣機磯蟣譏饑	
籍	帀益切	齒縫	入積字	
甚	沙恨切	頂腭	入慎字	
無	阿乎切	輕唇	无毋巫誣蕪廡膴	
竟	基穎切	牙音	入競字	
學	虛約切	喉音	鷽翯鶴	
優	衣鳩切	喉音	怮蚴幽呦黝麀憂懮櫌	
登	得鞥切	舌尖	蕟簦燈磴	
仕	沙異切	頂腭	入侍字	

續表

千字文	反切	聲類	同音字	備註
攝	師葉切	頂腭	舌涉設揲	攝,音舌。
職	渣益切	頂腭	只汁炙帙秩窒姪隻直值殖陟袠質跖挃執蟄織擲隲	
從	粗洪切	齒縫	淙琮藂叢	
政	遮硬切	頂腭	入正字	
存	粗魂切	齒縫	拵袸踆陊蹲	
以	呀紀切	喉音	依已目苢苡矣浥扆倚婍椅綺齮擬議醷	
甘	戛安切	牙音	干竿杆肝玕甘疳泔柑乾	
棠	他杭切	舌尖	入唐字	
去	欺遇切	牙音	丟	
而	髯衣切	捲舌	兒洏栭輀	
益	呀吉切	喉音	入壹字	
詠	雍去聲	喉音	瀴鼆	詠,《字典》爲命切。
樂	於覺切	喉音	岳礿約葯藥躍嶽虐瘧謔籥瀹禴鑰鸙	
殊	賒吾切	頂腭	殳杸	
貴	姑位切	牙音	癸桂溎跪琬愧瑰餽會獪檜膾襘鱠瞶饋櫃劌	
賤	賫硯切	齒縫	荐洊煎箭漸僭譖薦踐餞濺	
禮	拉倚切	捲舌	入李字	
别	篦掖切	重唇	瘢彆鷩鼈	
尊	租温切	齒縫	遵樽鐏罇	尊,音遵。
卑	巴餩切	重唇	入悲字	

續表

千字文	反切	聲類	同音字	備註
上	沙浪切	頂腭	尚	
和	呼羅切	喉音	禾	
下	希迓切	喉音	夏廈唬暇罅	
睦	麽悟切	重唇	入木字	
夫	發烏切	輕唇	不孚俘桴郛莩敷旉玞砆鈇麩膚	
唱	叉浪切	頂腭	倡昶鬯悵韔暢	
婦	發悟切	輕唇	入父字	
隨	蘇回切	齒縫	隋綏雖	
外	烏怪切	喉音	夥	
受	賒后切	頂腭	售首狩漱瘦壽獸授綬	
傅	佛悟切	輕唇	入父字	傅，音賦。
訓	虛運切	喉音	胐	
入	熱谷切	捲舌	肉辱蓐溽褥	
奉	發硬切	輕唇	入鳳字	奉，逢上聲。北作鳳音。
母	麽武切	重唇	牡某畝姥拇姆踇	
儀	呀兮切	喉音	入宜字	
諸	遮烏切	頂腭	入珠字	
姑	歌烏切	牙音	沽咕蛄鮎菇鴣□苽罛呱孤觚菰辜箍	
伯	巴額切	重唇	入白字	
叔	賒屋切	頂腭	入率字	
猶	幽下平	喉音	牛尤沈訧由油鼬攸悠遊游蝣郵繇楢輶蕕猷	
子	帀倚切	齒縫	仔籽耔芓姊胏秭姐梓滓紫呰訿	

續表

千字文	反切	聲類	同音字	備註
比	巴倚切	重唇	入彼字	
兒	髯衣切	捲舌	入而字	
孔	軲拱切	牙音	恐吼倥悾	
懷	呼歪切	喉音	淮槐	
兄	虛雍切	喉音	凶兇訩胷洶胸	
弟	搭異切	舌尖	入地字	
同	琛洪切	舌尖	仝彤筒痌洞峒桐銅衕箇童潼橦瞳佟鼕	
氣	欺去聲	牙音	入器字	
連	離言切	捲舌	匳憐蓮漣褳縺聯廉簾濂嗛臁鐮斂譣	
枝	渣衣切	頂腭	入知字	
交	基夭切	牙音	艽郊蛟鮫教梟徼僥澆膠嬌驕鷮	
友	衣九切	喉音	入有字	
投	他侯切	舌尖	骰頭	
分	發恨切	輕唇	忿僨噴憤豶奮糞	
切	妻掖切	齒縫	妾竊綌	
磨	麻婀切	重唇	劘劘麽摩魔	
箴	渣恩切	頂腭	入珍字	
規	姑煨切	牙音	入歸字	規,音圭。
仁	髯痕切	捲舌	入人字	
慈	擦衣切	齒縫	入辭字	
隱	衣謹切	喉音	引蚓紖靷飲蠵癮	
惻	叉額切	頂腭	冊柵拆坼叟策筴測	

續表

千字文	反切	聲類	同音字	備註
造	擦傲切	齒縫	慥糙操鄵	
次	擦異切	齒縫	欿朿恣刺莿眥疵	次,从二。
弗	發屋切	輕唇	入服字	
離	拉宜切	捲舌	入黎字	
節	賫掖切	齒縫	截接楫箑捷婕睫癤巀櫛	
義	呀記切	喉音	乂异羿易曳泄袣詣誼議磑異瘞毅肄意薏饐懿藝翳	
廉	離言切	捲舌	入連字	廉,俗作亷,非。
退	琮會切	舌尖	蛻脫駾憝譈	
顛	低烟切	舌尖	敁瘨滇蹎驒巔癲	
沛	沛去聲	重唇	朏佩珮悖浡配旆霈倩轡	
匪	發尾切	輕唇	菲棐斐翡悱誹篚榧	
虧	軲煨切	牙音	恢詼盔暌睽窺闚魁	虧,俗作虧,非。
性	西應切	齒縫	姓	
靜	賫應切	齒縫	穽阱靖精淨靚	
情	妻盈切	齒縫	晴	
逸	呀吉切	喉音	入壹字	
心	西因切	齒縫	辛莘新薪騂詵駪牲	
動	都甕切	舌尖	峒竇洞涷腖棟蝀慟	
神	沙痕切	頂腭	忱娠諶鷐	
疲	葩宜切	重唇	皮枇毗紕琵膍貔陴埤脾裨羆	
守	賒偶切	頂腭	入首字	
真	渣恩切	頂腭	入珍字	

續表

千字文	反切	聲類	同音字	備註
志	渣異切	頂腭	入致字	
滿	麻罕切	重唇	懣	滿，从廿从二入，入字頭不出日。
逐	遮屋切	頂腭	入竹字	
物	韈忽切	輕唇	勿沕昒	
意	呀記切	喉音	入義字	
移	呀兮切	喉音	入宜字	
堅	基烟切	牙音	肩奸菅間姦監艱兼蒹縑豣蕑犍	
持	叉宜切	頂腭	箎池謻馳踟遲墀坻蚳螭篪	
雅	衣假切	喉音	疋厊啞瘂	
操	擦傲切	齒縫	入造字	
好	哈老切	喉音	昊浩皓皞	
爵	賫約切	齒縫	雀嚼爝	
自	帀異切	齒縫	入字字	
縻	麻宜切	重唇	侎迷謎糜麋麛蘼冞靡彌	
都	得烏切	舌尖	闍嘟	
邑	呀吉切	喉音	入壹字	
華	呼娃切	喉音	划崋樺	
夏	希迓切	喉音	入下字	
東	都翁切	舌尖	入冬字	
西	薩衣切	齒縫	恓栖嘶撕犀樨	
二	髯異切	捲舌	貳樲	
京	基英切	牙音	迥扃絅駉矜兢荊經涇麠驚	
背	巴袂切	重唇	入被字	背，从北，北如兩人相背。

續表

千字文	反切	聲類	同音字	備註
邙	麻昂切	重唇	芒忙杧硭釯茫氓盲蝱尨庬	
面	彌硯切	重唇	眄瞑麪	
洛	慮或切	捲舌	落咯烙珞硌絡酪駱雒犖樂	
浮	佛侯切	輕唇	芣罘涪蜉	
渭	烏貴切	喉音	入位字	
據	基遇切	牙音	入巨字	
涇	基英切	牙音	入京字	
宮	姑翁切	牙音	入恭字	
殿	低硯切	舌尖	店阽坫玷惦甛殄甸佃電奠墊靛	
盤	葩寒切	重唇	蟠胖般磐槃縏鞶磻	盤,舟上下兩點。
鬱	衣局切	喉音	入玉字	
樓	拉侯切	捲舌	婁蔞簍僂摟嘍嶁螻褸貗髏	
觀	姑玩切	牙音	串冠盥貫慣摜灌瓘礶鑵鸛	
飛	發餃切	輕唇	入非字	
驚	基英切	牙音	入京字	
圖	他吾切	舌尖	徒途荼涂梌稌駼塗屠瘏鼁	
寫	西也切	齒縫	蕮	
禽	欺吟切	牙音	芹芩妗琴擒噙勤懃	
獸	沙后切	頂腭	入受字	
畫	呼挖切	喉音	入化字	畫,音話。
彩	擦海切	齒縫	采寀採睬綵	
仙	西烟切	齒縫	先暹摻鮮僊躚褼孅纖銛鱻	
靈	離盈切	捲舌	苓零伶泠玲羚蛉聆鈴軨齡囹翎棱菱陵凌淩綾欞靈	

續表

千字文	反切	聲類	同音字	備註
丙	篦影切	重唇	怲炳邴昺迸併蛢餅秉稟鞞	
舍	師夜切	頂顎	社赦射麝	
傍	葩昂切	重唇	雱旁徬滂膀磅螃鰟霶逄龐	
啓	欺上聲	牙音	入豈字	
甲	基押切	牙音	夾挾梜裌頰郟筴戛袷跲鞈	
帳	渣浪切	頂顎	丈仗杖瘴障嶂瘬脹漲漲	
對	都會切	舌尖	隊碓兑駾	
楹	衣形切	喉音	入盈字	
肆	薩異切	齒縫	入四字	
筵	衣弦切	喉音	入嚴字	
設	師葉切	頂腭	入攝字	設,扇入聲,北作舍音。
席	西益切	齒縫	入習字	
鼓	歌武切	牙音	古估牯詁鞊鈷嘏罟鹽賈股鼓瞽蠱	
瑟	沙惡切	頂顎	虱色薔嬙嗇濇穡蝨澀	
吹	初煨切	頂腭	推炊	
笙	賒韃切	頂腭	入生字	
陞	賒韃切	頂腭	入生字	
階	基厓切	牙音	佳街皆喈偕湝堦	
納	訥哈切	舌尖	内吶衲鈉捺	納,從入。
陛	巴異切	重唇	苾秘庇篦閉跛詖賁避臂嬖庳痺婢髀鼻敝蔽幣獘斃	
弁	篦硯切	重唇	卞汴便扁徧遍變辨辯瓣辮	
轉	朱挽切	頂腭	剬囀	

續表

千字文	反切	聲類	同音字	備註
疑	呀其切	喉音	入宜字	
星	西英切	齒縫	惺猩腥鯹騂	
右	衣舊切	喉音	又佑祐侑囿宥幼柚釉褎	
通	琮翁切	舌尖	侗恫桐蓪樋	
廣	姑往切	牙音	迋奟	
內	訥位切	舌尖	枘	
左	租我切	齒縫	䝂	
達	得哈切	舌尖	疸笪怛妲瘩剳搭答褡路遝蓬沓踏蹋	
承	叉恒切	頂腭	入成字	
明	彌盈切	重唇	入鳴字	
既	加異切	牙音	技妓計記芰忌寄季蔇暨塈溉綦薊髻罽繫冀驥繼	
集	即益切	齒縫	入積字	
墳	發痕切	輕唇	枌蚡焚坟濆憤蕡	
典	低衍切	舌尖	倎腆錪覥點	
亦	呀極切	喉音	入壹字	
聚	賫遇切	齒縫	聚	
羣	欺云切	牙音	帬裙	
英	衣京切	喉音	霙瑛譍罃鶯嬰蘡罌癭攖櫻纓鸚蠅應膺鷹	
杜	得悟切	舌尖	妒肚度渡鍍斁蠹	
藁	戛好切	牙音	杲鎬暠槁稿縞鎬菒槀藳	
鍾	朱翁切	頂腭	入忠字	
隸	拉異切	捲舌	入麗字	

續表

千字文	反切	聲類	同音字	備註
漆	擦益切	齒縫	七桼桼戚慼墄葺緝	
書	賒烏切	頂腭	姝舒疎紓梳疏蔬荼㷛樞攄輸	
壁	巴益切	重唇	入必字	
經	基英切	牙音	入京字	
府	佛武切	輕唇	斧坿弣俯腑撫釜甫莆哺脯輔黼簠	
羅	盧和切	捲舌	腡摞螺騾邏蘿籮儸囉玀鑼	
將	賫樣切	齒縫	匠醬	將，從夕。
相	西樣切	齒縫	象像峊	
路	羅悟切	捲舌	入露字	
俠	希鴨切	喉音	匣狎柙洽祫狹浹峽愜陿篋瞎轄搳	
槐	乎歪切	喉音	入懷字	
卿	欺英切	牙音	牼硜輕頃傾鏗	卿，音傾。
戶	訶悟切	喉音	互芐岵扈怙祜岵酤楛涸瓠濩穫護嚛	
封	佛鞥切	輕唇	丰風葑瘋楓峰烽蜂鋒豐澧	
八	波哈切	重唇	叭扒拔	
縣	希硯切	喉音	限見莧現	縣，本字，今通作縣。
家	基呀切	牙音	加茄笳痂枷珈耞袈迦嘉葭瘕豭	
給	加益切	牙音	入及字	給，音急。
千	妻烟切	齒縫	芊仟阡僉憸籤鋟遷躚韆	
兵	篦英切	重唇	氷并掤	
高	戛爊切	牙音	入羔字	
冠	姑灣切	牙音	入官字	

續表

千字文	反切	聲類	同音字	備註
陪	葩微切	重唇	坏徘裴培賠醅	
輦	離眼切	捲舌	撿殮斂歛健揵漣	輦,音漣,北作碾。
驅	欺於切	牙音	朐祛區嶇軀毆	
轂	戛屋切	牙音	入谷字	
振	遮恨切	頂腭	朕陣賑震鎮	
纓	衣京切	喉音	入英字	
世	沙異切	頂腭	入恃字	
祿	勒斛切	捲舌	六陸碌鹿漉轆蓼僇穋戮綠逯菉綠錄簶濼	
侈	叉倚切	頂腭	弛杝祉恥齒褫	
富	佛悟切	輕唇	入父字	
車	基於切	牙音	入駒字	
駕	基迓切	牙音	架斝嫁稼價	
肥	發微切	輕唇	腓淝	
輕	欺英切	牙音	入卿字	輕,音傾。
策	叉額切	頂腭	入惻字	
功	姑翁切	牙音	入恭字	
茂	麽后切	重唇	戊牟貿楙楙懋	
實	沙益切	頂腭	入食字	
勒	拉額切	捲舌	仂肋泐簕	
碑	巴餩切	重唇	入悲字	
刻	喀額切	牙音	入克字	
銘	彌盈切	重唇	入鳴字	
磻	葩寒切	重唇	入盤字	

續表

千字文	反切	聲類	同音字	備註
谿	齁衣切	牙音	倛欺崎觭欹溪蹊鸂	
伊	呀基切	喉音	入衣字	
尹	衣窘切	喉音	允狁隕殞	
佐	租臥切	齒縫	入坐字	
時	沙宜切	頂腭	蒔匙	
阿	烏歌切	喉音	疴屙妸婀	
衡	訶能切	喉音	恒珩桁蘅横	
奄	衣堅切	喉音	焉烟胭菸燕煙淹腌醃閹	
宅	渣額切	頂額	入昃字	
曲	欺郁切	牙音	苖蛐麯	
阜	佛偶切	輕唇	缶否	
微	襪衣切	輕唇	溦薇	
旦	搭岸切	舌尖	入淡字	
孰	賒吾切	頂腭	入叔字	
營	衣形切	喉音	入盈字	
桓	呼完切	喉音	萓貆萑圜還寰闤儇環鬟鍰	
公	姑翁切	牙音	入恭字	
匡	軲汪切	牙音	劻框眶誆筐闓	
合	戛額切	牙音	蛤閤鴿各格袼胳骼骼革鬲隔嗝槅膈蓋割葛轕	
濟	市異切	齒縫	祭瘵際憏霽隮嚌劑	
弱	如卻切	捲舌	入若字	
扶	發吾切	輕唇	夫芙蚨苻符俌梟	
傾	欺英切	牙音	入卿字	

續表

千字文	反切	聲類	同音字	備註
绮	呀紀切	喉音	入以字	
回	呼惟切	喉音	回迴洄佪茴哇檇鄘攜觿	
漢	哈岸切	喉音	汗扞旰釬閈悍菡翰瀚	
惠	呼位切	喉音	卉悔晦誨痗諱賄慧嘒繐潰憒繢闠會繪匯嚖翽蕙蟪	
說	於厥切	喉音	入月字	
感	戛罕切	牙音	入敢字	
武	襪古切	輕唇	侮珷碔鵡憮嫵瞴廡甒舞儛潕	
丁	低英切	舌尖	疔仃叮屵玎釘	
俊	租閏切	齒縫	雋逡畯駿儁	
乂	呀記切	喉音	入義字	乂,音異。
密	麻異切	重唇	覓宓蜜謐冪	
勿	窩谷切	輕唇	沕物昒	
多	都窩切	舌尖	剁哆箸	
士	沙異切	頂腭	入恃字	
寔	沙益切	頂腭	入食字	
甯	呢盈切	舌尖	鑏璌擰獰嬣蟶	
晉	賫印切	齒縫、	入盡字	
楚	重武切	頂腭	杵杼處楮褚潴櫖礎	
更	戛轄切	牙音	秔耕粳庚賡鶊羹	
霸	波駡切	重唇	叭弝粑靶灞壩欛罷	
趙	渣奥切	頂腭	召詔照兆旐笊罍罩肇	
魏	烏貴切	喉音	入位字	
困	軲愠切	牙音	閫壼	

續表

千字文	反切	聲類	同音字	備註
横	亨下平	喉音	入衡字	
假	基雅切	牙音	賈檟	
途	他吾切	舌尖	入圖字	
滅	彌葉切	重唇	蔑篾籮幭鼏	
虢	姑活切	牙音	入國字	虢,音國。
踐	赍硯切	齒縫	入賤字	
土	忒武切	舌尖	芏	
會	呼位切	喉音	入惠字	
盟	彌盈切	重唇	入鳴字	盟,音明。
何	呼訛切	喉音	入河字	
遵	租温切	齒縫	入尊字	
約	於覺切	喉音	入樂字	
法	佛哈切	輕唇	入伐字	
韓	哈安切	喉音	入寒字	韓,从韋。
弊	巴益切	重唇	入陛字	
煩	發寒切	輕唇	凡帆蕃皤璠燔藩籓樊礬繁蘩	
刑	希盈切	喉音	入形字	
起	欺上聲	牙音	入豈字	
翦	赍衍切	齒縫	戔戩剪鬋譾讉	
頗	鋪窩切	重唇	坡岥	頗,破平聲,五歌韻。
牧	麻悟切	重唇	入木字	
用	雍去聲	喉音	衕	
軍	居濆切	牙音	入君字	

續表

千字文	反切	聲類	同音字	備註
最	租位切	齒縫	入罪字	
精	赍英切	齒縫	晶旌菁腈睛	
宣	需淵切	齒縫	揎瑄鍹	
威	烏歸切	喉音	喴逶痿隈煨嵬	
沙	洒平聲	頂腭	桬裟砂紗鯊	
漠	麻額切	重唇	入莫字	
馳	叉宜切	頂腭	入持字	
譽	衣巨切	喉音	芋庾裕寓遇馭飫棜瘀豫預澦御禦愈喻諭嫗酗鸒籲	
丹	搭安切	舌尖	眈躭儋擔單殫鄲簞	
青	妻英切	齒縫	入清字	
九	基友切	牙音	久疚玖灸韭糾赳咎臼舅	
州	遮歐切	頂腭	入周字	
禹	衣矩切	喉音	入宇字	禹，從内。
磧	帀益切	齒縫	入積字	
百	巴額切	重唇	入白字	
郡	居運切	牙音	捃	
秦	欺鱗切	齒縫	簗蠑	
并	篦英切	重唇	入兵字	并，叶兵。
嶽	於覺切	喉音	入樂字	
宗	租翁切	齒縫	悰淙棕琮踪綜騌鬃樅蹤縱豵鬷	
泰	他艾切	舌尖	太迏汰貸態	
岱	搭艾切	舌尖	迨怠殆大汏逮棣代袋玳貸黛待戴帶蕏廗	

續表

千字文	反切	聲類	同音字	備註
禪	沙岸切	頂腭	入善字	禪,無中點。
主	遮武切	頂腭	阻岨組枓拄炷麈渚煮翥	
云	於羣切	喉音	入雲字	
亭	梯盈切	舌尖①	停渟婷葶廷庭霆蜓	
鴈	衣見切	喉音	咽唁彥諺晏宴焰硯燕嚥讌驗釅餤厭饜艷灩	
門	麼痕切	重唇	莔們捫璊	
紫	帀倚切	齒縫	入子字	
塞	薩艾切	齒縫	賽	
雞	加衣切	牙音	入基字	
田	梯言切	舌尖	恬甜佃畋鈿填磌闐	
赤	叉益切	頂腭	入尺字	
城	車恒切	頂腭	入成字	
昆	軲温切	牙音	入崐字	
池	叉宜切	頂腭	入恃字	
碣	基掖切	牙音	入結字	碣,音傑。
石	沙益切	頂腭	入食字	
鉅	基遇切	牙音	入巨字	
野	衣姐切	喉音	也冶埜	
洞	都甕切	舌尖	入動字	
庭	梯盈切	舌尖	入亭字	
曠	軲旺切	牙音	況壙曠纊鄺	
遠	於犬切	喉音	阮沅兖援萱薳菀苑宛婉琬晼蜿畹	

① 底本作“舌音”。

續表

千字文	反切	聲類	同音字	備註
緜	彌言切	重唇	珉眠棉綿緡	
邈	麻額切	重唇	入莫字	邈,音莫,三觉韵。
巖	衣咸切	喉音	入嚴字	
岫	西右切	齒縫	袖秀琇銹锈繡	
杳	衣矯切	喉音	夭殀咬齩杳窈嬈婹騕闄	杳,音腰上声,读渺误。
冥	彌盈切	重唇	入鳴字	
治	渣異切	頂腭	入致字	
本	巴狠切	重唇	畚奙	
於	衣居切	喉音	紆瘀淤	
農	奴翁切	舌尖	儂噥濃膿穠醲齈	
務	額故切	喉音	悮悟晤寤婺晉鶩騖霧	
茲	帀衣切	齒縫	入資字	
稼	基迓切	牙音	入駕字	
穡	沙惡切	頂腭	入瑟字	
俶	側屋切	頂腭	入出字	俶,音蒂,读叔误。
載	帀艾切	齿缝	入在字	
南	纳寒切	舌尖	入男字	
畝	麽武切	重唇	入母字	
我	婀上聲	喉音	硪	
藝	呀記切	喉音	入義字	
黍	賒武切	頂腭	入暑字	
稷	帀益切	齒縫	入積字	
稅	書位切	頂腭	帨說瑞睡	

續表

千字文	反切	聲類	同音字	備註
熟	賖屋切	頂腭	入叔字	
貢	姑甕切	牙音	共供痥贛	
新	西因切	齒縫	入心字	
勸	驅院切	牙音	券惓	
賞	沙朗切	頂腭	上晌扄	
黜	車屋切	頂腭	入出字	黜,音出。
陟	渣益切	頂腭	入職字	
孟	麼硬切	重唇	夢懵霿	
軻	喀婀切	牙音	科珂棵	
敦	都温切	舌尖	惇墪憝燉墩礅橔蹾蹲	
素	塞悟切	齒縫	訴漱塑愬遡溯嗉愫嫊餻	
史	沙倚切	頂腭	入使字	
魚	衣徐切	喉音	入餘字	
秉	篦影切	重唇	入丙字	
直	渣益切	頂腭	入職字	
庶	賖悟切	頂腭	戍恕竪豎數墅署署曙澍樹	
幾	加衣切	牙音	入基字	幾,本字,今通作幾,俗作幾,非。
中	朱翁切	頂腭	入忠字	
庸	於雄切	喉音	入容字	
勞	拉敖切	捲舌	澇撈蟧癆牢醪	
謙	欺烟切	牙音	汧岍愆牽縴僉搴褰騫	
謹	基引切	牙音	近堇僅瑾槿饉濜卺緊錦	
敕	叉益切	頂腭	入尺字	

續表

千字文	反切	聲類	同音字	備註
聆	離盈切	捲舌	入靈字	
音	衣金切	喉音	入因字	
察	車哈切	頂腭	臿插鍤	
理	拉倚切	捲舌	入李字	
監	基硯切	牙音	入劒字	
貌	麻傲切	重唇	冒萺帽媢瑁瞐額眊耄髦	
辨	篦晏切	重唇	入弁字	
色	沙額切	頂腭	入瑟字	
貽	呀其切	喉音	入宜字	
厥	居月切	牙音	倔掘泱玦砄訣觖駃蕨獗撅橛蹶劂愍蟨鴂譎	
嘉	基呀切	牙音	入家字	
猷	幽下平	喉音	入猶字	
勉	彌衍切	重唇	沔浼免挽娩冕黽湎腼緬靦	
其	欺下平	牙音	祁祈析淇琪棋祺蜞騏麒旗期棊基岐奇琦騎耆畿蘄	
祗	渣衣切	頂腭	入知字	祗,音知,讀紙誤。
植	渣益切	頂腭	入職字	
省	西影切	齒縫	偗醒	省,星上聲。
躬	姑翁切	牙音	入恭字	
譏	加衣切	牙音	入基字	
戒	基隘切	牙音	入芥字	
寵	初孔切	頂腭	蒩喠	
增	帀翰切	齒縫	曾憎橧矰繒罾	

續表

千字文	反切	聲類	同音字	備註
抗	喀浪切	牙音	亢匟伉沆吭炕	
極	加益切	牙音	入及字	
殆	搭艾切	舌尖	入代字	
辱	熱谷切	捲舌	入入字	
近	基印切	牙音	勁靳禁噤盡	附近之近，去聲，十三問韻。
恥	叉倚切	頂腭	入侈字	
林	離吟切	捲舌	入鱗字	
皋	戛熝切	牙音	入羔字	
幸	希穎切	喉音	入行字	
即	賫益切	齒縫	入積字	
兩	離養切	捲舌	倆緉魎	
疏	賒烏切	頂腭	入書字	疏，音疎，姓也。六魚韻。
見	基硯切	牙音	入劍字	
機	加衣切	牙音	入基字	
解	皆上聲	牙音	鍇	
組	則武切	齒縫	祖	
誰	書惟切	頂腭	蓶	
逼	巴益切	重唇	入必字	
索	蘇活切	齒縫	縤	
居	基於切	牙音	入車字	
閒	希言切	喉音	入鹹字	
處	車武切	頂腭	入楚字	

續表

千字文	反切	聲類	同音字	備註
沈	叉痕切	頂腭	入辰字	沈,本字,《字彙》作沉。
默	麻額切	重唇	入墨字	
寂	赍益切	齒縫	入積字	
寥	離堯切	捲舌	料膋聊遼寮屪撩嫽燎繚鐐	
求	欺由切	牙音	厹艽仇頄虯觓璆逑俅捄球賕絿賕觩銶毬裘	
古	歌武切	牙音	入鼓字	
尋	西吟切	齒縫	鬵潯燖鱘	
論	盧愠切	捲舌	圇淪淪	
散	薩早切	齒縫	傘糤繖饊	
慮	離遇切	捲舌	屢窶履勴濾譿鑢	
逍	西夭切	齒縫	宵痟霄俏消硝蛸綃銷鮹魈輎揱翛縿蕭簫瀟蟰	
遙	衣喬切	喉音	姚珧搖徭猺瑤謠窑窰颻堯嶢侥	遙,從夕。
欣	希因切	喉音	炘昕訢焮	
奏	則后切	齒縫	揍腠輳剩騶諏	奏,俗作奏,非。
累	盧畏切	捲舌	耒淚傫攂檑類纇酹	
遣	欺衍切	牙音	譴繾	
慼	擦益切	齒縫	入漆字	
謝	西夜切	齒縫	卸谢榭瀉	
歡	呼灣切	喉音	懽獾臛讙驩	
招	渣爊切	頂腭	昭釗朝嘲謿	
渠	欺于切	牙音	劬朐璩醵蘧籧蕖璖磲瞿蘧衢鸜	
荷	呼訛切	喉音	入河字	

續表

千字文	反切	聲類	同音字	備註
的	搭益切	舌尖	迪笛狄荻葯靮滌適滴嫡蹢鏑敵覿翟籊糴	
歷	拉亦切	捲舌	入力字	歷,本从止,試場作歴。
園	於權切	喉音	入元字	
莽	忙上聲	重唇	漭蟒	
抽	叉歐切	頂腭	妯瘳犨犫	
條	梯堯切	舌尖	入调字	
枇	葩宜切	重唇	入疲字	
杷	婆麻切	重唇	舥跁爬鈀琶潖	
晚	烏管切	輕唇	挽娩輓	
翠	粗位切	齒縫	瘁倅悴淬啐焠睟萃顇脆毳膬	
梧	婀乎切	喉音	珸琝吾捂鋙郚洿吴蜈	
桐	琗洪切	舌尖	入同字	
早	帀好切	齒縫	棗澡璪繰藻	
彫	低夭切	舌尖	刁貂貂凋琱彫雕鵰	
陳	叉痕切	頂腭	入辰字	
根	歌恩切	牙音	跟	
委	烏鬼切	喉音	葦偉煒	
翳	呀記切	喉音	入義字	
落	盧或切	捲舌	入洛字	
葉	衣劫切	喉音	入業字	
飄	披夭切	重唇	僄漂摽嘌嫖螵瞟猋薸	
颻	衣喬切	喉音	入遙字	

續表

千字文	反切	聲類	同音字	備註
遊	衣求切	喉音	入猶字	
鶤	軲温切	牙音	入崐字	
獨	得屋切	舌尖	入篤字	
運	衣郡切	喉音	腪韵韻暈鄆	
凌	離盈切	捲舌	入靈字	
摩	麻婀切	重唇	入磨字	
絳	基樣切	牙音	降洚嗵誷	
霄	西夭切	齒縫	入逍字	
耽	搭安切	舌尖	入丹字	耽,俗作躭,非。
讀	得屋切	舌尖	入篤字	
翫	烏慣切	喉音	玩忨惋腕	
市	沙異切	頂腭	入恃字	市,北音是。
寓	衣巨切	喉音	入譽字	
目	麽悟切	重唇	入木字	
囊	納昂切	舌尖	欜灢	
箱	西央切	齒縫	相廂湘緗襄欀瓖纕鑲驤	
易	呀記切	喉音	入義字	
輶	衣求切	喉音	入猶字	
攸	衣求切	喉音	入猶字	
畏	無貴切	喉音	入位字	
屬	赊屋切	頂腭	入叔字	
耳	髯紀切	捲舌	入邇字	
垣	於權切	喉音	入元字	垣,音元。
牆	妻羊切	齒縫	斨戕廧薔嬙檣	

續表

千字文	反切	聲類	同音字	備註
具	基遇切	牙音	入巨字	
膳	沙岸切	頂腭	入善字	
餐	擦安切	齒縫	湌参驂	
飯	發岸切	輕唇	泛汎梵氾犯范範販	
適	沙益切	頂腭	入食字	
口	喀偶切	牙音	訑釦	
充	初翁切	頂腭	冲忡翀忼茺涌衝罿	
腸	叉昂切	頂腭	入場字	
飽	巴好切	重唇	入寶字	
飫	衣具切	喉音	入譽字	
烹	葩鞥切	重唇	怦淜硼澂	
宰	市海切	齒縫	崽載穀	
飢	加衣切	牙音	入基字	
饜	衣見切	喉音	入鴈字	
糟	市敖切	齒縫	遭	
糠	喀佒切	牙音	康㝩槺糠磏躿	
親	妻因切	齒縫	侵浸祲綅鋟駸蕿	
戚	擦益切	齒縫	入漆字	
故	歌悟切	牙音	固痼雇僱顧	
舊	基石切	牙音	匛柩救究廄	
老	拉好切	捲舌	荖佬潦澇	
少	沙敖切	頂腭	劭邵哨潲	
異	呀記切	喉音	入義字	
糧	離羊切	捲舌	入良字	

續表

千字文	反切	聲類	同音字	備註
妾	妻葉切	齒縫	入切字	
御	呀巨切	喉音	入譽字	
績	市益切	齒縫	入積字	
紡	發往切	輕唇	仿彷昉舫訪放倣髣	
侍	沙異切	頂腭	入恃字	
巾	基因切	牙音	入金字	
帷	烏葵切	喉音	入爲字	帷,音爲。
房	發杭切	輕唇	防妨魴	
紈	彎下平	喉音	丸芄完皖頑	
扇	沙岸切	頂腭	入善字	
圓	於拳切	喉音	入元字	
絜	基掖切	牙音	入結字	
銀	衣勤切	喉音	吟誾垠齦寅夤嚚	
燭	遮屋切	頂腭	入竹字	
煒	烏鬼切	喉音	入委字	煒,爲上聲。
煌	呼王切	喉音	入黃字	
晝	遮后切	頂腭	入宙字	
眠	彌言切	重唇	入緜字	
夕	西益切	齒縫	入習字	
寐	麼貝切	重唇	袂沬妹昧韎魅媚瑁	
藍	拉寒切	捲舌	入蘭字	
筍	蘇穩切	齒縫	損笋隼榫簨	
象	西樣切	齒縫	入相字	
牀	初王切	頂腭	床撞幢橦	

續表

千字文	反切	聲類	同音字	備註
紘	希言切	喉音	入鹹字	
歌	戞婀切	牙音	菏柯舸牁哥謌鴚	
酒	賫有切	齒縫	揂	
讌	衣見切	喉音	入鴈字	
接	賫掖切	齒縫	入節字	
杯	巴餩切	重唇	入悲字	
舉	基雨切	牙音	莒筥枸椇拒矩距椝踽窶	擧,本字,今通作舉。
觴	沙佒切	頂腭	入商字	
矯	基咬切	牙音	筊佼狡姣校皎絞餃撟嶠蟜敽敫皦曒皦儌攪	
手	沙偶切	頂腭	入首字	
頓	都混切	舌尖	囤沌炖盾遁腯遯燉鈍	
足	則屋切	齒縫	卒踧娖族蹴蹙噈顣	
悅	於厥切	喉音	入月字	
豫	衣巨切	喉音	入譽字	
且	妻也切	齒縫	担	
康	喀佒切	牙音	入糠字	
嫡	搭益切	舌尖	入的字	
後	訶漚切	喉音	后逅垢郈厚候堠鱟	
嗣	薩異切	齒縫	入四字	
續	塞屋切	齒縫	入宿字	
祭	市異切	齒縫	入濟字	
祀	薩異切	齒縫	入四字	祀,上聲四紙韻,北作寺音。

續表

千字文	反切	聲類	同音字	備註
蒸	渣鞥切	頂腭	入貞字	
嘗	叉昂切	頂腭	入常字	
稽	欺上聲	牙音	入豈字	稽,音啓。
顙	薩朗切	齒縫	搡嗓磉顙	
再	帀艾切	齒縫	入在字	
拜	巴艾切	重唇	敗茷稗粺憊	
悚	蘇孔切	齒縫	�竦慫聳嵷	
懼	基遇切	牙音	入巨字	
恐	軲拱切	牙音	入孔字	
惶	呼王切	喉音	入黄字	
箋	賫烟切	齒縫	戔箋濺尖煎殲	
牒	低掖切	舌尖	凸迭帙跌瓞垤絰窒耋揲堞碟蝶諜疊秩褶	
簡	基眼切	牙音	減筧柬揀儉臉檢鹼謇蹇湕繭	
要	衣叫切	喉音	坳拗樂靿瀹曜燿耀鷂	
顧	歌悟切	牙音	入故字	
答	得哈切	舌尖	入達字	
審	沙狠切	頂腭	沈哂矧諗諗葚黮瀋嬸	
詳	西羊切	齒縫	入翔字	
骸	希厓切	喉音	諧鞋	
垢	歌后切	牙音	姤詬够彀苒搆媾構購覯	
想	西養切	齒縫	鲞	
浴	衣局切	喉音	入育字	
執	渣益切	頂腭	入職字	

續表

千字文	反切	聲類	同音字	備註
熱	髯惡切	捲舌	囁	
願	於眷切	喉音	怨院媛蝝願	
涼	離羊切	捲舌	入良字	
驢	離于切	捲舌	閭櫚旅藘廬臚	
騾	盧和切	捲舌	入羅字	
犢	得屋切	舌尖	入篤字	
特	他額切	舌尖	芯忒慝螣螣	
駭	希楷切	喉音	蟹澥嶰獬	
躍	於覺切	喉音	入樂字	
超	叉爊切	頂腭	抄弨	
驤	西央切	齒縫	入箱字	
誅	遮烏切	頂腭	入珠字	
斬	渣罕切	頂腭	展搌輾盞僝颭醆皽	
賊	帀額切	齒縫	入則字	
盜	搭傲切	舌尖	入道字	盜,俗作盗,非。
捕	波悟切	重唇	步布佈怖抪部蔀哺餔埠簿	
獲	呼國切	喉音	霍活或惑畫	
叛	巴岸切	重唇	半伴姅絆畔扮辦辧	叛,音半,讀判誤。
亡	襪昂切	輕唇	忘	
布	波悟切	重唇	入捕字	
射	師夜切	頂腭	入舍字	
遼	離堯切	捲舌	入寥字	
丸	彎下平	喉音	入紈字	
嵇	蝦宜切	喉音	兮磎奚傒蹊螇	嵇,音兮,讀溪誤。

續表

千字文	反切	聲類	同音字	備註
琴	欺吟切	牙音	入禽字	
阮	於犬切	喉音	入遠字	
嘯	西要切	齒縫	笑肖鞘歗	
恬	梯言切	舌尖	入田字	恬,音甜。
筆	巴益切	重唇	入必字	筆,音必。
倫	盧魂切	捲舌	圇崙淪掄輪綸	
紙	渣倚切	頂腭	入止字	
鈞	居瀹切	舌尖	入君字	
巧	欺咬切	牙音	畖	
任	兒因切	捲舌	壬妊姙紝絍滛婬	任,音壬,姓也,十二侵韻。
釣	低要切	舌尖	入弔字	
釋	沙益切	頂腭	入食字	
紛	發恩切	輕唇	分芬氛雰吩紛棼餴蕡	
利	拉異切	捲舌	入麗字	
俗	塞屋切	齒縫	入宿字	俗,音續。
並	篦應切	重唇	并併竝病㑂柄	
皆	基厓切	牙音	入階字	
佳	基厓切	牙音	入階字	
妙	彌要切	重唇	玅廟繆	
毛	麻敖切	重唇	矛茅蝥髳芼旄	
施	沙衣切	頂腭	入詩字	
淑	賒屋切	頂腭	入叔字	
姿	帀衣切	齒縫	入資字	

續表

千字文	反切	聲類	同音字	備註
工	姑翁切	牙音	入恭字	
顰	披銀切	重唇	貧嬪蠙頻蘋嚬瀕	
妍	衣嫌切	喉音	入嚴字	
笑	西要切	齒縫	入嘯字	
年	呢言切	舌尖	姩鮎黏	
矢	沙倚切	頂腭	入始字	矢,音史,讀齒誤。
每	梅上聲	重唇	入美字	
催	粗威切	齒縫	崔漼衰榱縗	
曦	鰕衣切	喉音	希稀晞絺欷熙醯羲犧熹僖嘻嬉禧橲譆饎爔	
暉	呼威切	喉音	灰詼悝虺麾褘徽翬揮煇楎輝隳	
晃	呼往切	喉音	怳恍晄滉愰幌榥謊	
耀	衣叫切	喉音	入要字	
璇	须元切	齿缝	旋飈璿	
璣	加衣切	牙音	入基字	
懸	虚元切	喉音	玄泫玹眩	
斡	烏括切	喉音	濣捾薳	
晦	呼位切	喉音	入惠字	
魄	葩額切	重唇	孛拍珀蔔潑	
環	呼完切	喉音	入桓字	
照	渣傲切	頂腭	入趙字	
指	渣倚切	頂腭	入止字	
薪	西因切	齒縫	入心字	
脩	西幽切	齒縫	修滫羞饈	

續表

千字文	反切	聲類	同音字	備註
祜	訶悟切	喉音	入戶字	
永	雍上聲	喉音	冗甬俑恿涌踴慂勇湧擁雍	
綏	蘇惟切	齒縫	雖荽挼	
吉	加一切	牙音	入及字	
劭	沙傲切	頂腭	入少字	劭,音少,讀趙誤。
矩	基宇切	牙音	入舉字	
步	波悟切	重唇	入捕字	
引	衣謹切	喉音	入隱字	
領	離影切	捲舌	袊嶺	
俯	佛武切	輕唇	入府字	
仰	衣獎切	喉音	入養字	
廊	拉昂切	捲舌	筤狼浪桹粮蜋鋃躴琅郎瑯榔螂	
廟	彌要切	重唇	入妙字	
束	沙屋切	頂腭	入叔字	
帶	搭艾切	舌尖	入岱字	
矜	基英切	牙音	入京字	
莊	朱汪切	頂腭	庄粧裝	
徘	葩餒切	重唇	入陪字	
徊	呼惟切	喉音	入迴字	
瞻	渣安切	頂腭	占怗沾毡霑栴旃針詹譫邅氈饘鱣鸇	
眺	梯要切	舌尖	調篠跳艞糶	
孤	歌烏切	牙音	入姑字	
陋	勒后切	捲舌	瘺漏嘍鏤	

續表

千字文	反切	聲類	同音字	備註
寡	姑瓦切	牙音	剮	
聞	襪痕切	輕唇	入文字	
愚	衣徐切	喉音	入餘字	
蒙	麻恒切	重唇	檬礞曚矇朦蠓	
等	登上聲	舌尖	戥	
誚	妻要切	齒縫	俏陗悄哨帩蛸	誚,樵去聲。
謂	烏跪切	喉音	入位字	
語	衣矩切	喉音	入宇字	
助	遮悟切	頂腭	住注柱炷蛀註駐詛羜貯著箸筯 羿鑄	
者	基野切	頂腭	赭	
焉	衣嫌切	喉音	入嚴字	□,本字,今通作焉。
哉	帀唉切	齿缝	灾災栽烖菑	
乎	訶吾切	喉音	狐弧瓠胡葫鬍衚猢瑚湖煳鶘醐 鶘壺	
也	衣姐切	喉音	入野字	

六朝是晉、宋、齊、梁、陳、隋也。此時有謝靈運,一家皆好詩。又有陶淵明,字靖節;庾子山,名①信,俱好詩。此時詩筆最尚風流。唐朝以詩取士,其時有前李杜、後李杜。前李杜是李太白、杜甫字子美也;後李杜是李商隱字義山杜牧字牧之也。又有元白二人。元者,元稹也。姓元,名稹。白者,白居易也。姓白,名居易。此數人俱是唐詩中之最著名者。

① 名:底本作"自"。

○王右軍是王羲之,晉朝人,好書法。顔魯公是顔真卿,歐陽率更是歐陽詢,此三人俱唐朝人,俱好書法。

○江西五大家,俱是明末人,如金聲、陳際泰、項水心、章大力之類,俱好文。

卷 二

長白莎彝尊秬薌甫著

男 弼良夢巖　遂良泰舒　明良星垣　定良靜齋 仝校

問　士

以下話頭俱用土音旁註正音

客問:近$_{\text{賤}}$來$_{\text{孭}}$詩興$_{\text{盛}}$好$_{\text{考}}$啊$_{\text{鴉}}$!

主答:没$_{\text{米}}$甚$_{\text{深}}$麼①興頭$_{\text{偷}}$,纔$_{\text{叙}}$抄了幾$_{\text{止}}$篇$_{\text{土開口}}$,兼$_{\text{毡開口}}$有$_{\text{妖}}$些$_{\text{賖}}$文$_{\text{温}}$稿$_{\text{搅}}$,特$_{\text{鉄}}$來$_{\text{孭}}$請教。有$_{\text{妖}}$不$_{\text{逋}}$合$_{\text{苛}}$式②$_{\text{示}}$的$_{\text{地}}$,請改$_{\text{街上声}}$改。

客答:豈$_{\text{矢}}$敢$_{\text{簡}}$! 一$_{\text{衣}}$定好$_{\text{考}}$的$_{\text{地}}$囉! 好$_{\text{考}}$! 果然六$_{\text{料}}$朝$_{\text{抄}}$的$_{\text{地}}$風流$_{\text{了}}$,唐$_{\text{他甖合}}$人$_{\text{因}}$的$_{\text{地}}$手筆$_{\text{北音比,正音历}}$! 真好$_{\text{考}}$! 噯呀,好書法$_{\text{雀花}}$啊$_{\text{丫}}$! 臨$_{\text{里烟合}}$王$_{\text{哇甖合}}$右$_{\text{耀}}$軍$_{\text{專}}$嘛$_{\text{孖}}$! 臨顔$_{\text{官烟}}$魯$_{\text{土老}}$公③嘛$_{\text{孖}}$! 臨歐陽$_{\text{衣甖}}$率$_{\text{蘇}}$更$_{\text{耕}}$嘛! 好$_{\text{考}}$帖$_{\text{鉄}}$,氣$_{\text{翅}}$詞$_{\text{疵開上聲}}$館④的$_{\text{地}}$功夫! 光$_{\text{開口}}$方$_{\text{花甖合}}$烏⑤都$_{\text{刀}}$齊$_{\text{痴}}$備$_{\text{敝}}$了。

主謙$_{\text{官千}}$:過獎$_{\text{俗井}}$了,指教$_{\text{召}}$指教!

客云:哦$_{\text{阿}}$! 文$_{\text{温}}$章$_{\text{睁}}$又$_{\text{耀}}$好$_{\text{考}}$啊$_{\text{丫}}$! 這$_{\text{者}}$是$_{\text{示}}$從$_{\text{葱}}$江$_{\text{之央}}$西$_{\text{施}}$五$_{\text{鄔}}$大家⑥$_{\text{遮丫}}$得$_{\text{爹}}$來$_{\text{孭}}$的,好$_{\text{考}}$得$_{\text{爹}}$很! 吾$_{\text{烏}}$兄羽$_{\text{汝}}$毛$_{\text{省貓}}$這$_{\text{者}}$麼豐滿$_{\text{晚}}$,將$_{\text{官江}}$來$_{\text{孭}}$鵬$_{\text{官朋}}$程$_{\text{官成}}$萬$_{\text{患}}$里,

---

① 甚麽:什麽。

② 合式:符合一定的規格、程式。

③ 顔真卿(709—785),字清臣,琅邪臨沂(今山東臨沂)人,封魯郡公,世稱“顔魯公”。

④ 詞館者:指翰林院。

⑤ 光方烏:清代科舉應試有種字體叫“方光烏”,特點是方正、光潤、墨色烏黑。這裏指客人書法漂亮,具備以上特點。

⑥ 江西五大家:明末楊以仁、陳際泰、羅萬藻、章世純、艾南英並稱爲“江西五大家”。

一衣定恭喜屎的地。

主云:好考說囉！不逋中用的地。聽見兩土領位主考靠上声大人因,差不逋多到官道省喇。那兩土领位大人因在京貞裏里的名皿平声聲怎麽樣呢?

客答:好考。倒不逋錯！那位姓盛方花罷合的地是示前官千輩敝的地翰限林①里烟合,姓盛鄭的是示兄弟地的地同通年。兩位都刀很高交明迷英合的地,像吾烏兄這樣的,文温才粥很合苛式示了。

主答:那②裏里話賀話合！見笑開口的地！

問　農

客問:雨汝水衰上聲彀③舊不逋?

主答:彀舊了,現善開口在撒種腫。不逋彀,還慳等雨汝呢。

客問:秧官央苗俗貓好考啊丫?

主答:秧苗很青葱。

客問:多咎④收稻官道子呢? 雜糧籬罷合多咎收呢? 甚深麽時詩候后收割官哥呢? 這者幾止年的收成好啊? 今年收成怎麽樣?

主答:山坡頗旱限田,有四五分收成;潮抄田有八巴九分收成。一衣股腦鐃上聲合苛攏起矢來,也野有六七痴分收成。前兩三年還慳好考,去年今毡年差些賒。庄官莊家遮丫賸⑤沙杏合錢起矢家⑥遮丫,全川仗掙前官千幾止年。瞧超开口今歲瑞這者箇光开口景整,一衣定要虧籬煨合本品的地了。

問　工

客問:做坐工匠的能彀省舊起矢家遮丫啊鴉！那一行坑工價之亞合好呢? 那樣自在

---

① 翰林:明清殿試中名次靠前的都要入翰林,其中狀元、榜眼、探花爲正式翰林,其餘爲見習翰林、翰林庶吉士。

② 那:哪。

③ 彀:同"够"。

④ 多咎:什麽時候。

⑤ 賸:剩餘。

⑥ 起家:興家起業。

些呢?

主答:我們做賤$_{\text{賤開口}}$工的,有甚$_{\text{深}}$麼好呢! 雕$_{\text{開口}}$花琢$_{\text{阻入声}}$玉$_{\text{遇}}$的要費$_{\text{吠}}$神$_{\text{申}}$;蓋$_{\text{戒}}$房子的、鑿$_{\text{左入}}$石$_{\text{戶}}$頭的,要費力$_{\text{利}}$;繡錦$_{\text{展}}$的、成衣的,雖然自在些,要好耐煩①$_{\text{番}}$。工銀$_{\text{土烟}}$不過一錢幾$_{\text{止}}$分,只$_{\text{之}}$可糊$_{\text{蒿}}$口$_{\text{舅}}$而已$_{\text{耳}}$,那還$_{\text{慳}}$能彀剩$_{\text{官盛}}$錢呢!

客云:我見$_{\text{官賤}}$有幾$_{\text{止}}$位做$_{\text{坐}}$工的,都剩了錢喇$_{\text{官拉}}$。

主答:是呀。勤$_{\text{千}}$儉$_{\text{官見}}$中也$_{\text{野}}$有好的,但是不能很豐餘$_{\text{官於}}$。不如$_{\text{官於}}$當頭腦的好。領出來的好價錢,發$_{\text{花}}$出去的便$_{\text{篇開口}}$宜$_{\text{衣}}$些,再遇着$_{\text{阻}}$採$_{\text{踹}}$②買的$_{\text{地}}$湊巧$_{\text{悄開口}}$,那纔$_{\text{猜}}$可以沾點光呢!

問　商

客問:驾上貴姓$_{\text{盛}}$?

主答:小姓張$_{\text{睜}}$,未$_{\text{位}}$請教?

客云:小姓王。

主問:在那$_{\text{蝌}}$裹$_{\text{里}}$发$_{\text{花}}$財? 做$_{\text{坐}}$甚$_{\text{深}}$么貴行$_{\text{坑}}$? 行情$_{\text{清}}$好$_{\text{考}}$不$_{\text{逋}}$? 那一$_{\text{衣}}$江貨$_{\text{賀}}$物$_{\text{戶}}$好$_{\text{考}}$呢?

客答:兄弟在太平門$_{\text{蚊}}$外$_{\text{壞}}$興$_{\text{升}}$隆$_{\text{窿}}$街$_{\text{遮}}$,做$_{\text{坐}}$棉花行$_{\text{坑}}$。我們这樣買賣起$_{\text{矢}}$落$_{\text{羅}}$非常$_{\text{撐}}$,總没$_{\text{米}}$有一$_{\text{衣}}$定的$_{\text{地}}$。若論貨$_{\text{賀}}$物$_{\text{戶}}$好$_{\text{考}}$呢,江南紅$_{\text{空}}$花不$_{\text{逋}}$及$_{\text{之}}$湖$_{\text{蒿}}$廣紫花;頂上③是廣東番$_{\text{扳}}$禺$_{\text{官於}}$的白$_{\text{波}}$花,但$_{\text{土}}$是出產的有限$_{\text{善開口}}$;最$_{\text{罪}}$不好是洋花囉!

主吽④僕$_{\text{鋪}}$:來$_{\text{孫}}$啊$_{\text{鴉}}$,泡盅$_{\text{中}}$茶$_{\text{土差}}$,加$_{\text{遮丫}}$點$_{\text{典開口}}$好葉$_{\text{夜}}$子,先装烟。

主云:請茶!

客答:請! 果然$_{\text{官烟}}$好茶! 氣$_{\text{翅}}$味$_{\text{位}}$清香$_{\text{俗腥}}$。這$_{\text{者}}$是峩$_{\text{阿}}$眉$_{\text{米}}$茶啊,還$_{\text{慳}}$是松$_{\text{崧}}$蘿茶?

主答:不$_{\text{逋}}$,這是從$_{\text{葱}}$前$_{\text{官千}}$去$_{\text{處}}$武$_{\text{鄔}}$彝$_{\text{衣}}$山,帶$_{\text{大}}$回來的名種。各$_{\text{哥}}$樣俱$_{\text{朱}}$不着$_{\text{阻}}$呵$_{\text{苛}}$! 松$_{\text{崧}}$蘿、峩$_{\text{阿}}$眉$_{\text{米}}$難得$_{\text{爹}}$好的$_{\text{地}}$,還$_{\text{慳}}$不如$_{\text{官於}}$六$_{\text{讀路}}$安$_{\text{地名}}$有益$_{\text{衣}}$,又$_{\text{耀}}$便$_{\text{篇開口}}$宜$_{\text{衣}}$又$_{\text{耀}}$味$_{\text{位}}$兒好。

---

① 耐煩:耐心。

② 踹:踩。

③ 頂上:最高的品級,品質最佳的。

④ 吽:叫。

客答:是示,不逋錯!

主問:吾烏兄到官道過武彝衣山麼?

客答:兄弟地從沖前也野曾到過幾止輔。如官於今毡買賣艱難,這幾止年都没米去處了。

探 友

客問:好考啊鴉!

主答:儜①好啊鴉! 許暑久沼不逋見,幾之乎蒿認不得爹了! 請坐喇! 近賤來孖恭喜屎发花财啊鴉!

客云:好説了。蒙過獎俗井了! 托拖儜的福敷,還慳開口算平安,但是没米甚深麽好考處。

主問:老大人老太太都好啊鴉?

客答:不敢當了,家遮了父家母都還慳健官見壯壯開口。(回問)府上老世示伯波、老伯波母、哥儿兄弟都好啊?

主答:都好。叫儜惦靛開口着。

客云:兄弟一向戶樣合出門,總没得來给老哥哥請安問候,實戶在寨短禮得很了!

主云:兄弟为口舅奔馳痴,總没箇空窮兒到兄臺②大人跟前官千請安問好,實在疎③官書懶得很了!

客云:豈矢敢柬! 彼此一衣様。

主問:老兄臺這幾止年出門實在好啊?

客答:没甚深麽好處,見笑得很的。

主云:老兄臺這話過謙了!

客云:外壞頭偷也野晚挽了,大哥請坐,兄弟告教辭疵了。

主云:咱們弟兄今毡日二既治是示會害合口面了,没米有妖空空叫召開口儜去的規矩。收拾戶一衣盃跛薄波酒沼,咱們對兌飲燕敘樹談攤敘談。

---

① 儜:第二人稱敬語。

② 兄臺:對同輩友人的尊稱。

③ 疎:疏。

客云:阿亞哥既治然這樣的疼官騰愛,兄弟斷都患合然不敢推辭疵,必卑定領阿哥的盛沙杏合惠害會！只之是無烏故的騷符擾開口。

主云:不成車亨合敬靜的,不過便飯罷咧!

主问僕:飯好考没有？菜此械合便囉嚒孖？

僕答:便了,得了,收拾戶好了。現善開口收拾了,還慳要停聽一衣會兒,等一會兒就召得了。

主叫僕:擺饭,擺席戶,出菜上沙硬切菜。

客說:不敢！豈矢敢簡!

主云:便飯,恕數撮口不安席戶,請坐!

主叫僕:斟真酒沼！请！没什麼下酒的菜,多呵①訶兩盅罷。

客答:這麼些盛沙杏合馔,承官成惠得很！酒沼多了,醉聚了,赐官四饭罷!

主云:没踪呢！再寨呵幾止盅啊鴉,飯還慳没好呢。请照掉乾奸一衣盃②跛！親千敬靜一杯！再寨敬一杯!

客說疏:酒沼多囉!

主云:既治是是這麼着,咱們停聽一會害合口兒再呵罷。

客答:好考啊鴉!

主吽僕:装烟！泡幾止碗挽普洱官二茶來孲！吽召開口廚房收拾戶醒酒湯!

主問客③:咱們寬坐談灘談灘。久沼别至治今毡,可有妖十戶年不遣?

客答:有十戶來年了。

主問:一向怎麼不下顧④?

客答:近來有些俗蘇事示,东奔西施跑,不覺過了這些年了。月半办纔猜到官道了家遮丫,安顿了行升李,就召來奉官鳳望禎。

主答:承官成關切開口得很!

主問:這者些賒年好考過啊鴉?

客答:只之管開噥着⑤。在北江時詩,小小生意還慳可以耳。自土那年隨誰親千

① 呵:同“喝”。

② 盃:杯。

③ 客:原文作“答”,疑誤。

④ 下顧:敬詞,稱客人來訪。

⑤ 噥着:這裏是將就的意思。

戚痴往蘇州走酒了一輔①官湯，也野不甚慎好。想開口老哥哥在府上享福孚，諸事示還慳仰仗掙儜栽培批，還要討他考合儜箇情清面，還要求超大哥薦官賤薦地方。

主答：好考罷咧！這箇兄弟自然留心先。待大有相當的去處，打發花人通儜箇信善。近賤來孫，兄弟有了年紀止，不大出門，老哥哥交焦開口遊夭四海蟹，自然聞温風敬靜服孚。這箇我固然留心，但不要寡②盼開口着阻我有箇好機之會害合口了。想老哥哥刑升名③錢穀④，凡番屬衙門蚊裏的事示情清没有不懂得爹的地。兄弟地有一位土姑老爺，差不多這幾止天，要往揚州上大開口任認去。大概介還慳少筲些賒帮手。像官相吾烏兄這樣的才情很合式了。我明日二過去與汝他商俗生量商量。

客說：好啊鴉！很承官成情清！待大老大哥說疏過之後，再寨同通着阻一塊簁壞合去會會他。

主答：好罷咧！再斟真上酒沼，給偈老哥哥先道喜屎！

客答：豈矢敢簡！全川開口靠洪空福，仰仗掙吹嘘書喫⑤飯罷！

主問：酒沼彀舊了麽？

客答：彀了。

主云：没有甚深麽菜，不敢多敬靜！

客答：叨⑥開口领得爹很！

主云：請喫痴飯！

客說：請！

主云：添官天飯哪！

客說：飽了。

主叫僕：倒茶！装烟！

主云：散土散罷！

主叫僕：來孫，把椅耳子端都湾在凉亭子上。

主請客：請坐！乘官成乘涼！老兄臺太去了這些年，兄弟年紀止雖不大打，不

---

① 輔：趟。

② 寡：只。

③ 刑名：刑律。

④ 錢谷：賦稅。

⑤ 喫：吃。

⑥ 叨：承受之意，感謝別人款待的客氣話。又如“叨光、叨擾”等。

覺$_{\text{將}}$老蒼了。

客答:老哥哥年紀雖有,貴體倒$_{\text{官道}}$還$_{\text{慳}}$養得好$_{\text{考}}$!

客問:請問各位世$_{\text{示}}$兄都完$_{\text{湾}}$娶了罷?

主答:這些兒女債都還$_{\text{苛湾合}}$清了。去年與$_{\text{汝}}$小五$_{\text{鄔}}$兒娶了媳$_{\text{戶}}$婦$_{\text{付}}$,今$_{\text{毡}}$年小女孩$_{\text{蟹}}$也$_{\text{野}}$出門①了。

客問:好$_{\text{考}}$!恭喜$_{\text{屎}}$!可有$_{\text{妖}}$幾$_{\text{止}}$位令孫$_{\text{街}}$?

主答:小孫倒有七$_{\text{痴}}$八$_{\text{巴}}$箇,都只$_{\text{之}}$會$_{\text{害合口}}$吃$_{\text{痴}}$飯的$_{\text{地}}$,不$_{\text{遭}}$會幹事$_{\text{示}}$的$_{\text{地}}$。

客說:笑$_{\text{開口}}$話$_{\text{賀話合}}$了!酒$_{\text{沼}}$醉$_{\text{聚}}$了,外$_{\text{壞}}$頭$_{\text{偷}}$也$_{\text{野}}$晚$_{\text{挽}}$了,暂$_{\text{棧}}$且$_{\text{扯}}$告$_{\text{教}}$辞$_{\text{疵}}$,明日再談$_{\text{攤}}$罷!

主問:老哥哥尊$_{\text{津}}$寓在那$_{\text{乸}}$裹$_{\text{里}}$?叫$_{\text{召開口}}$人請行$_{\text{升}}$李過來$_{\text{孲}}$罷?

客答:不$_{\text{遭}}$囉!趙$_{\text{棹}}$家那裏$_{\text{里}}$已$_{\text{耳}}$经$_{\text{貞}}$安頓$_{\text{土}}$了,多謝$_{\text{射}}$费$_{\text{吠}}$心$_{\text{先}}$了。

主云:好$_{\text{考}}$說$_{\text{疏}}$虛$_{\text{土書}}$邀$_{\text{夭開口}}$了,明日$_{\text{二}}$再會罷!

客答:是。請囉!

主云:請囉!

主叫僕:你們打燈籠$_{\text{窿}}$,送錢$_{\text{官千}}$老爺回去。

回 拜

叫跟班:來$_{\text{孲}}$拏②$_{\text{乸}}$兩箇帖$_{\text{鉄開口}}$子,到$_{\text{官道}}$趙老爺家,回看昨$_{\text{左}}$日$_{\text{二}}$來的$_{\text{地}}$錢$_{\text{官千}}$老$_{\text{九江土老}}$爺。

主云:昨$_{\text{左}}$日$_{\text{二}}$勞$_{\text{撈}}$動阿$_{\text{亞}}$哥$_{\text{土}}$的$_{\text{地}}$駕,今$_{\text{毡}}$日$_{\text{二}}$兄$_{\text{松}}$弟$_{\text{地}}$特$_{\text{鉄}}$來請安$_{\text{晏平聲}}$道乏$_{\text{花}}$。

客答:豈$_{\text{矢}}$敢$_{\text{簡}}$,昨$_{\text{坐}}$兒這$_{\text{者}}$麽騷$_{\text{筲}}$擾,今兒還$_{\text{慳}}$累$_{\text{例}}$吾$_{\text{烏}}$兄到來$_{\text{孲}}$,兄弟實$_{\text{戶}}$在當$_{\text{開口}}$不起$_{\text{矢}}$了。大夥$_{\text{可}}$相$_{\text{土腥}}$好$_{\text{考}}$,過$_{\text{土}}$來瞧$_{\text{超開口}}$瞧就$_{\text{召}}$好$_{\text{考}}$喇$_{\text{官拉}}$。怎麽又穿衣帽$_{\text{貌}}$呢?多禮$_{\text{里}}$得$_{\text{爹}}$很了!

主答:本$_{\text{品}}$该$_{\text{街}}$的$_{\text{地}}$。

主问:趙$_{\text{棹}}$老爺在家不$_{\text{遭}}$?

客答:纔$_{\text{猜}}$出門$_{\text{蚊}}$去。

---

① 出門:出嫁。

② 拏:拿。

主云:他儜回來,題①兄弟到$_{\text{官道}}$來請安問$_{\text{運}}$好$_{\text{考}}$。

客答:是$_{\text{示}}$了。

辭　行

客云:兄弟$_{\text{地}}$到來$_{\text{孻}}$擾了這麼久$_{\text{沼}}$,很$_{\text{土}}$蒙$_{\text{孖亨切}}$培$_{\text{批}}$植$_{\text{之}}$。承$_{\text{官成}}$關$_{\text{土}}$照$_{\text{棹}}$得$_{\text{爹}}$很,不知怎樣报答好。

主云:那$_{\text{乸}}$裏$_{\text{里}}$話! 簡$_{\text{俗盞}}$慢$_{\text{土}}$得$_{\text{爹}}$很! 有$_{\text{妖}}$慢了,有$_{\text{妖}}$甚$_{\text{深}}$麼不$_{\text{逋}}$週$_{\text{州}}$的$_{\text{地}}$,還$_{\text{慳}}$要$_{\text{衣效合}}$求$_{\text{超}}$老兄臺海$_{\text{蟹}}$量$_{\text{亮開口}}$。大哥$_{\text{土}}$在這$_{\text{者}}$裏$_{\text{里}}$,諸事$_{\text{示}}$多蒙指$_{\text{土}}$教。一$_{\text{衣}}$旦$_{\text{但}}$分$_{\text{土}}$離,實在難$_{\text{官南}}$捨。還$_{\text{慳}}$望$_{\text{橫}}$老哥哥閒$_{\text{官先}}$空$_{\text{窮}}$時$_{\text{詩}}$常$_{\text{撑}}$來$_{\text{孻}}$指教$_{\text{召开口}}$指教。這一$_{\text{衣}}$去卻$_{\text{卓}}$不知甚$_{\text{深}}$麼時候$_{\text{后}}$可能再見呢。

客云:是$_{\text{示}}$呀。兄弟也$_{\text{野}}$難割捨$_{\text{寫}}$。得空時候,自然$_{\text{官烟}}$常來親$_{\text{千}}$教。但兄弟餬口四方,離合$_{\text{訶}}$原$_{\text{淵開口}}$難$_{\text{官南}}$預$_{\text{遇}}$料。

主云:是$_{\text{示}}$囉! 但有$_{\text{妖}}$了恭喜②$_{\text{屎}}$的$_{\text{地}}$所$_{\text{土}}$在,不$_{\text{逋}}$妨多給$_{\text{偈}}$箇$_{\text{个}}$字兒。

客云:這$_{\text{者}}$箇自然! 請了!

主云:請了!

送　行

主云:特$_{\text{鉄}}$來$_{\text{孻}}$送行$_{\text{升}}$。

客云:動駕得$_{\text{爹}}$很!

主云:本$_{\text{品}}$該$_{\text{街}}$的$_{\text{地}}$。行$_{\text{升}}$装都$_{\text{刀}}$辦齊$_{\text{痴}}$喇$_{\text{官拉}}$嘛$_{\text{孖}}$?

客云:都齊$_{\text{痴}}$備$_{\text{敝}}$了。

主云:到$_{\text{官道}}$府$_{\text{土}}$上替$_{\text{他二切}}$請老太爺、太太的$_{\text{地}}$安,問$_{\text{運}}$貴$_{\text{古會合}}$昆$_{\text{坤}}$玉$_{\text{遇}}$③的$_{\text{地}}$好$_{\text{考}}$!

---

① 題:談及,提到。

② 恭喜:任職的說法。如"您在哪儿恭喜?"意思是:您在哪當差、任職?

③ 昆玉:對別人兄弟的敬稱。例如《西遊記》第四十三回:"我且饒你這次:一則是看你昆玉分上,二來只該怪那廝年幼無知,你也不甚知情。"

客云:"豈矢敢簡!吾烏兄到來,見見就召好考了,何訶必悲又耀送這者些賒東西!

主云:這點意思不成敬的!不過表一點窮心,送上老哥哥賞省城之省賞底下射下合人。

客云:多谢射了!自土兄弟到來,老兄臺太的厚惠隆官龍情總說疏不了,惟威有妖心先感簡而耳已!

主云:好考說疏,太簡俗盞慢了!諸事示都刀照棹應形不遄到,還慳要衣效合求超老哥哥海蟹量亮開口海量!

客云:各哥位哥哥們蚊都刀請回府歇賒歇罷!兄弟實戶在當不起矢了!

主云:我們本品該街送送的地。

客云:不遄敢東當,請罷!

主云:咱們候候。

凡番送行辭行升,皆遮臨別卑爺切時詩纔猜行升禮里。尋先常撑不過作坐揖衣拉手而已耳。寡①作坐揖衣也野使得爹。如於十戶分情切,則對兌面三叩。叩畢,相先生合請而後起矢。起來仍應作坐一衣揖衣。

主云:老哥哥此去,自然好考事示多爲威,但是示兄弟心先裏里實在不能割哥捨。

客云:是,彼此一樣。後會害合唇有妖期痴!不須書掛念開口!

主云:請囉!

客云:請兩便罷!

主云:請!

客云:請!

說 情

(見面一揖就座)

官道:年兄②有甚深麼事示情?

---

① 寡:僅,只。

② 年兄:古代科舉考試制度中同榜登科者相互的尊稱,互稱年兄;主試人對所取中的門生有時亦用此稱呼。

紳道:治弟$_{\text{地}}$①特$_{\text{鉄}}$來$_{\text{孩}}$請安$_{\text{晏平声}}$,兼$_{\text{毡開口}}$有$_{\text{妖}}$些$_{\text{賒}}$小$_{\text{小開口}}$事$_{\text{示}}$情$_{\text{清}}$,來$_{\text{孩}}$替②父臺$_{\text{太}}$商$_{\text{土生}}$量。

官問:甚$_{\text{深}}$麽事$_{\text{示}}$?

紳道:治弟$_{\text{地}}$有$_{\text{妖}}$箇$_{\text{个}}$親$_{\text{千}}$戚$_{\text{痴}}$,姓$_{\text{盛}}$常$_{\text{撐平声}}$,名$_{\text{皿}}$守己$_{\text{止}}$,被$_{\text{敝}}$一$_{\text{衣}}$箇$_{\text{个}}$姓馬的$_{\text{地}}$,把賭博$_{\text{波}}$爲名$_{\text{皿}}$,供扳③了好$_{\text{考}}$些$_{\text{土賒}}$人,掛他的名字在案$_{\text{晏}}$。不$_{\text{逋}}$曉得$_{\text{爹}}$父臺$_{\text{太}}$可以$_{\text{耳}}$施恩$_{\text{阿根切}}$给$_{\text{偈}}$他没$_{\text{米}}$,特來请示!

官道:是呀,有$_{\text{妖}}$這$_{\text{者}}$箇$_{\text{个}}$事$_{\text{示}}$。常守己是$_{\text{示}}$年兄的$_{\text{地}}$令親,那箇自然$_{\text{官烟}}$照$_{\text{棹}}$應$_{\text{形}}$④。但是姓$_{\text{盛}}$馬的$_{\text{地}}$口$_{\text{舅}}$供死$_{\text{土}}$纏$_{\text{殘}}$着他,也$_{\text{野}}$是$_{\text{示}}$无法$_{\text{花}}$的$_{\text{地}}$啊$_{\text{鴉}}$!年兄要$_{\text{衣效合}}$怎$_{\text{土}}$麽辦法$_{\text{花}}$呢?

紳道:老$_{\text{九江土老}}$父臺$_{\text{太}}$肯$_{\text{齦}}$施恩,商量箇辦$_{\text{土}}$法$_{\text{花}}$就$_{\text{召}}$是。

官道:這宗賭博$_{\text{波}}$原$_{\text{官元}}$是真的啊,還$_{\text{慳}}$是假$_{\text{者開口}}$的$_{\text{地}}$呢?

紳道:那$_{\text{乜}}$得$_{\text{爹}}$真呢⑤?姓$_{\text{盛}}$馬的$_{\text{地}}$原是一箇窮漢$_{\text{限}}$,屢次$_{\text{土}}$借$_{\text{土}}$貸$_{\text{大}}$。姓$_{\text{盛}}$常$_{\text{撐}}$的$_{\text{地}}$家當$_{\text{開口}}$原不$_{\text{逋}}$大豐$_{\text{官風}}$富$_{\text{付}}$,不過餬噥而$_{\text{耳}}$已。一$_{\text{衣}}$時$_{\text{詩}}$應$_{\text{形}}$酬$_{\text{土抽}}$不$_{\text{逋}}$來$_{\text{孩}}$,就$_{\text{召}}$借$_{\text{土}}$事$_{\text{示}}$誣$_{\text{烏}}$扳$_{\text{土}}$。各$_{\text{哥}}$紳耆$_{\text{痴}}$⑥都敢$_{\text{柬}}$保$_{\text{飽}}$结$_{\text{遮}}$⑦。

官道:啊$_{\text{阿}}$,爲$_{\text{位}}$借貸$_{\text{大}}$不遂$_{\text{瑞}}$,就$_{\text{召}}$弄$_{\text{土}}$出這箇緣$_{\text{官元}}$故$_{\text{土}}$來,可$_{\text{土}}$惡$_{\text{土}}$得$_{\text{爹}}$很!既$_{\text{治}}$是$_{\text{示}}$令$_{\text{土}}$親$_{\text{千}}$果然$_{\text{官然}}$被$_{\text{敝}}$他誣$_{\text{烏}}$扳$_{\text{土}}$,紳耆$_{\text{痴}}$又$_{\text{耀}}$肯$_{\text{齦}}$保$_{\text{飽}}$结$_{\text{遮}}$,年兄何$_{\text{訶}}$不$_{\text{逋}}$回$_{\text{呼灰切}}$去具$_{\text{住}}$箇$_{\text{个}}$保$_{\text{飽}}$结$_{\text{遮}}$,拏進$_{\text{賤}}$來$_{\text{孩}}$,待$_{\text{大}}$我批准摘$_{\text{齋}}$释$_{\text{戶}}$⑧,免$_{\text{開口}}$其$_{\text{痴}}$對$_{\text{兑}}$質$_{\text{之}}$就$_{\text{召}}$是了。

紳道:是,父臺這麽辦法$_{\text{花}}$,感$_{\text{柬}}$激$_{\text{之}}$得$_{\text{爹}}$很!

官道:年兄,近$_{\text{賤}}$來兄弟應$_{\text{形}}$酬$_{\text{抽}}$上頭$_{\text{偷}}$的$_{\text{地}}$差$_{\text{土}}$事$_{\text{示}}$,繁$_{\text{番}}$得$_{\text{爹}}$很!今$_{\text{毡}}$天要$_{\text{衣效合}}$辦這箇差$_{\text{土}}$,明天要辦那$_{\text{乜}}$箇$_{\text{土}}$差,還$_{\text{慳}}$要烦$_{\text{番}}$年兄告$_{\text{教}}$訴$_{\text{掃}}$令$_{\text{土}}$親帮帮。

---

① 治弟:舊時部屬對長官或旅外官吏對原籍長官的自稱。

② 替:跟,同。

③ 供扳:被審問時牽拉出來。

④ 照應:關照之意。

⑤ 那得真呢:哪裏是真的呢?

⑥ 紳耆:舊指地方上的紳士或有聲望的人。

⑦ 保結:爲保證他人身份或行爲所立的文書。如《儒林外史》第四十八回:"這鄧質夫的父親是王玉輝同案進學,鄧質夫進學又是王玉輝做保結,故此稱是老伯。"

⑧ 摘釋:釋放。

紳道:是示,那箇本品該街的!舍瀉親①千也野懂得爹這箇道理里的地。

官道:怎麼樣的地意二思?老哥哥說疏。

紳道:還慳要請老父臺的地示,要怎麼樣辦法花呢?

官道:那開口箇事示啊,認真辦起矢來罪聚名皿卻卓不小;要婉挽轉②開口過來孬,非〇〇不遣能拏蔫切。

紳道:卻卓也野不遣多!惟威是示姓盛常撐的地辦不到道這者箇分土兒。要求超見諒土開口些賒!

官道:不遣嘛孖,就召饒衣敲合下射下合〇〇罷土!

紳道:恐窮怕還慳辦不來。那姓常的地與汝治弟地是親千戚痴中的地相好考,治弟地深身知他底裹③里,恐窮怕弄土不遣來孬。

官道:既治然是示這樣,老兄臺太你說罷。

紳道:依治弟地愚省於見,瞧超開口起矢來孬不遣過〇〇的地數,多恐窮不能。

官道:依那開口箇个數呢,卻卓少筲上声些。總烦番老大哥告教訴他,開干挨合導官道他,叫召他勉免開口力省利辦來孬就召是示喇。

紳道:是囉!治弟出初烏切去告訴他盡賤力利湊去。改皆日二再來孬回話賀話合,暫賺別。

呈官成究趙

紳土道:治弟有宗小開口事示,要烦番動老兄臺金毡心④先。

官道:甚深麼事呢?

紳道:治弟的地兄弟往集之場撐上買東西施,揿⑤着箇平披英合日二不安分的地匪徒名字叫召張四土,憑官平空空說疏治弟的兄弟該⑥皆他的錢,扭鳥着就召打。我兄弟跑不脱拖,被他搶俗清去衣裳銀兩,請父臺拏他治罪墜。

---

① 舍親:指對他人稱自己的親戚的謙詞。

② 婉轉:此處指設法挽回。也作"彎轉"。

③ 底裹:底細。

④ 金心:金,這裏表示尊貴。"金心"即尊貴的心,是一種敬稱。

⑤ 揿:碰。

⑥ 該:欠。

官道:這$_{\text{者}}$還$_{\text{慳}}$了得$_{\text{爹}}$,待$_{\text{大}}$我鎖他來問$_{\text{運}}$問!呈子①拏來没$_{\text{米}}$有$_{\text{妖}}$?

紳道:拏來$_{\text{孬}}$了。并送果金②亦可治弟備得有些$_{\text{賒}}$微$_{\text{威}}$敬$_{\text{淨}}$。

官道:嗳!大夥$_{\text{可}}$相好$_{\text{考}}$,何$_{\text{苛}}$必$_{\text{悲}}$如$_{\text{於}}$此!

紳道:不過一$_{\text{衣}}$點意思,見笑$_{\text{開口}}$得很!

官道:那話!多谢$_{\text{射}}$了!審$_{\text{腎}}$後$_{\text{土}}$再$_{\text{寨}}$見。

紳道:昨$_{\text{左}}$日$_{\text{二}}$舍弟被匪$_{\text{土}}$徒$_{\text{滔}}$搶東西的案$_{\text{晏}}$多蒙$_{\text{孖亨合}}$父臺费心$_{\text{先}}$,感$_{\text{東}}$激$_{\text{之}}$得很!但$_{\text{土}}$是這箇東西,非打不招$_{\text{朝}}$,還$_{\text{慳}}$要請父臺嚴$_{\text{官言}}$訊$_{\text{善}}$追還$_{\text{苛湾合}}$所搶的東西。再请父臺檄$_{\text{敦}}$起$_{\text{矢}}$他纔$_{\text{猜}}$好。若$_{\text{官樂}}$是$_{\text{示}}$白白的$_{\text{地}}$放了他,恐$_{\text{窮}}$怕$_{\text{土}}$事$_{\text{示}}$情$_{\text{清}}$更多了。

官道:是$_{\text{示}}$呀,我還$_{\text{慳}}$要覆$_{\text{孚}}$審$_{\text{腎}}$。昨$_{\text{左}}$日$_{\text{二}}$,礙$_{\text{官艾}}$着錢$_{\text{官千}}$老先生的分$_{\text{土}}$上,难以$_{\text{耳}}$就$_{\text{召}}$治他的$_{\text{地}}$罪。待傳$_{\text{官川}}$齊$_{\text{痴}}$証$_{\text{贈}}$佐$_{\text{坐}}$,問明再說$_{\text{疏}}$罷。

紳答:是$_{\text{示}}$,問$_{\text{運}}$明証証$_{\text{贈}}$佐$_{\text{坐}}$原是本$_{\text{品}}$該$_{\text{街}}$的$_{\text{地}}$。治弟想,那箇張四$_{\text{土}}$這麽狼$_{\text{官郎}}$恶$_{\text{餓}}$鄉$_{\text{土腥}}$中集$_{\text{之}}$上,誰$_{\text{衰}}$不認得$_{\text{爹}}$他?誰没$_{\text{米平声}}$受過他的害$_{\text{懈}}$呢?今$_{\text{毡}}$日$_{\text{二}}$父臺肯$_{\text{揹}}$給$_{\text{偈}}$治弟點兒脸$_{\text{璉開口}}$,固然$_{\text{官烟}}$不$_{\text{逋}}$必$_{\text{卑}}$牽$_{\text{官千}}$累别人。就$_{\text{召}}$是$_{\text{示}}$公事公辦,张四$_{\text{土}}$也$_{\text{野}}$不能逃$_{\text{官陶}}$得這$_{\text{者}}$箇$_{\text{个}}$刑$_{\text{升}}$法$_{\text{花}}$。雖有$_{\text{妖}}$錢$_{\text{官千}}$老先生的情$_{\text{清}}$面,還$_{\text{慳}}$望$_{\text{横}}$老父臺商$_{\text{生}}$量辦法纔$_{\text{猜}}$好,断不可給$_{\text{偈}}$他糊弄$_{\text{土}}$着。

官說:那箇自然。明$_{\text{皿}}$日覆$_{\text{孚}}$審$_{\text{腎}}$,兄弟自有$_{\text{妖}}$主意$_{\text{二}}$。如$_{\text{官於}}$萬$_{\text{患}}$不能歸$_{\text{撮口}}$結,就$_{\text{召}}$把他詳$_{\text{先生合}}$解$_{\text{介}}$上堂就$_{\text{召}}$是$_{\text{示}}$了。

紳道:那也$_{\text{野}}$很感$_{\text{東}}$激$_{\text{之}}$,但$_{\text{土}}$是到兩不相$_{\text{俗腥}}$下時$_{\text{詩}}$候,據$_{\text{佉}}$情$_{\text{清}}$詳$_{\text{俗腥}}$堂的情節$_{\text{遮}}$也$_{\text{野}}$給$_{\text{偈}}$畱③$_{\text{了}}$一箇薄$_{\text{薄}}$臉,那更$_{\text{土}}$感$_{\text{東}}$恩$_{\text{阿根切}}$。

官道:是喇$_{\text{官拉}}$,大哥放$_{\text{開口}}$心$_{\text{先}}$,我自然有$_{\text{妖}}$箇辦法$_{\text{花}}$。

鄉紳見新任

紳賀:恭喜$_{\text{屎}}$!

官道:豈$_{\text{矢}}$敢$_{\text{簡}}$!年兄動駕$_{\text{謝下合}}$得很!如紳職尊,則稱老先生。

---

① 呈子:指民間向官方提交的狀子或下級向上級上呈的公文。

② 果金:求人辦事送的錢財,常見於方言。

③ 畱:留。

(紳對)①:“老公祖稱郡守以上、老父臺太、老父師詩稱邑令福孚星土星照棹臨璉,分應叩賀!

官道:好考說疏!兄弟初撮口到官道貴官桂處醋,諸事示不懂,還慳仗掙各哥位土老先生、年兄指教指教!

紳對:豈矢敢柬!老父臺是箇老成練達打的地。治晚挽②們、治弟地們好考造棹化賀話合,纔猜得爹這麽賢官咸父母。

官道:好說疏了!各哥位土老年兄都在城官成裹里住嗎孖?

紳對:是示,治弟地在城裹里。治弟居乡朱鄉俗腥。

官問:是那一鄉?離官黎城多遠阮開口?

紳答:鄉名叫召開口甚深麽,離城多少里。

官問:老先生貴官桂職?

紳對:治弟地是通土判盼③,到過某某處醋任認。

官問:實戶授没有?

紳答:實戶授了。署數事示④還慳未實戶授⑤。

官道:正贈在大有爲威的地時候,怎麽回來呢?

紳答:治弟因土烟才短都挽合而且扯多病,告教了回家有妖好考幾止年囉!

官問:這位年兄貴班?

紳答:治晚挽由夭附貢共⑥捐專開口主簿捕。

官問:這位年兄幾止時詩恭喜屎的?那科磕高交發花的地呢?

紳答:治弟是某某科磕遮合甲班,是某某科舉土主班,是某年拔巴贡共;治晚挽是由夭廩璉貢共候選教職之;治弟是貢共班候選州土判盼;治晚挽是議二叙縣善開口丞官成;

---

① 括號内爲校注者補。

② 治晚:舊時下屬對長官的自稱。

③ 通判:宋初始於諸州府設置,即共同處理政務之意。地位略次於州府長官,但握有連署州府公事和監察官吏的實權,號稱監州。明清設於各府,分掌糧運及農田水利等事務,職務遠較宋初爲輕。清代另有州通判,稱州判,亦指任通判之職。

④ 署事:處理公事或代理職事。

⑤ 實授:以額定之官職,正式除授實缺。

⑥ 附貢:科舉時代,挑選府、州、縣生員(秀才)中成績或資格優異者,升入京師的國子監讀書,稱爲貢生,意謂以人才貢獻給皇帝。明代有歲貢、選貢、恩貢和細貢;清代有恩貢、拔貢、副貢、歲貢、優貢和例貢。例貢是指捐款於官家“援例捐納”取得貢生資格,分附貢、增貢、廩貢等。

治下是貢共生、監官見生。

官說:貴地山水清秀笑,所以耳人才出眾。好考!好得很!

紳答:蒙過獎俗井!還要仰仗老父師栽齋培批。

官道:那话①!

紳道:我们暫聽別,老父臺公事示忙猛平聲,告教辭疵!改皆日二再寨來親千教!

官道:但得爹空的時詩候,不妨進賤來指教指教!

紳答:豈敢柬!請畱了步!不敢勞撈步!

屬員賀新任

(以縣令言)

丞簿、教官:晚挽生叩賀!

巡檢、典史:卑跛職叩賀!

令道:豈敢!勞駕之亞合得很!請坐!不要行升禮。

令問:那位是馮大哥?

丞云:晚生姓盛馮。

令問:這位是蔣井老師嗎?

教官答:晚生姓蔣。

令問:這位是韓慳老爺麼?

典史答:卑職姓韓。

令道:兄弟地初粗到道,諸事示還慳靠各哥位同寅②烟指示!

屬答:豈敢!老堂臺③、堂翁④用帖者稱令鴻才偉抱,晚生們得在宇下,有緣得很。大老爺用手本稱令萬民福曜,卑跛職之得受栽齋培批。

令道:豈敢!這裏地方民風怎麼樣?

屬答:這裏人才很巴结⑤,地方雖不甚慎繁番華,也野算得一箇熱夜鬧土的地

---

① 那話:哪裏話。

② 同寅:同僚,舊稱在同一箇部門當官的人。

③ 老堂台:舊時對上級官吏的尊稱。

④ 堂翁:明清時縣裡的屬員對知縣的尊稱。

⑤ 巴結:努力,勤勉。

方。鄉俗腥村粗欢合田土很多,百波姓盛也野算富付足租。

令道:地方熱鬧,最敘怕土聚住匪。全川靠地方官開善爲威調開口劑。若是辦理不善就會害合口鬧事呀!

屬答:是。大老爺教訓篆很是。

令問:集之場撑上安靜不逍?百波姓盛刁開口蠻萬不逍?

屬答:百波姓雖然良莠妖不一,也野算易二治。集之場上頭,卑職之吩分咐付鄉俗腥約官若、地保鮑稽之查叉。每米遇場撑期痴,打發花差人去巡荀邏羅。卑職之也到那裏彈灘壓也。

令道:啊鴉,這箇辦法花很好考。我聽見差人也很狼①官郎啊。

屬答:是。查叉土平察叉下平嚴緊剪,他也不敢滋擾。

令道:這箇最敘要留心先哪!

屬答:是!

令道:是喇!上頭駕馭寓有方,他們也不敢作坐怪。

屬答:是。

令道:請罷!

屬答:晚生暫棧別啤。卑職之告教辭疵。

屬員见上司

（行禮完畢後）

上司問:某太爺,你是廣東嗎?

屬員答:是。卑土職之是廣東。

上司問:是甚深麼出身?

屬員答:卑職之某某科磕舉主人。卑職之遵津某某例利捐專開口班。卑職之是某某館議二敘樹②。卑職之遵某某處醋善後例報鮑捐③的。

上司問:你告教假之亞合回去没米?還慳是在京貞出來?

---

① 狼:兇狠,嚴厲。

② 議敘:指掌議敘之官。清制對考績優異的官員,交部核議,奏請給予加級、記録等獎勵,謂之“議敘”。

③ 報捐:封建時代根據官府規定,納捐若干,報請取得某種官職,謂之“報捐”。

屬員答:卑職告假回籍之,從蔥本品省领咨齿缝音到來。卑職在京出來,没米有告假。

上司問:不過限善開口哪?

屬員答:還慳在限内泥。卑職在路上因風雨耽丹擱哥,過了憑官平限善開口①二十天。

上司道:未位及之一衣月不相干奸。瞧超開口你這箇人很麻俐。好!去得。你今年多大?

屬員答:卑職之今毡年四十歲瑞。

上司道:正贈當做座官的時候,你在外頭好好巴結遮,将來有好考缺除鞋合,超抄拔巴②你就召是。

屬員答:是,大人恩典!大人栽培!卑職之叩谢謝大人。

上司道:不用,起來!你在道上所經貞的地方,雨水短不?雜渣糧稻子好考不?

屬員答:卑職之經貞過的地方,雨水都充足租,雜渣糧都好,稻苗即貓也很青葱。

上司問:米尾糧如何?

屬員答:米糧很便偏開口宜衣。

上司問:地方安静不?

屬答:很安静。

上司道:我聽見賊擠盜很多呀!

屬員答:小人滋扰,不過三五成羣川,各哥省大人們不時詩撥波兵缉痴拏,地方各哥官也很留心先。聽見現善開口在都很安静。

上司道:啊,安静就召好了。

屬員答:是。

上司道:請罷!

屬員答:卑職之告教辭。

---

① 憑限:寫明有效期限的證書。清黄六鴻《福惠全書·莅任·繳憑》:"憑限不得過一月,在一月以內者勿問。"

② 超拔:越級提升,升遷。

送恩師縣主離任

恩師大喜屎！一见面说，如主人遠接，先打三恭。

門生叩喜！行禮時說。說完，即跪下三叩首與打三恭。如老師回叩，忙些拖脚攙住，再拖脚說。“不敢當！”說完，則退側數步傍立。

官說：請坐！

生趨上打三恭道：門生告坐。即就右邊末儿坐。聽見恩師高陞省生，特鉄來叩喜！

官說：勞駕得很！

生說：本品該皆的地。

官說：咱渣們就召要遠别了，年兄來見見很好！

生說：門生首土蒙超抄拔巴，受恩深身重，實戶在捨不得恩師。卻卓不知是進賤京貞引燕見？還慳是赴付新先任認？

官說：先要進賤京貞，回來纔猜往廣西。

生說：引燕見後，定邀夭開口天眷傳開口門生再得栽齋培批就召好了。

官說：年兄録路學疏之後，還慳要勤千學疏啊！

生說：是。

官道：你的文章很好，將官江來一定高交發花！

生說：門生蒙恩師這番栽培，自然盡賤力利巴結遮。

官說：很好！年兄寓土所在那裏？

生說：在船初湾合上。門生因家裏有緊剪事示，要趕東着阻回去。恕門生不候送。門生叩别。即跪下三叩與再打三恭。

官道：年兄來見見就好考！何訶必卑又送這些東西！

生說：不成甚麽，不過表一點窮葱心先。

官說：承官成惠得很！我到貴縣善開口這麽久沼，没米有甚深麽好考處，不知外壞頭偷說我甚深麽。

生說：恩師仁風善政，不但紳士感東激之爱官艾戴大，就召是小民也很沾官瞻恩向化。

官說:好說了! 你在這裡便飯罷!

生說:恩师賞飯,門生本$_{\text{品}}$不敢辭$_{\text{疵}}$。因這$_{\text{者}}$程$_{\text{官成}}$子①感$_{\text{東}}$冒$_{\text{貌}}$,不大喫$_{\text{痴}}$葷$_{\text{歡}}$,多謝$_{\text{射}}$了!

---

① 這程子:這陣子,這段時間。

卷　三

長白沙彝尊秬薌甫著

男　弼良夢巖　遂良泰舒
　　明良星垣　定良靜齋　仝校

天文類

晴妻盈切	天晴清好天	天亮開口天光
昏呼温切	天陰土烟天暗	天昏歡地暗晏昏天黑地
暗阿幹切	天晃賀往合開了雨雲散開	還慳没晃開雨雲未散
晃呼往切	晴称天朗冷日二清天白日	好考涼快天天時涼爽
暖奴晚切	好考暖開口和天天時和暖	好冷拉肯合的天天極冷
熱髯惡切	好熱夜的天天極熱	太陽夜罷合熱頭
眼衣柬切	太陽晃眼熱頭照眼	好考大太陽好猛熱頭
頭他侯切	日頭大熱頭烈	日頭地日晒之處
嘴租委切	日頭冒貌嘴日初出	日頭落了日落岡
傍巴浪切	日頭平西日歸西	老陽傍官邦下去西日挨西
糊訶吾切	矖土得迷糊蒿晒昏	月芽也新月
亮離樣切	月亮月光	月亮地月照之處
陰衣金切	背弊陰烟即陰地	星過度星飛
颳姑挖切	星展盞眼星光閃閃	颳瓜大風官馮翻大風
颴须元切	颴風暴鮑攪風颸	颴風打轉風
颸訶屋切	鬪豆風逆風	躲風避風
颲勒哈切	颸蒿颲官拉颲的飒然而至疾風聲	風飀飀的不疾不徐之風
飀離由切	打雷行雷	打乍雷起疾雷

霹葩益切	打閃山上聲攝電	霹丕靂利閃電大雷大電
濛麽恆切	下射下合雨落雨	濛鬆雨细雨
颾薩傲切	颾筲下去風雨飄風雨	滂烹沱拖大雨落大雨
躲都我切	帶大日二下雨白撞雨	躲雨避雨
霧婀故切	下霧烏下落霧	露水珠露水粒
雪西日切	下雹包子落雹	下雪書靴合落雪
楞拉硬切	凍動了冰結冰	冰楞官灵子冰條
雲於羣切	雲土淵彩趼雲色	火可霞賒蝦合雲土淵晚霞

時令類

節賫掖切	大年下新年頭	大節遮下大節樓樓
臘勒哈切	五鄔方六料月五六月	十户冬臘官拉月十一二月
程车恆切	這程官成子呢排	好考一衣程官成子好久日子
昝帀罕切	這者昝趲此時	這者會害合口兒如今
纔擦孩切	剛俗耕纔猜就先	停听一衣會兒等一陣
停梯盈切	好考一衣會子好久時候	黑苛朧窿朧黑麻麻
黑哈餘切	朦朦亮開口天朦朧	一衣黑苛早爪將天光
早帀好切	清早朝早	巳省事飯時詩朝飯時
巳薩異切	小晌省城之省午小晏晝	晌午晏晝
晌沙掌切	晌午錯晏晝過	下晚挽挨晚
錯粗惡切	晚挽上晚市後	晚了夜了
晚襪罕切	没米踪呢時候未到	是時候咯着時了
咯盧活切	白波日二日頭	夜裏夜晚
整遮耿切	整土日二家成日間	黑苛家白波日土連日帶夜

地輿類

敞叉賞切	大道大路	大敞掌地大幅地
濘呢應切	地濘路爛	地發花潮抄潮溼

岔測亞切　哈蝦湯泥你平声爛泥涖　三岔路三丫路
衚訶無切　大衚衕大巷　小衚衕小巷
衕琭洪切　死衚衕倔頭巷　堵土了路塞了路
澗基宴切　山岥子平崗　山澗官見子山坑
窪烏瓜切　山窪土嘩子山腰凹處　切坡頗子斜磡
坡葩婀切　高交坡子高磡　土坡子土堆
坑喀鞥切　糞分草堆臘颯岡　水坑子水氹
甿戛朗切　水窪嘩子淺水氹　高交甿子企岡
隴盧哄切　深身水坑子深水氹　田隴槓子田基路
溝歌歐切　小河溝子橫涌　河套子掘頭涌
汊車乍切　河汊詫子橫丫水路　護土城河城濠
潮叉敖切　河沿官元河邊　長争土潮抄潮水大
退琭會切　退土潮抄潮水乾　城官成根底地上声下城脚
垛都火切　城垛口舅磚砌城人　死水溝死水渠
集即益切　營房營兵住處　集之場墟場
棒巴浪切　磯之丁棒官邦下去塊石子路　舒蘇舒坦土坦平平坦坦
溜離由切　坑坑窪嘩窪凹高門低　曲處溜了拐乖彎灣轉彎八角
埠波務切　筆卑溜了直之的筆咁直　埠步頭渡頭

房屋類

牆妻羊切　蓋介房子起屋　牆根底下牆脚
刷書挖切　打牆舂牆　刷疏嘩合牆掃牆
畸加衣切　風火可牆蘉耳牆　牆畸之角沼開口牆角
刨葩敖切　臺太堦遮石級　刨抛坑子掘氹
磚朱彎切　和賀泥撈泥　方磚堦磚
柱遮務切　柱昨墩敦子柱躉　屋烏子房
屋阿谷切　房子屋　堂屋烏正間
穿初灣切　穿廊雨廊　一衣明兩暗晏三間過
廂西央切　正贈房向南屋　廂俗腥房偏間

間基烟切　偏廈洒葉耍　套間毡暗間
窨衣禁切　地窨土硯子地廬　槅哥扇山下去窗槅
龕喀安切　神申龕官看神樓　牕瘡開口戶小窻
牕初汪切　達打子牕滿洲窻　門蚊櫎門押
櫎書彎切　門閬官看上声子地伏　門縫奉子門鋍
閬喀罕切　門纘相挽合子門脚　門枕真子門斗
鋸欺郗切　門鋸鉞雀腦　門釕鈳門錬
鉞西郗切　門插叉關門閂　門榫笋子門笋頭
插車哈切　門消開口息戶門鬼　院官願子天井
榫蘇穩切　陰烟溝暗渠　陽溝明渠
夾基押切　夾遮道冷巷　影壁必照壁
壁巴益切　檩璉子桁　椽川開口子角
檩離飲切　瓦畫隴槓子瓦筒　瓦槽抄子瓦坑
屏披盈切　晒土臺太晒棚　地土屏官平板地臺板
欄拉函切　柵渣欄土柵門　晒土場晒穀地塘
戲蝦異切　戲示檯太戲棚　學疏房書館
澡帀好切　洗屎澡爪堂洗身池　竈罩洞灶窟
耗哈傲切　竈卓臺太子灶頭　耗孝子洞老鼠窿
廁薩異切　鍋戈烟官烟子鑊撈　茅省貓廁廁坑
圈基願切　草篷官朋子茅寮　馬圈傳開口馬廠
隔戛額切　牛鳥圈牛欄　隔哥壁必隔隣
塌忐哈切　房子倒塌他了屋跌倒

水火類

溷呼魂切　水溷歡合、俗寬水濁　澆官交水淋水
撩離堯切　撩官了水洒水　淌開口水流水
沫麻額切　水泡炮子水抱　水沫磨子水糜
擰呢盈切　擰出粗水扭出水　水淹官烟了道水浸路
淹衣堅切　水泡炮水浸　水開了水滚

沸佛屋切	水沸呼出來水滚出煲外	挑土開口水担水
謟他熝切	謟他敲合火取火	敲超、靠平火可打火
攏盧冗切	攏槓火可透火	點箇亮點箇火
爨粗官切	搧山着爐子撥着爐	搭打火可爨寸開口搭爨
烤喀好切	烟燻孫烟屈	烤靠下上烤東西施用火焙物
滅彌掖切	着嘲火可失火	火可滅開口了火熄

人因物戶類

孩哈來切	老頭偷子老大	小孩子嫩仔
娃烏華切	小娃嘩子女仔	小夥可子後生仔
幺衣交切	小幺官夭兒未成丁後生仔	家遮丫生子家生棣
廝薩衣切	小廝司伙仔	縫官風窮沖的地補衫婆
忙麻昂切	帮忙的地帮人做工的	老婆頗子老大婆
媳西宜切	小媳尸婦付少婦	老老接生婆
媽麼阿切	小姑娘未嫁之小女	奶媽孖子乳婦
漾衣降切	奶土孩子抱仔飲乳	漾官樣奶嘔乳
舔呢言切	舔官年涎俗山滴地滴流口水涎	餧①位孩子飼仔飯
涎希言切	觀関亡問醒	陰土烟陽南無先生
餧阿貴切	打土卦土的卜卦	打扛俗耕子的截徑賊
戲蝦異切	變便開口戲示法花的勅法人	人兒公仔
削讀作修	削消脚的批脚甲的	打通同通鼓串合詐人
辣勒哈切	辣罅子爛仔	坭腿匪類
闖初旺切	拔巴闖創的睇頭	當闖創將鄭開口充爛仔

身體類

腦納好切	腦鐃袋大頭	光着腦袋頭上不戴帽

① 餧:餵。

梢沙燋切	腦瓜子頭壳	腦梢子後枕
鬅葩鞥切	鬅官朋着頭女人散發	編边開口辮便子打辮
⿰婁頁勒歐切	膚夫皮頭皮糠	奔⿰婁頁蔸頭凸頭
骨歌屋切	頭骨姑拐乖額角	兩太陽雲精
頁讀作葉	天堂額頭	頁夜腦蓋介子額門
顖西印切	顖善門子腦囟	印土硯堂眉心
臉離演切	臉璉面	臉骨姑拐乖兩顴骨
酒賁酉切	臉蛋但面珠	酒沼窩土子面上酒凹
胞葩蒿切	眼眶官匡子眼圈	眼胞抛子眼皮
睫賫掖切	眼梢平声眼角	眼睫遮毛眼毛
⿰目麻麽琶切	眵痴⿰目麻孖留眼屎	擠眼斬眼
留訶屋切	睫遮巴眼亂斬眼	眼⿰目麻孖留蒿眼麻查
扎喀歐切	暴鮑子眼凸眼	窪嗶扎口平声眼凹眼
睜渣鞥切	雀悄矇眼發雞盲	青睜增眼發精光
⿰目表蔍夭切	弔開口眼萌雞眼	⿰目表票開口眼丟眼角
瞪讀作鄧	瞪鄧着眼擘大眼	瞇着眼有塵入眼
瞜勒歐切	眼瞘區瞜蔸眼深	閉鼻着眼閉埋眼
閉巴異切	鼻避子鼻哥	鼻準土鼻歌頭
鼻巴意切	鼻鬚書鼻毛	鼻涕官替鼻水
瘄遮阿切	鼻痂加瘄渣鼻屎	抽鼻子縮鼻
豁呼适切	豁苛鼻子崩鼻	塌他鼻子扁鼻
齈奴甕切	糟嘲開口鼻子紅鼻子	齈燶鼻子甕鼻
⿱髟差車阿切	鬍蒿子鬚	鬍⿱髟差差子鬚突
綹離酉切	絡官勞腮鬍蒿子鬍連鬚	五鄔綹了鬍蒿子五子鬚
腮薩唉切	毛孔窮眼毛管	腮髈官邦子腮頰
唇初魂切	腮髈官邦骨姑腮夾骨	豁苛唇春開口子崩口唇
嘴租委切	嘴丫也子口角	張開口白擘大口
撅居曰切	撅朱靴合着嘴努長嘴	牙牀子牙肉
縫發硬切	牙縫官鳳子牙罅	牙黃牙屎
槽攃敖切	牙岔叉骨牙較骨	槽抄牙兩邊大牙

舌沙額切	舌賒頭偷利頭	小舌賒弔鐘
睡都我切	耳睡朵耳	耳塞洗平声子耳屎
根歌恩切	耳根台子耳傍	豁苛耳睡朵崩耳
壳喀額切	下巴壳磕子下扒	脖波子頸
癭衣京切	癭英袋大脖波子大頸胞	鎖土子骨姑頸鉗骨
嗓薩慷切	嗓子喉嚨	結喉喉欖
肩基烟切	嗓窩土子頸氹	肩髈官邦膊頭
胳戛額切	肩毡開口窩子膊頭氹	胳哥膊波手臂
腕烏慣切	手腕挽子手拗	拐乖肘酒手睜
肘遮偶切	手骨姑拐乖手眼	手面手背
丫衣加切	手心先手板	手丫也巴手指罅
竝篦應切	竝土生指孖指	大拇武指手指公
指渣以切	食戶指二指	無烏名指四指
拇麽武切	小拇武指小指	指甲遮蓋手指甲
腦基仰切	腦俗井子手脚生的枕皮	琵琶骨姑飯匙骨
蒲婆吾切	胸崧蒲鋪子胸膛	胳苛肢之窩土夾䏚底
胸虛雍切	奶子乳	前雞之胸松前胸高起
鍋姑窩切	後羅鍋戈後背凸起	胸松坎官看上子胸堂骨
脊即益切	心先窩土子心口	脊之梁背脊
蝦希呀切	脊之梁骨姑腰脊骨	蝦蟇罵姑土都土手臂瓜老鼠仔
肋拉額切	软肋土䏶软掩	肋叉叉窝软掩下
肚得户切	肋土䏶巴骨姑子肋條骨	肚杜子肚
臢纳杭切	肚杜臢肚腩	肚杜臍痴眼肚臍
樁朱汪切	尾委巴樁官莊子屎巖骨	屁土股土屎屌
彀歌屋切	屁土股土溝土屎屌罅	彀姑道糞門
卵盧挽切	卵土子贅核	卵胞抛贅袋
䐿離堯切	䐿寮子男子陽	屄子女子陰
屄波孖切	胯誇骨姑大髀骨	馬面大髀面
胯軲化切	胯誇膪官當髀罅	波羅蓋介膝頭
脡梯盈切	腿脡听骨姑脚筒骨	腿肚杜子脚臢

踝呼娃切　踝官華子骨姑脚眼　脚俗我丫也巴脚指罅
脚基咬切　脚掌脝脚板

形貌類

瘦塞漚切　身子富態太身子肥胖　肨烹子肥佬
躿梯咬切　細示高交躿開口瘦高佬　瘦受子瘦佬
矬粗禾切　矬初肨烹子肥矮佬　矮挨子矮仔
矮阿改切　佗拖子佗背　禿滔子無辮佬
佗琭禾切　瞎子盲眼　聾子耳聾
瞎希押切　麻孖子痘皮　瘋官風子癲佬
瘸欺脃切　癱灘子風癱　瘸官闕子跛脚
咬衣絞切　豁苛牙也子崩牙　咬舌賒子大舌頭
啞衣假切　嗐遮吧巴子打重話　啞也吧巴子啞佬
瘌勒哈切　疤巴瘌官拉臉璉一面瘀①　老公相亞婆面
傻賒啞切　天老白人似白癜瘋　傻洒子痴佬
獃搭挨切　獃帶子呆佬　蠢土子笨佬
污婀故切　黑苛污烏下去子黑𦡆　红空污子红痣
雀妻咬切　瘊侯子有毛大粒𦡆　雀悄開口瘢班面上有墨屎

品篇行聖類

仗渣浪切　好能幹奸下去好本事　好漢限仗挣身才高大
局基郁切　好脾平氣翅好頸　好局朱格哥好格局
鄉希央切　老實戶頭子老實人　鄉俗腥巴老鄉下佬
息西益切　有出粗息戶有長進　有巴結遮會巴結
儘賫引切　有儘剪讓肯相讓　很壯撞浪冷極壯建

① 瘀：廣東方言，疤。

挣渣硬切　很麻孖利極精伶　很硬迎挣赠極硬健

勤欺銀切　很乖巧悄開口極伶俐　很勤千謹剪極勤力

性西應切　是箇漢限子係英雄　左性盛子拗頸

熬阿豪切　熬拘不得夜捱不慣夜　没米牢靠靠不住

倔居月切　倔官厥巴頭倫子硬頸古板　見過時面見過世界

騷薩爊切　標開口子惡爺　風騷筲風流

脱琭活切　洒土脱拖活潑

動靜類

閒希顏切　閒俗山迂官光下去閒遊　大夥可兒迂大眾去遊

迂姑旺切　抄近賤道走揀近路行　筆比直之的走照直行

很訶肯切　近賤得很甚近　遠阮得很甚遠

�他浪切　拐乖彎兒走轉彎行　累例你一輞官湯下勞你一遍

闖初旺切　不大遠阮没幾遠　闖創進賤去撞入去

遭帀敖切　走一遭行一遍　走迷美平声了道走失路

迷麻宜切　站棧着企住　站開些企①開吓

站渣岸切　站攏槓些企埋　站在旁烹邊企在一邊

躦粗灣切　邁土過去攬過去　躦官穿過去跳過去

脚基咬切　光脊之梁打赤勒　光脚俗找打赤脚

獃搭唉切　朝抄死裏里跑盡死走　邁邁獃帶呆企不行

瞎希押切　瞎卅撞官朋去乱撞　凍殭官江了手冷硬手

遶兒傲切　遶大開口箇彎子轉彎　一溜了烟跑静静跑

歇希結切　跴②土一脚泥踩着泥湴　歇賒一歇歇一陣

閃沙染切　蹾敦着衰低　閃山下上開避埋

屁葩異切　放屁譬屙屁　出粗恭大便

解基矮切　解皆小小便　滿晚地打滾滿地碌砂

① 企:底本作"全",據宣統本改。

② 跴:踩。

栽帀唉切	擱哥在上頭放在上高	栽齋下來慣落來
跌低杰切	弔官吊下來跌落來	跌下來達落來
滾姑穩切	滾下來碌落來	打哈蝦息尸打喊路
倦居院切	眼倦傳了眼瞓	盤板着腿推上声盤起脚
蹺欺堯切	蹺超起矢腿交脚	打瞌磕睡遂哈眼瞓
跉勒恆切	側齋跉官灵着睡側睡	擇齋席尸暴離床
躺他朗切	搧蚊溫子撲蚊	躺官湯上着瞓倒
盹都穩切	睡晌覺召開口睡晏覺	打箇盹兒畧瞓一陣
悄妻咬切	悄默磨聲官生去次靜靜去	作坐夢盟發夢
囈呀記切	撒卅囈二怔贈睡着譫語	擎着手曳高手
躡呢掖切	攝聶手躡脚踿手踖脚,恭敬貌	拉拉手相拉手
拉勒哈切	搭打拉手垂手	支跉官灵着脚動起脚
麻麼茶切	脚痳孖了脚泌	跺惰脚頓脚
皰葩傲切	走出皰炮脚起泡	刷疏哇合牙擦牙
洗西以切	抽土起矢腿縮埋脚	洗屎澡洗身
渾呼魂切	渾歡合口身没勁淨週身無力	擦叉臉抹面
匝則哈切	拏石尸頭偷匝拍他用石擲佢	拏斧甫子鑿左入声他用斧背搭佢
鑿粗霍切	拏針真扎渣他用針刺佢	拏棍覌下去子搪官唐他用棍格佢
劈葩益切	拏劍劈丕他用劍斬佢	拏鎚吹鎚他用鎚擊佢
刺擦異切	拏大刀刊官看上声他用大刀斬佢	拏槍俗菁刺賜他用槍戟佢
剌勒哈切	拏順刀剌拉他用刀解佢	拏小刀攮官囊上声他用小刀刺佢
剟都或切	拏菜刀剟惰他用菜刀琢佢	混訶喚合扔英亂抛
丟低幽切	混丟亂擲	混摔衰開口亂丟
掇都活切	混匝咱以石擊落地	拾尸掇惰拾掇執拾地方
敁低烟切	敁顛敠惰敁敠以手稱量	

飲食類

渴哈額切	嗓俗省子乾喉乾	嗓子渴磕頸渴
泡葩傲切	燒筲茶煲茶	泡茶局茶
端都灣切	倒茶斟茶	端茶捧茶
瀭書萬切	瀭順開口一瀭用水淌淨	呵茶飲茶
釅衣劒切	茶釅硯茶濃	茶滷土魯子茶膠
滷勒鄔切	氷土涼的氷凍	滾管燙官湯去声的滾熱辣
燙他浪切	燙酒沼煖酒	呵酒飲酒
譁呼娃切	譁拳川猜枚①	酒沼釅硯酒濃
漾衣降切	呵得稀戶醉罪飲到爛醉	漾出來嘔出來
喫欺益切	大擺土桌九大簋	喫痴熱夜鍋戈子打邊爐
鍋姑窩切	宰雞之湯雞	喫痴夜宵開口宵夜
燉都混切	紅空燉頓的落醬煲	白波煮祖撮口的清水煮
拌巴岸切	生拌办的生挠	清湯的白湯
醋搣晤切	醋燥溜了的製酸	酥蘇脆②翠的極脆
脆粗會切	走酒油夭的油炸	灌慣腸釀猪腸
蘸渣岸切	鹹俗山鴨也腿臘鴨比	蘸清醬奠點豉油
醬賫漾切	作官昨料開口製菜材料	就沼些菜踊喫痴拑的菜食
餚希堯切	没下酒沼的菜無菜送酒	這餚燒開口有味位此餚好味
嚥衣見切	就召菜呵一盅夾菜飲一杯	嚥官烟下去不下去吞不落喉
饅麻寒切	噎官爺着了食飯哽着	饅晚平声頭偷無餡飽
餃基咬切	餃俗我開口子粉角	餑波餑餅之總稱
飩琮温切	煮餑波餑水餃子	餛呼歡飩扁食
掰巴唉切	掰擺平声開擘開	擀揀麵以棍研麵

① 猜枚：漢族民間飲酒時一種助興取樂的游戲，多用爲酒令。其法是把瓜子、蓮子或黑白棋子握在手中，讓人猜單雙、數目或顏色。

② 脃：脆。

麥麻額切　片兒湯麪片湯　麥磨子麵麥

麩佛烏切　麥麩孚麥糠　和賀麵開口猜麵

麵彌硯切　角沼開口黍数米粽　掛麵線麵

腦挐討切　豆腐腦豆腐花　元宵湯圓

稠車侯切　太稠秋了太決　太稀尸了太清

攪基咬切　攪沼澥射了絞稀　起了白波醭鋪酒醋起白

澥希隘切　味位道差了味道變　煳蒿了燶味

醭波屋切　餿收了宿味　哈蝦辣官拉了饐味

氣乞異切　有些氣翅息尸畧有臭味　亨臭的極臭

騷塞熫切　惡官餓騷筲的押堪堪　怪腥星的腥亨亨

羶沙安切　羶山得很極騷　乾奸燥糊蒿煉官拉極乾

煉勒哈切　熱夜騰騰熱辣辣　酸開口溜了溜酸刁刁

酸蘇灣切　甜官田思思甜甜　苦巴巴苦擘擘

甜梯鹽切　辣鏬蘇蘇辣辣　鹹俗山津毡津鹹鹹

噴葩恩切　淡但別別淡淡　香噴噴香嘣嘣

熏希滃切　臭熏宣熏臭亨亨　硬形邦官邦邦硬肱肱

痲納唉切　軟痲奶痲軟任任　滑花溜了溜滑律律

煮遮武切　煮糊蒿了煮焦了　疲丕了同糖不脆

鍋姑窩切　鍋戈巴茶飯焦茶　飯鍋戈巴飯焦

燉都混切　炕抗開口焦開口了炕黄　燉頓爛土了煲爛

爛拉按切　烤官考糊了焙焦　清醬鄭豉油

蝦希呀切　糖稀尸糖膠　滷魯蝦鹹蝦

瓣巴按切　豆瓣办醬鄭麫豉　攞土飯搬飯

盛車恆切　盛官成飯來裝飯來　喫痴飯食飯

貪他堪切　晌俗王上午飯晏晝飯　貪嘴貪食

忌加義切　吧巴嗒打嘴食物口嗒嗒　忌治嘴戒口

饞叉寒切　饞餐得慌呼汪合想食不得食　打膈哥兒打思噎

齣喀卧切　打飽膈哥飯後打膈　齣嗑下去瓜子剝瓜子

袋搭害切　抽袋大烟開口食日烟　喫痴顿土饭食餐饭

衣冠関類

涅泥業切　涅白波,北音擺頂子白石頂　亮開口白坡頂子水晶頂
亮離漾切　涅藍欄頂子暗藍頂　亮藍頂子光藍頂
花呼娃切　花紅空頂子二品鏨花紅頂　光紅頂子頭品無鏨花紅頂
暖奴挽切　暖帽貎冬帽　涼帽夏帽
鬃蝦異切　帽提官梯鬃示帽耳　帽襻盼子帽泛
襻葩按切　陞官生陞冠関請除帽　氈官占帽毛氈
氈渣安切　斗笠官利雪帽　斗篷官朋大摟
尺叉益切　尺痴頭偷袍掛料　袍抛子袍
鼇叉賞切　大褂卦子長褂　鼇撑衣平袖口脫衿袍
襖阿稿切　羅漢限衫山截衣　長綿襖拘長綿納
褐忒哈切　小綿襖拘短衲　汗限褐他汗衫
裄知鄔切　裄祖腰官夭腰衲　兜土兜暖肚
兜德歐切　褲箍腰褲頭　褲襠官當褲朧
鈕呢有切　褲腿子褲脚　鈕襻盼子鈕耳
褉欺異切　開褉翅去声開衩　衣裳縫官鳳子衫骨
馯擦敖切　馯抄舊召了極舊　盞趲新的極新
盞渣罕切　怪長的太長　精貞短的太短
臟市伕切　衣裳臟睜了衣裳不潔　邋官拉哩官黎邋遢他辣辣撻撻
邋勒哈切　齷烏下去哩齷齪掃局局糟糟　腌官烟腌臢官占臢鎛鎛鮓鮓
齷婀谷切　花長声讀哩花踏打衣裳有污痕花點　皺就皺巴巴衣裳皺潮
腌衣堅切　華短声讀哩華紹篙下去華美　抖斗抖衣裳抰抰衣裳
臢市安切　擔丹上声擔衣裳拍拍衣裳　揉憂軟了挪軟
揉熱侯切　打箇補帄丁衫爛補掩　靴子靴
靴虛肥切　襪話子襪　靴鞠官要子靴桶
鞠衣教切　鞋睬趷官邦子鞋面　洒土鞋班尖鞋
趷巴伕切　撒卅拉官拉鞋揭脖鞋　鞋睬後跟土鞋脖
鞋希厓切　挽土起矢袖土兆子捲起衫袖　掖官爺起矢衣裳押起衣裳

襁基養切	襁俗井褓飽背帶	褡打褳官連搭袋
褳離烟切	鼻卑烟抽子鼻烟壺袋	扇山下去套子扇插
被巴妹切	被敝窩被	蓋介被窩蓋被
帳遮浪切	被福官当下去頭被頭	帳搀走酒水帳簷

禮樂類

磕喀婀切	磕平声頭叩頭	打躔官千打半膝
躿訶鴉切	躿蝦腰官夭相見躬腰	打恭即深揖
疺佛哈切	道喜屎恭喜	道疺花謝勞
伺薩義切	站棧班企班	伺土候聽候
席西益切	請席尸請酒	出分子行答人情
聽梯英切	聽戲示睇戲	赴付席尸去飲
疙戛額切	播波浪土冷去鼓搖碌鼓	疙官哥瘩打鑼凸銅鑼,即銅鼓
鈉訥哈切	九沼匀官云鑼九箇小鑼同一架	吹土哨鈉□吹笛
喇勒哈切	吹喇官拉叭巴吹小筒	吹號效筒吹大筒
樇衣渠切	吹海蟹螺吹响螺	摩囉樇官于卜魚

言語類

腔欺央切	好考腔俗青口白好口鉗	會害開口說疏話賀話合會講話
客喀額切	客磕套話通套話	說疏瘋話講癲話
絡盧惡切	活苛絡羅話活動話	扯土膙箭話遮醜話
咂子答切	咬繞文温咂渣字說話字眼骨子	耍馬前刀人面前獻媚
搗搭襖切	搗官倒皮波科磕鬪口角	大聲官生嚷官仰高聲吽喊
攛粗灣切	攛官穿掇惰人聳動人	壓也派人强押人
壓衣甲切	擺土佈步人擺弄人	排派長撐人數罵人
捽蘇沃切	撴①敎捽雖人當面斥人	不答打理人不睬人

---

① 撴:揪住。

挖烏括切　說疏話挖酷籀言語刻毒　說話諄敝誨害合講話懵懂
諄波妹切　送小嘴進小口　鬼合尸鬼祟遂祟鬼鬼怪怪
嘮拉敖切　嘮嘮叨九江刀叨說話沈贅　瑣鎖瑣氣翅氣小小氣氣
叨搭敖切　忙忙忉九江刀忉忙忙速速　慌慌張爭張慌慌失失
忐他罕切　忐坦忐忑官特忑心虛怯懼　熬拗熬煎開口煎淹淹尖尖
忑他得切　迷尾迷忽蒿忽迷迷懵懵　嘟官都嘟噥燶噥吟吟沈沈
蹋忒哈切　跳跳蹋他蹋跳跳疾疾　唧之唧咕姑咕小聲講話
彆篦協切　窩窩彆官別彆屈屈質質　扭鳥扭別別皮氣扭扭擰擰
低搭衣切　低三下四士甚下流人　調大開口三山弄四士調是調非
弄盧甕切　慢調四理做事搜柔　糊蒿說疏巴道胡說亂說
幌呼往切　搖官天頭幌腦搖頭擺腦　湊臭趣鬬高興
湊城后切　散悶問解悶　撞官朋着撞見
撞葩硬切　撞彩踊撞衫　撞釘丁子撞板
嗰基样切　嘴强俗青口硬　嗰俗鄭嘴顶嘴
嘴租委切　辯办嘴鬬口　打架之亞合打跤
勸欺院切　打賭輸賭　勸串開口架勸跤
嚷彝朗切　混嚷官仰，大開口亂吽　要强俗青好勝
逞叉耿切　逞强誇能幹　有勁淨有力
勁基應切　按晏緊剪以手押緊　櫰緊剪絢實
櫰書灣切　繫給緊綁實　撒卅野撒賴
謊呼往切　撒卅村春粗口　撒卅謊賀往合講大話
疊低掖切　說不疊爹講唔完　邋官拉忽蒿疎忽
屈欺郁切　受屈處屈駕　訣官央給渴他央求人
吆衣交切　吆官天嚇賀他大聲嚇人　躲土不過避不過
嚇哈惡切　使屎不得用不得　頑官弯不開當不住
誆軲汪切　誆官匡謳偏訛騙　不漏土臉璉不露面
罕哈稈切　不稀尸罕官旱不中意　不服孚軟不忿低頭
軟如挽切　不知好考歹不知好醜　别害懈怕米①驚慌

---

① 米：不要。

歹搭矮切	別搗官倒合口鬼米整鬼馬	別害臊箸米怕醜
饅麻寒切	說疏不清楚草講不明白	饅晚上平頭財猜主祖假財主
纏叉寒切	卸土了底咯洛露出馬爪	糊蒿塗消蠻玩上平纏餐甚蠻
裏拉以切	在寨那裏里呢在何處	在這裏在此處
那諾大切	在那裏在箇處	還慳在這裏仍在此處
樁朱汪切	做座一樁莊開口事做一件事	撁官料開罷放開罷
撁離藥切	掉官吊了東西戶漏了物件	丟了東西戶丟去物件
脚基咬切	拾戶起矢東西戶執起東西	慌呼汪合手忙脚手忙脚亂
唬希迓切	胆蛋子小胆細	唬射下合一跳眺開口嚇一驚
魂呼温切	魂歡都弔了失魂	心先裏怯車心內怕
怯欺謁切	小心先些仔細下	艇挺胸崧薄鋪子覡起胸膛
薄婆吾切	挺硬迎的甚硬	稀戶軟的甚軟
揪基幽切	勁淨很大力甚大	揪招他領子執佢衫領
彈他寒切	彈灘腦売磕子亨頭売	嚼豆笑引笑
呲擦衣切	滿晚臉璉堆笑滿面笑容	呲疵着牙笑開口衣牙笑
獻希硯切	儘展自笑笑不止	獻善開口勤千兒獻媚
慪阿嗀切	使屎性盛子鬧脾氣	自家慪區氣翅自己生氣
漚阿嗀切	又來漚區我又來激我	雜渣種野仔
㞞蘇洪切	㞞崧獃帶子軟弱無能	忘八巴旦但龜旦
崽市矮切	忘八巴崽仔開口子龜仔	囚超攮官囊上的賊仔
囚欺由切	臭土蹄子臭丫頭	浪冷去蹄子罵妹仔姦婆
婊篦咬切	婊開口子娼婦	窰官堯子娼寨
刊喀罕切	刊官看頭的斬頭	養開口漢限的勾野佬
謔衣角切	嘴騷若說話粗口	謔官若薄波話刻薄話
惦低厭切	不對兌勁淨不合意	惦官殿着我掛念我
顫渣岸切	冷清清冷搜搜	顫棧巍威巍震震貢
矮婀改切	眼巴巴眼光光	矮挨開口墩敦墩矮達達

稱呼類

爺衣伽切　爺爺祖　太太祖母
爸波阿切　爸罷爸父　媽孖媽母
嫂塞好切　哥哥兄　嫂嫂嫂
嬸沙很切　兄崧弟弟　小嬸腎弟婦
姐賚也切　姐姐姐　妹妹妹
妹麼背切　太爺伯父　大娘伯母
娘呢羊切　叔蘇叔叔父　嬸娘嬸母
老拉好切　太姑老爺太姑丈　姑太太姑婆
奶拏矮切　老姑爺姑丈　老姑奶乃奶乃父之姊妹
姑歌烏切　姑爺女壻　姑奶奶已①嫁之女
婆鋪和切　公公家翁　婆坡婆家婆
伯逋額切　大伯子夫兄　小叔蘇子夫弟
叔賒屋切　大姑夫姊　小姑夫妹
裡拉以切　家遮裡女人稱自己妻　官開太太稱人大②婆
姨呀祈切　姨衣下平太太稱人妾　大舅召爺妻兄
舅基右切　大舅召奶奶妻兄之妻　小舅召爺妻弟
姨呀其切　小舅奶奶妻弟之妻　大姨衣子妻姊
小西咬切　小姨衣子妻妹　老爺外孫稱外祖
子市以切　老老外祖母　夥壞夥外甥
夥哇愛切　丈掙人岳父　丈掙母娘岳母
丈渣上切　姑姑姑母　舅召舅舅父
母麼武切　舅召母妗母　姨衣爹土姨丈
爹低些切　姨媽姨母　爺兒幾止個幾父子
幾加以切　爺兒兩俗領個兩父子　娘兒幾止個母女幾個

---

① 底本墨釘,據宣統本補。
② 宣統本作“太”。

個戛餓切　娘兒三個母女三人　哥兒幾個幾弟兄

哥戛婀切　哥兒四個四兄弟　姐兒幾個姊妹幾個

兩離養切　姐兒五鄔個五姊妹　兩口舅子兩夫妻

口喀嘔切　爺兒們蚊衆父子　哥兒們衆兄弟

乾戛安切　姐兒們衆姊妹　乾爹契爺

兒髻宜切　乾媽孖契媽　乾奸兒子契仔

女呢汝切　乾女孩蟹契女　拜敗把子拜案

乖謬類

橫訶硬切　豪敲橫杏惡氣　暴躁箵浮躁

燥薩傲切　拐乖骨姑壞骨　挖講酷箍刻薄

酷珂①屋切　揭遮短數人短處　粧佯詐獃

傻賒鮓切　粧傻洒詐牛　粧憨慳詐体

憨哈安切　放刁放憊懶　撒嬌官交詐嬌

楞拉硬切　丟醜丑丟面　楞官灵杵官處子戇佬

貓麻爊切　打夾遮帳打斧頭　癩賴貓子無認賬

臊薩傲切　不害懈臊箵不知醜　儳餐下去頭人不好人

儳搽岸切　儳頭東西不好貨　不把滑賀話合無担戴

滑呼乞切　不懂眼不識人意思　討人嫌俗山乞人憎

叫基要切　没記治性盛無記性　花子乞丐

謾妻蔭切　死皮披土賴臉璉詐生賴死　胡蒿謾王錢去声亂講

鬧拏傲切　胡鬧亂鬧　嗷拘嘈嘲愁悶

架基亞切　拉架之亞合子剳局　拏架子裝腔

牌葩孩切　鬧土牌派子演排場

① 珂，宣統本作“訶”。

疾病類

證遮硬切　有病證贈有病　請大夫延醫

脉麻惡切　把脉磨診脉　害懈汗病傷寒病

暈於郡切　發省花瘧官若子打擺子　發花暈願發惛

抖搭偶切　發花抖斗發震　發花燒筲發熱

哮哈歐切　發花毛省貓發慌　發花哮官侯氣喘病

癆拉豪切　癆撈病内傷　害懈眼眼熱

眵叉衣切　長眵痴曆孖習蒿生眼屎　长秃滔瘡生辣瘍[1]

癤賣協切　長疥介瘡生癩　長癤遮子生瘡仔

臓匝昂切　長爭上声臓争開口瘡生痏疛　腦袋大疼官騰頭疼

痱發位切　痱吠子熱痱　酒沼刺[2]賜飯蕊

瘊訶浮切　瘊官侯子似飯蕊而硬　打劑之藥執劑藥

搓粗窩切　搓初藥丸官弯挪藥丸　打嚏官替噴分打乞痴

嚏他異切　打呼蒿鼻鼾　淌一身汗限出一身汗

淌他朗切　走酒陽遺精　發花惡官餓心作嘔

噦於厥切　强俗青扎渣掙贈着免强郁動　乾奸噦官月乾嘔

嗓薩朗切　瀉肚杜子疴肚　嗓子啞也聲喉破

啞衣假切　出粗花兒出痘　見苗兒痘初出

掉低耀切　灌關漿官將兒痘上水　掉官吊痂加瘡渣掃靨

疙戛婀切　癢官養痒官羊痕癢　淌官湯上鼻卑血寫流鼻血

瘰喀婀切　热夜瘰造子热疮仔　風疙哥瘩打起風難

瘩得哈切　痂加瘩打瘡粒　痂加瘡渣瘡靨

喇麻訛切　瘡疤巴瘌官拉瘡瘃　喇摩脖波子割頸

脖巴額切　掛脖波子弔頸　說疏糊話發暗話

倒搭敖切　倒官刀氣翅將死牽氣　活苛過來了翻生

---

[1] 辣瘍:即癩痢。

[2] 酒刺:即痤瘡。

婚喪類

聘披癮切　下定定親　聘土姑娘嫁女
娶妻雨切　過聘過禮　娶媳尸婦付娶新婦
粧朱汪切　過嫁之弭合粧搬嫁粧　挑官調蓋个頭倫挑頭帕
喫欺益切　喫痴交杯跛饮合卺酒①　圆官元房洞房
添梯淹切　身子有喜屎了身懷有孕　添官天儿子生仔
雙書汪切　雙生子生孖仔　頭生兒頭胎仔
歿模惡切　歿生子遺腹子　喫痴三天三朝飲雞酒
團琮完切　回老老家返外家　團圓媳尸婦付養新婦仔
圓於全切　後婚歡婆番頭婆　報抱喪上生送訃音
擦城哈切　擦叉眼淚土抹眼淚　道惱弔喪
裹姑我切　穿裝裹果與死人着衣服　入遇殮璉開口收殮
殮離演切　坐夜臨殯前一晚　送殯便出喪
殯篦癮切　下葬掙開口落葬　圓墳分埋墓即拜三朝
脫琮活切　上墳拜山　脫拖孝兆開口滿服

工商類

貨呼卧切　請來看貨賀請來睇貨　包圓兒買土盡買完
躉都穩切　打躉②敦上兒賣一總賣　牙也子販仔
拇麼武切　拇武量多少估幾多　不打價之亞合不二價
攙搽安切　攙餐在裏頭侵在內　攙匀了侵匀
夥呼我切　搭打夥可計合伴　赶柬集趁墟
集即益切　討帳掙大開口收賬　串寸開口米美舂米

---

① 合卺酒:交杯酒。卺,瓢。合卺,即把一箇匏瓜剖成兩箇瓢,新郎、新娘各拿一箇來飲酒。

② 躉:整,整数。

劈葩益切　做坐活苛計治女人做工夫　劈丕麻孖績麻

撚呢掩切　撚官年線善搓線　打榜官邦擺打布撲

榜巴佚切　捺拿去声底子湛鞋底

頑耍類

鵠歌屋切　射戶鵠古子响箭射圓皮靶　耍土龍燈舞龍

傀軲囘切　戴大鬼臉戴笑面　耍傀膾儡罍做鬼戲

儡盧囘切　擂累鼓打鼓　放開口風箏噌放紙鷂

盒哈额切　燒筲盒官河子燒烟火　摔衰開口跟抖斗打大番

毽基厭切　踢官梯毽官建兒打燕　扮办抬太歌扮色

幪麻恆切　粧像腥下去聲僧學鳥獸聲　幪瞎懈瞎掩盲公

瞎希押切　藏幪歌藏瞇矇　打把式戶舞把實

雀妻約切　頑雀悄開口養雀鳥　下棋痴捉棋

牌葩孩切　鬪豆牌打牌　鬪骨姑牌打骨牌

擲渣逸切　押也寶飽買寶字　擲之色徙子擲色

攧低烟切　拉二絃官先顏二絃　攧顛开口三鏝萬攢三鏝

擰呢盈切　擰平天倒寗車篋　擰扳班不倒寗酒擰

金銀類

金基因切　金土毡子金　銀子銀

銀衣勤切　花邊錢番銀　大元寶五十兩一錠

錁喀卧切　大錁磕子大錠　小錁子小錠

潮叉敖切　潮抄銀低銀　比俾過兌過

鐲朱活切　帶土太頭偷子帶鈎　鐲左子手鈪

簪币安切　戒土箍姑子戒指　扁開口簪贊髻押

刮姑宅切　刮瓜舌賒兒利刮　光板土子光身無花簪

鉗欺言切　耳官二鉗官錢子耳圈　耳挖嘩子耳挖

墜朱位切　耳墜罪子耳扣

銅鐵類

鍋姑窩切　銅鍋戈銅鑊　銅鉌官吊子銅煲

杓沙敖切　銅罐慣子銅甖①　銅杓筲子銅壳

鈴離盈切　銅漏土杓筲漏壳　銅鈴鐺官當②銅鈴鎯

熨衣郡切　熨斗土燙斗　仿圈川開口寫字銅壓

圈欺淵切　比俾平天平　法花上碼天平碼

喚呼玩切　烟鍋戈子烟斗　喚開口嬌招開口娘賣絨線之銅鐺

帳渣浪切　帳挣鈎子蚊帳鈎　過江龍酒角

提他宜切　酒沼提官梯子酒壳　筆比帽貌子铜筆塌

鎖蘇火切　鍋戈鏈土子鑊鏈　鎖土鍠鎖鬚

鑰於覺切　琉了璃馬土琉璃鴨脚　鑰官若鍉尸鎖匙

鈒遮哈切　小刀刀仔　鈒渣翦開口銀鈒

翦賷演切　翦子較翦　小鍋戈鑊仔

鉗欺言切　刀刃土子刀口　鉗官錢子火鉗

灰呼煨切　灰抹磨子灰匙　抬砲過山鳥

吸蝦益切　子母砲塔題　吸尸鐵尸石攝石

錫瓦類

錫蝦益切　錫詩鑞官拉錫　酒沼嗉素子酒壺

鑞勒哈切　酒瓶官平子酒罇　鉛淵鉈拖子鉛秤鉈

罎他寒切　錢粮子鉛彈　罎灘子塔埕皆是

鑵姑萬切　鑵慣子罌　油夭鑵子油罌

壺訶吾切　硯土水壺呼寫字水罌　沙鍋戈瓦鑊

鉌低要切　羹土匙痴匙羹　茶叉鉌開口子茶煲

① 甖:小口大肚的瓶子。

② 底本作“鐺”,據宣統本改。

缽逋活切　沙鈽子沙煲　缸土耕缽波瓦缽
悶麽恨切　牙盆噴子沙盆　悶葫蘆罐慣錢罌
鼈篦葉切　尿鼈官别子尿壺

竹木類

炕喀浪切　炕官康去声床　炕簷官言床邊
䡉欺要切　桌子枱　䡉頭偷案晏搭机
屜他異切　抽土屜櫃桶　桌簷枱邊
畸加衣切　桌佐平声縫子枱罅　桌畸知角沼開口枱角頭
橕車硬切　桌橕官成去子枱横　桌子活訓動土枱不穩
䡰低厭切　䡰殿開口穩他土尹攝好枱脚　馬杌戶子斗櫈
㮇拉罕切　㮇懶飾戶裝官莊首飾匣　㮇收土拾戶衣物箱
模麽吾切　餅丙模子餅印　弔開口桶土水桶
橛居曰切　椿莊橛朱靴木椿　脚沼開口踏打脚踏櫈
踏得哈切　梯子樓梯　鍋戈蓋土介鑊蓋
梯他衣切　擀束麵杖掙研麵棍　案晏板土砧板
扁篦演切　扁開口担土但担挑　枴怪上声棍土貫枴杖
棒巴炕切　棒官邦去槌土吹擂漿棍　戳土初入子木圖書
戳初活切　紡開口車土子絞花車　木務塞洗平子木座
塞薩額切　水杓筲子水殼　樓摟子船川開口横樓船
筏佛哈切　擺土渡横水渡　筏花子船小船
艞梯要切　船艞跳開子跳板　嵜磕沙亢沙
嵜喀餓切　攏槓岸開口埋岸　水龍水車
轆勒屋切　滑訶花合車子律羅　車轂軲轆撈車輪
縴欺厭切　縴官千繩官生纜繩　拉縴拉纜
楥虛願切　鞋賒楥篆開口子鞋券　鞋賒拔巴入子鞋抽
傘薩罕切　亮轎召開口明轎　雨汝傘土散雨遮
綑軲穩切　蒲鋪扇山下去葵扇　一綑撮口柴叙一把柴
帽麻傲切　竹官朱斗篷雨帽　竹殼磕帽貌竹索帽

簍拉偶切　竹囤子穀圍　竹簍柳子竹笠
罶離有切　魚罶了子魚笱　竹筐官匡子竹籬
淺妻演切　竹淺開口子筲箕　竹竿奸子衣裳竹
竿戛安切　酒沼囤屯子酒脚　撮初箕之竹篸
籃拉寒切　籃欄子竹籃　簸頗籮竹寫
簸鋪火切　篩尸籮羅斗　笤官調箒周上声禾尾掃
箒遮偶切　催吹箒土竹掃　掃筲箒掃把
罩渣傲切　雞之罩棹雞怎　筆比筒筆升
管姑挽切　筆管筆桿　筆套筆塌
烘呼農切　烘空籠窿焙籠　籠屜蒸籠
屜他異切　烟袋大烟筒　烟口白袋大烟荷包
桿戛罕切　烟袋大桿揀子烟筒竹　薑官江擦叉薑磨
擦測哈切　棍土貫兒香俗腥線香　香棍土官下去兒線香脚
棍姑混切　孝效開口順兒拗癢耙

花果類

梔渣宜切　梔之子花白蟬花　鼓古子花燈籠花
晚哇罕切　夜土蘭土香俗腥夜香蘭　晚挽香玉遇玉簪花
鞝他郎切　花菇姑都未開之花霖　鞝鞝紅空花百日紅
瓣巴按切　花瓣办子花瓣　黄花金針菜
莛梯影切　花莛挺子花礦　一箭土開口花一枝花
冒麻傲切　冒貌出芽也發出芽　開罷了花開完
佛發額切　佛竹手香椽　柚耀子柚
橙叉恒切　橙官成子橙　柑奸子柑
橘基鬱切　桔之子桔　橘朱子橘
橄戛罕切　山梨紅空鮮山渣　橄揀欖懶白欖
栗拉亦切　毛栗利子風栗　荸薺痴馬蹄
荸巴益切　萋蔛葉夜青蔛　倭窩瓜土番瓜
萋讀作蔞　癩土瓜土苦瓜　茄土車子矮瓜

瓠訶悟切	瓠省号子崗瓠	紅空薯數番薯
萵烏戈切	香菜芫茜	萵窩苣住菜生菜
芽衣蝦切	黃芽菜黃芽白	筒子菜盎菜
齒叉矣切	黃豆土白豆	馬土齒土菜瓜子菜
屎沙矣切	馬屎菜馬屎莧	豆芽菜芽菜
縍巴佒切	菜梗庚子菜礦	菜縍官邦子菜軟
咖基呀切	牛鳥皮披菜君達菜	咖加噠打菜天津大頭菜
蔫呢烟切	晒蔫官年了晒軟	菜脯普菜干
蔔逋額切	糠心蘿蔔波下去通心蘿蔔	榛珍子椎子
樜渣夜切	叭巴噠打子杏仁	甘奸樜土甜樜
米麻矣切	包土兒米粟米	明開夜土合訶日開夜閉
瓢披堯切	霸土王鞭官边火央勒	浮土瓢飄開口浮萍
茅彌夭切	茅省貓冬茅草	一大鋪拉一大片
嘟德烏切	一衣嘟嚕撈荔枝龍眼一撲撲	渣土沙土起尸來㾀花草干見水復生
嚕勒五切	接遮活苛了搏生	

禽獸類

錦基引切	錦雞之野雞	絲土毛雞之竹絲雞
母麼武切	公雞雞公	母雞之雞乸
雞加衣切	雞打鳴雞啼	小雞雞仔
水書毀切	雞之子雞蛋	水雞之田灶雞
鴨衣甲切	鴨也子鴨	鴿哥子白鴿
鴿戛額切	老鴰瓜老鴉	唰巴鶥官哥鷯哥
鴰姑挖切	喜屎鵲官雀鴉鵲	似喜兒猪屎乍
唰波阿切	家雀禾雀	夜貓子鵂鵂雀
鴉訶机切	貓兒頭倫子貓頭鷹	鴉号鮁巴鶹官拉山白鸕
鮁波哈切	嗉掃子雞鴨雀鳥絮頭	雀卓鳥開口吵哨雀鳥唱
鶹勒哈切	翅土髈官榜雀鳥翼	亮開口翅伸翼
搧沙安切	搧山翅拍翼	哈蝦吧巴狗洋狗

起乞以切　狗起尸癢官仰開口狗起水　走時子犬獸打種
毯如洪切　採毯雍雀鳥打種　搭打配虫蛇打種
抱巴傲切　下蛋但生蛋　抱鮑蛋土捕𧸐
犢得屋切　乍土窩土雞亂鬪　牛鳥犢都子牛仔
騍喀卧切　兒馬馬公　騍磕馬母馬
駒基於切　馬駒朱子馬仔　下崽子凡犬獸生仔
驅欺於切　山羊草羊　羊驅處旅老羊
旅離宇切　一頭牛一隻牛　一匹丕馬一隻馬
匹葩益切　一口舅猪官朱一隻猪　一隻之羊亦曰一隻羊
耗哈傲切　耗子老鼠　打土前官先失馬行前脚失跌
蹶基肥切　撂官廖蹶朱靴合子馬向後踼人　馬打滚館馬輾沙
岔車乍切　馬眼岔差馬驚慌　馬皮披張馬毛色
嚼赍學切　馬嚼官交子束馬口之鉄鏍　馬轆頭束碼頭之索
韂叉按切　馬屉官替馬褥　馬韂產馬肚裙
踼他益切　馬踼官梯胸官兄馬胸前掛的紅纓　馬扯手馬細韁用棉帶者
韁基央切　偏開口韁官江馬右韁用皮條者　騸官扇馬閹馬
羯基掖切　宦賀患合牛鳥閹牛　羯遮羊閹羊
鐓書魂切　鐓順雞之閹雞　善山去声狗開口閹狗
閹衣堅切　閹官烟猪租亦曰閹猪　淨土貓閹貓

蟲魚類

胖葩昂切　草土炒魚鯇魚　胖烹頭魚大頭魚
豚琛魂切　河苛豚屯魚雞抱魚　鳳尾委魚馬鱭魚
鬃租翁切　斑土鬃土魚生魚　扁開口鰱官連魚騷魚
鰷梯堯切　塘溝土魚塘虱魚　麵鰷官條魚白飯魚
鰾篦要切　團屯開口魚脚魚　魚鰾魚膠
魚於渠切　魚白波入魚獲　魚子魚𧸐
蠏希矮切　螃土烹蠏蠏　毛螃蠏螃蜞
螃葩杭切　螃蠏夾之呀合子蟹鉗　蝦蟆罵姑都雷公魚

蟆麽仨切　田雞之蛤蟱　蝦蟆蟾渠
蟻衣講切　青蟻官仰青蘣　蝕倉開口蠅烏蠅
蠅衣形切　蝕蠅虎撮口蠅虎　螞馬蟻耳蟻
螞麽乍切　螞螂官郎塘蝐　刀螂官郎馬螂夯
蚱側哈切　螞蚱詐草蜢　氣翅不忿分螟蛉
蟣基以切　蟣止蟟了荔枝虫　秋超涼兒秋蟾
蟟離尭切　蜈蚣蜈蚣百足俱叫蜈蚣　蜘之蛛官朱蜘蛛蟾蟧俱叫蜘蛛
蟈姑活切　蟈戈蟈似蜢而肚大　蛐處蛐蟋蟀
蛐欺郁切　蛐蟮官扇黄犬虫　蝂爭螂蛣蝅
蜢麻耿切　蜢盟子蚊螆　蠍賒虎好子塩蛇
蠍希掖切　屎壳磕郎笨屎虫　磕頭偷虫葱舂米公
磕喀婀切　亮光虫葱放光虫　毛毛虫林虫一身毛
蚪搭偶切　跟蚪斗虫沙虫　蝲官拉蝲蛄土狗
蝲勒哈切　簷官言蝙官边蝠府飛鼠　上樹拐乖跳蟟拐
蜇渣額切　蜂官風窩蜂巢　蜂蜇遮人蜂針人
虱沙一切　臭土虫葱木虱　虱尸子虱蟱
蝨帀好切　蛒官哥蝨官造狗虱　蟣止子虱䲹
擠帀以切　蠹杜魚食書虫　擠止虱尸子手甲釘虱
掐欺牙切　掐車蝦合虱尸子捉虱　竈開口螞馬灶蝦
熰婀苟切　熰區蚊温子屈蚊

雜門類

毬欺由切　骨姑董土古玩　帽貌毬超子地毬
箭賷厭切　一條箭賤開口一枝箭　一回箭一副箭
骲巴敖切　一弧箭一桶箭　骲胞頭牛角响箭
撒塞哈切　翎灵黄箭翎　撒袋大插弓箭袋
靶波罵切　九龍袋大插火藥桶袋　刀靶罢子刀柄
鞘西要切　刀鞘笑開口子刀壳　鞋賒擠止脚招開口鞋窄頂脚
掀希烟切　拔巴起矢鞋賒抽起鞋　掀官先開揭開

暘衣祥切	布步幔萬子布簾	遮暘官楊布帳
幌呼往切	幌子招牌	繫治腰開口束腰
繫基異切	搌趱布步抹枱布	蝕官倉蠅英刷蘇哇合馬尾拂
搌渣罕切	石戶臼沼子舂坎	硯開口台墨硯
臼基友切	一扣叩紙土一頁紙	毛頭紙沙紙
硯衣見切	寶飽蓋介頭宀頭	立省利人傍烹亻傍
繳基咬切	反土犬忖開口傍犭狗傍	繳召開口絲傍糸傍
踢他益切	踢官梯扌傍扌傍	斜賒文温傍攵傍
倣發罔切	打走之辶遙	寫倣字印字格
勻於羣切	好考勻駕柳了好勻循	影格字格
邋勒哈切	邋官拉了字漏了字	碧點子綠路,慮碧綠
碧巴益切	焦開口金毡子黄焦黄	鮮點子紅空鮮紅
鮮西烟切	雪官靴光子白擺雪白	漆官七墨磨子黑闔墨黑苛
雪西曰切	拉拉末磨尾委獶①尾	有頭有尾委有始有終

前列别俗皆本國朝字典運用,並非杜譔,惟句下所注俚語,間有有音無字者,不得已借用别字代之,以便一目了然。秬薌自跋。

正音囊牘

本家同宗也	聯宗換帖也
趄条子老山之意	冒失鬼躁暴人
鬧雁兒孤脾氣如孤雁無人賠	慫攮的軟弱無能
扯皮條的姦媒老扯也	滾蛋罷斥人扯去
栗巴頭子笨木頭人	無二鬼不三不四人
捱刀的罵人斬頭嘅	勞毛的娼寨龜公
打趔趄行路脚步不穩	糟膏煩悶之意
掩不上掩唔埋	請向師請地理先生

① 獶:方言詞,中國廣東、福建一帶稱老年所生幼子。

担担地方掃吓地方

稔個樣,又那麼。那麼合埋一稔字,即俗話個樣

細緻東西幼細物件

籬笆竹笪也

道冠道士頭上簪的雞髻也

一蹬一蹬一級一級

甜水京城日出水也

猛鳥即蒙古

三寸碟豉油碟

七寸碟魚肉碟

瓶子樽也

別佈囉米夾菜俾我

別鬧米反

没人理你無人理你

抓癢痒拗痕

刮臉剃面

掐耳取耳

別過來米過嚟

弔過臉來擰轉面嚟

冷姑丁忽然間

朕這樣。語詞,原係這麼。這麼合埋①一字乃係朕也,如俗話錦話

拉係稱人老爺,如廣東先生合成腥字也

石磡兒石級也

佛冠釋家帽也

擠得慌人多甚逼

心紅銀官府領的硍硃銀両

苦水京城之鹹水也

大冰盤如裝魚肉,凡大嘅曰盤子

五寸碟圍𥑮碟

臉盆面盆

一輩子一世也

好肉麻好肉酸

我不替你鬧我唔同你反

胳肢你毭你

孖沙癢痒□癢

刮鬍子剃鬚突

切開四瓣兒鈒開四索

戳子凡地保道官用之

累墜拖手捺脚

妯娌們大伯娘、叔嬸總稱

① 埋:粤方言詞,意爲組合、聚合。

續編

子曰弟子入則孝　一章

孔夫子意二思士說疏：一箇人學甚麼事業夜，總要從小兒教導纔好。怎麼樣教導呢？比如在家裏，就召要孝兆开口順父母。怎麼樣箇孝順呢？就如冬土景井天①寒慳冷，就要他老人家暖暖和和的地；夏射下合景天暑數熱夜，又要他老人家涼涼快快的地。清早起來，還要他老人家安安頓頓②的；到了晚挽上，也要他老人家舒蘇舒服服的。請安、問運候，時時體貼鐵那老人家的意思，這就算孝了。若在鄉腥黨外頭，就要恭敬靜長上。怎麼樣恭敬呢？但凡番有甚麼事，或賀是說話走道，或是站棧着坐着，都要有箇儘剪讓③的，這便是弟了。凡番有終日所幹奸下去的事示情清，都要謹展謹慎士慎，不要有頭無烏尾委的。就是替人家說話都要實戶實在在，不可糊說巴道的。至於大夥可走攏④，都要和訶和氣翅氣的，不可嫌俗山人家好考歹，占人家便宜衣。他內中有忠厚老實的好人，另外壞要加意二⑤親千近賤他，常撐常領他的教召。這幾止件賤事示，天天都要照棹樣兒做坐。但有餘空的時候，就召要做坐那文温藝的工夫，或賀習戶禮學疏樂，或賀念書寫字，或跑馬射戶箭，或練士駕之下合御，或學算開口數。樣樣都要勤千學疏，不可閒俗山曠了日二子。一則可以耳考究召孝弟等樣；二則可以耳開發花聰明，所以耳教召訓子弟們總要趁士早纔猜好考啊。

子華使於齊　二節

孔夫子有箇徒弟，字叫子華。他這箇人習戶慣禮樂，言談舉止樣樣都好。一

---

① 冬景天：冬天。

② 安安頓頓：安安穩穩。

③ 儘讓：方言，推讓，謙讓。

④ 走攏：走動，來往。

⑤ 加意：多加留意，注意。

日,夫子叫他往齊國$_{\text{戈}}$問候箇朋友。當時$_{\text{戶}}$有箇冉求$_{\text{超}}$,是子華同窗的,見子華出外,他有娘媽子①在家,恐怕他家計$_{\text{治}}$不敷$_{\text{夫}}$過活$_{\text{苛}}$,少不了要替他張羅張羅。因此向$_{\text{官西祥合}}$夫子請些米粮帮帮他。夫子道:給$_{\text{揭}}$他六斗四升罷囉。冉子嫌$_{\text{俗山}}$給$_{\text{揭}}$的太少了,再請多些。夫子道:還不彀嘛$_{\text{孖}}$?給他十六斗就是喇。夫子是不用給的意$_{\text{一}}$思$_{\text{士}}$。誰$_{\text{衰}}$知冉子還$_{\text{慳}}$嫌少,另外把自已的稻子送上八十$_{\text{戶}}$石$_{\text{戶}}$。夫子聽見了,因教訓$_{\text{豢}}$他道:求啊,你不看阿赤$_{\text{翅頂腭}}$當日去齊$_{\text{痴}}$國$_{\text{戈}}$的時候,是甚麽様光景$_{\text{整}}$嗎?他所騎$_{\text{痴}}$的是翻膘$_{\text{標}}$的肥$_{\text{非}}$馬,所穿的是大毛的輕$_{\text{清}}$裘$_{\text{超}}$。看他行$_{\text{升}}$裝,可見$_{\text{賤}}$得是箇豐富$_{\text{付}}$的家當了。我也曾聽見說,君$_{\text{專}}$子救$_{\text{召}}$濟$_{\text{治}}$那窮$_{\text{葱}}$極$_{\text{之}}$的人是有的,没有接$_{\text{遮}}$續$_{\text{樹}}$那富$_{\text{付}}$漢$_{\text{限}}$的道理。像$_{\text{腥下去}}$他這様兒的,還要你替他打算$_{\text{開口}}$麽?

子曰賢哉囘也　一章

昔日,有箇姓顔名囘的大賢,是孔聖人第一箇徒弟。一日夫子讚$_{\text{棧}}$他道:"好箇阿$_{\text{亞}}$囘呀,怎麽見得他好呢?你瞧他所喫$_{\text{痴}}$的,是一筐子這麽點飯;所呵②的是一瓢兒這麽點水;就是他所住$_{\text{胙}}$的房子,是那敝$_{\text{鼻}}$衚衕兒裏頭。你想他處到這箇光景$_{\text{整}}$,若在别人,就憂$_{\text{夭}}$愁$_{\text{愁}}$的了不得了啊!我阿囘總不以$_{\text{耳}}$窮$_{\text{葱}}$苦$_{\text{箍}}$爲$_{\text{威}}$念,心$_{\text{先}}$裏頭還$_{\text{慳}}$是自有一段的真樂$_{\text{還}}$。果然是箇好徒弟喇!

闕黨童子將命　一章

闕黨地方有箇小孩子,替③我夫子同在一條衚衕兒住。他老子娘④打發$_{\text{花}}$他去從$_{\text{冲}}$遊$_{\text{夭}}$夫子念書。夫子的學房有甚麽客來,叫他站在那裏伺$_{\text{士}}$候,傳$_{\text{开口}}$傳話兒。那街坊的人見夫子這麽重用他,估量他有點成色⑤$_{\text{賒}}$了,因問道:"老夫子,這箇小孩子,豈不是少年老成囉嘛$_{\text{孖}}$?"夫子說道:"那裡話呢!他纔來的,那能

---

① 娘媽子:方言,母親。

② 呵:同"喝"。

③ 替:介詞,同、和的意思。

④ 老子娘:父母雙親。

⑤ 成色:本義指金銀塊或錢幣中所含純金或純銀的比例,這裏指有一定的學識。

彀①舊成就呢？他本品該皆是箇晚挽輩敝，看見長輩在上頭坐，他在角哥罅官拉兒②下頭坐纔是呀。我見他倒在長輩的炕頭兒上坐着。就是替長輩敝出粗街遮，也要在後頭跟着纔是呀。我見他不論先後，倒替那長爭輩敝並着髈榜兒走。看他這箇樣兒，不是成就召了，是箇小孩子要做坐大人的模樣兒。別說疏他甚深麽成就的話，就是那眼面前的禮貌都還慳不懂得爹呀。今毡兒有甚麽客來使喚使喚，不過叫他學學人家進賤退威儀衣，出粗入遇上下，眉眼高低，大小法兒，也得見賤識見識，將來懂得點兒規矩主，變化氣質之也野未位可定的。如昝③遭那就說得老成了呢？"

孔子曰益者三友　一章

孔夫子的意思說，一箇人出來相與④朋友妖總要帶大雙眼睛。有益衣於我的有三樣，有損於我的有三樣。那三樣是有益的呢？一樣是正贈直之的人。你就有點兒錯，他必然開導你，斷段開口乎不肯護短⑤的。一樣是老實户的人。他總不說句住撒謊的話，不幹件官見荒唐的事示。一樣是有見識户的人。通今博波古，所有甚麽事情，没有不考究召的。這三樣人，你若親近賤他，常與他相與汝，將來品行盛就端刀灣合方了，學疏問運就大進賤了。這豈不是有益了麽？那三樣是有損的呢？一樣是外面習慣禮貌堂堂，心先裡實在拐骨⑥姑不過。這樣就不是箇正贈直之人喇。一樣是當面很會害合口替人家嬉户和⑦訶，背敝地裏里實在乖土張無烏比。這樣就召是無烏信善實的人了。一樣是不懂道理的人。嘴裏只會花言巧沼開口語，這樣就是没見識户的人了。這三樣人，你就要遠離他，不好考替他走攏⑧槓。若是替他走攏，就會把你的心先都挑唆襄亂了，不知不覺將的走到下流了去了。這豈矢

---

① 能彀：能夠。
② 角罅兒：角落。
③ 如昝：如今，像這樣的意思。
④ 相與：結交，打交道，相處。
⑤ 護短：袒護，包庇。
⑥ 拐骨：古怪乖僻。
⑦ 嬉和：待人和氣，客氣。
⑧ 走攏：走動、來往、聚集之意。

不是有損笱了麼？損益衣兩樣，若不留心分別，那就不知道好歹了。

陽貨欲見孔子　一章

魯國戈有箇陽貨，想招朝呼咱們的夫子去見他。他本品來是箇亂臣親賊格子，咱們夫子怎肯去見他呢？他没甚深麼法花兒囉，買箇小猪官朱子，燉頓得爛爛兒的，乘官成咱們夫子出門的時候，他纔送了來。咱們夫子本不愛官艾搭理他，但不去回拜敗，又失戶了自己止的禮；若去回拜，又上了他的當。所以耳咱們夫子也野等他不在家裏的時候，纔到他那兒道謝射。剛剛有這麼湊巧，在道兒上又掽①見他。陽貨這箇東西當真可惡的囉。你道他怎麼說疏呢？他說道：“啊，你來，我替你說話。譬如有一箇人將那些寶鮑貝敝都收攏起來，朝死②的坐在家裏。時候這麼亂，也不出來管關管。這也稱得起是有良心的人嗎？”夫子答道：“不是咯洛。”貨賀又耀說道：“又有一箇人，常常想要出身做坐官兒。見了可以靠得住的人，又不上前，又不漏臉③。這也算得是懂時務烏下去的人嗎？”夫子答道：“不是囉。”貨又說道：“你瞧，日月如流，去而不返的了。這箇年歲遂，不能爲你們畱④得住胙的了。俗語說的‘白日莫閒過，青春不再來’這句住話你都不曉小開口得嘛孖？趁這箇機之會，還慳不巴結做官嘛？還等到甚麼時候呢？”夫子聽見他說的這些無裏無表⑤的話，也不理會他，只是順口答道：“是。我就去做坐官囉，你不用費吠心先囉！”

子謂公冶長　一節

昔日，孔夫子有箇徒弟，姓公冶野，名長撑。一日夫子談論他道：“這箇人，品篇上行盛又好，學問又好，招他做箇姑爺，也是不錯的。雖然他從前坐過監獄遇，原是冤官淵屈他的。這也没甚麼防礙⑥呀。”夫子說過這句住話兒之後，就召把自

① 掽：碰。

② 朝死：形容意志堅定地要做某事。

③ 漏臉：露臉。

④ 畱：留。

⑤ 無裏無表：不清不楚。

⑥ 防礙：妨礙。

己止的女兒嫁給他做老婆了。那夫子爲甚深麼說他坐過監獄來呢？只之因公冶長是懂得鳥音烟的。有一天兒，有箇雀鳥在半空中噪官少道："公冶長，公冶長，南山有箇虎馱拖羊。你喫西肉右，我喫腸撑，快取去，莫磨徬徨！"那公冶長聽見這奇痴怪的事，就走到郊官交外坏瞧瞧。倒不錯，果然有隻之被虎傷俗生的死土羊，丟在那裡。他心裡思量道：這麼大的羊，白白的糟嘲塌他了他，很可惜戶了。所以叫人扛官康回家裡去，賞給那底下人喫。後來那失戶主祖不見了羊囉，滿道處找，都找不着。聽見道兒上的人說，公冶長的家人這幾天兒在家裡弄綿羊呢，那失主估量是他偷了，就惱得一膊波子的氣，拉着公冶長告在地方官案晏前。公冶長把鳥音烟的緣故說出來，那官長見這箇話好像荒唐些兒，只管押也住胙他，候箇辦法。後來那公冶長坐在監裡，一日又聽見眾仲雀鳥大噪起來說道："公冶長，公冶長，齊人出師侵千我疆官江。沂衣水上，嶧異山旁，早找防備敝，莫徬徨！"那時公冶長就把這幾止句住話兒告訴那掌獄的官，那掌獄官轉奏就魯君專。魯君差人出境整外打聽。回報鮑到，果然不錯。魯君即之刻磕發兵替齊國交戰棧，大獲賀全勝官盛。魯君專見他確實懂得鳥音烟，查叉得現善开口存偷他區合羊的案，本是冤官渊枉官往他的，即之令地方官放了他出來罷。今兒夫子說他坐過監，就是這件事喇。瞧起來，這等冤屈處的事情，有甚麼相干奸呢？

子之武城　一章

昔日，孔先師有箇學疏生，姓言，字叫召子游，做坐武烏城官成的知縣。一日，孔先師帶大着眾仲學生經貞過那箇地方，聽見有賦付琴千的聲兒，又有歌詠用的聲兒，你唱撑我和賀，家家戶戶都有一種土太平的景整象官相，夫子心先裏里就歡喜屎的了不得。忽蒿然微威笑道："好考啊！但是這麼小的地方，好考比一箇雞之兒一樣。這麼大的道，好比一張睜牛刀一樣。宰仔這麼箇小雞兒，何訶用這麼大牛刀呢？"那言官烟徒滔弟對兑着師傅付說疏道："從前學生念書蘇的時候，常聽見老夫子說，上等的人學習戶禮里樂如覺合，心先裏就慈疵祥腥了，自然愛人。底下的人，學習禮樂，心裏就和順了，自然聽使屎。所以耳在這裏做坐官，地方雖小，也少不得這箇規矩主。老夫子儜忘官王記治了嘛？"孔先師瞧着眾學生說道："你們聽聽，阿偃開口所說的話很是呀。我纔說的話，不過頑笑而已。你們不要錯會了這箇意思啊，總要聽他說的纔是呢。”

子路從而後　一章

昔$_{\text{户}}$，孔子從楚反蔡$_{\text{叙下去}}$，有許多徒弟跟隨$_{\text{雖}}$回來，單$_{\text{丹}}$單有箇子路，走遲$_{\text{痴}}$了一步，轉眼不見了夫子。因撞見一箇年高$_{\text{交}}$的老頭子，手裏拄$_{\text{且}}$着一根拐杖$_{\text{挣}}$，挑着兩箇竹筐，由田隴子走進來。子路忙問道："請問這位老人家看見我們老夫子從這經過没？"那老人家抬$_{\text{太}}$起頭來瞧瞧他，就說道："如今正該$_{\text{筲}}$耕田的時候，我瞧你散手散脚①的，分明不務$_{\text{户}}$農業$_{\text{夜}}$，是箇好喫懶動的了。若問你甚麼稻子、麥子、雜粮，件樣都不能分别的了。天天跟着你那夫子滿道處跑，能彀幹出甚麼事來？你要找你夫子嘛，這麼大條道兒，你來我往的，誰是你夫子呢？"說完$_{\text{官湾}}$就把楞杖插$_{\text{叉}}$在田裏，便下田芸草，也不答理他。那時子路聽他說的話，知道他是箇非常的人了，就不敢$_{\text{俗去}}$簡慢他，攝手攝脚的，站在這裏。那老人家見子路規規矩矩站在那兒，也知道他是懂得禮性的，便不是尋$_{\text{宣}}$常的人。因看見天色$_{\text{射}}$已晚了，就請那子路到家裏歇$_{\text{赊}}$宿$_{\text{蘇}}$。叫家裏人宰了一箇雞兒，弄大米飯，同子路喫。又叫他兩箇兒子出來拜見。你兄我弟，倒有點文$_{\text{温}}$雅$_{\text{也}}$氣$_{\text{翅}}$，又懂得禮貌，不像那些没家教的。那時大家敘$_{\text{樹}}$談$_{\text{灘}}$了一回，就去睡覺$_{\text{召開口}}$了。躺一會兒天就亮了。子路老早起來，告辭那老人家。一路回去，就找着夫子了。他把昨$_{\text{坐}}$兒的事情，一件一件告訴$_{\text{素}}$夫子知道。夫子說道："你可知道這箇人甚麼人嘛？你别當他是箇庄$_{\text{土}}$稼$_{\text{之羈合}}$漢$_{\text{限}}$哪$_{\text{拿上平}}$！我看他一定是避$_{\text{土}}$世$_{\text{示}}$的人哪！你再去見他，這樣這樣的話對他說，邀他出來同着一塊兒去做官也是好的呀。"那子路聽見夫子這箇意思，就去再找那老人家見見。誰$_{\text{衰}}$知一進了門，早被他料得要赶$_{\text{奸下上}}$回來有話說的，預先躲避了，没有見面兒。無奈把夫子的話告$_{\text{較}}$訴$_{\text{素}}$他家裏人，就回來了。

齊宣王問曰文王之囿　一章

齊宣王一日向$_{\text{相}}$孟$_{\text{盟}}$夫子問道："我聽說周文王的園$_{\text{官元}}$囿$_{\text{耀}}$有七十$_{\text{户}}$里這麼大，不知是不是，夫子知道不？"孟子道："那小書上相沿$_{\text{官元}}$已$_{\text{耳}}$久$_{\text{沼}}$，都是這麼說

① 散手散脚：這裏指游手好閑。

囉。”宣王道:“那文王也是百里侯封而已,他那園囿果然有這麼大嗎?”孟子道:“文王的園囿,雖土是這樣大,當時眾仲百姓們還嫌他小得一點兒呢。”宣王道:“那就召奇痴囉!寡人的園囿不過土四土十戶里,比文王的,還差一半办哪,那百姓們反說我的太大了。這是甚麼緣故呢?”孟子道:“不是呀。大王可知道文王的園囿嘛?他的園囿不單土是自已止玩耍的,就是那百姓們,割草的、刊官看下上柴钗的、打圍①威的、網雀悄开口鳥的,箇箇都喜歡在那裏頭。因那裏的東西有限,來往人多,怪不得那時百姓嫌小喇。若大王的園囿就不同囉。小臣親當初粗來貴國的時候,到了郊官交外,先行查問國中有甚麼法令,纔敢進來。聽見人家說,那裏就近的地方,有一箇園囿方圓有四十里這麼大。若是有人到那裏傷了一隻之麋鹿路,就要拉住胙這些人償撑命的呀。那百姓們,瞧見這箇園囿,倒像西样箇陷善开口坑揹一般班,常常都心先驚貞膽但破土的,怪不得他們嫌大喇。總之,據住爲威己止有,雖小也大;上與人同,雖大也小。大王如今總要大夥可兒同樂罗,便火開口不論大小都好,又何必把大小比較召開口呢?”

孟子謂齊宣王曰王之臣　一章

孟盟夫子見齊王總不答理國政贈,因設射兩端事示情問道:“大王有箇臣親子,他把老婆岥孩子托拖付下箇朋友,往楚草國戈地方遊夭玩患去了。及之到一年半办載仔,那臣痴子囘來,看見他妻子臉上冷的焦黄的了,身體餓阿下去的精瘦受的了。請問大王怎麼樣呢?”王道:“既治是受人家的重托拖,又不肯給偈他喫痴的穿開口的,這樣無烏義二的人,還替他走攏嘛?與他絕交就完了!”孟子道:“相俗腥與朋友,既治然是這樣喇。比如又有箇掌刑升獄遇的官関,一點法兒都没有,不能管関理屬蘇員。請問大王怎麼樣呢?”王道:“做官的人啊,總要盡賤得職之分纔好呀。他如今既治是食戶了俸官鳳祿路,不能管理屬蘇員,這樣無用的官,還要他幹嘛?即之刻磕革哥了他就完湾了。”孟子瞧見大王處人甚慎明,就照掉開口直之問道:“人君專是一國的主祖子,就是一國的父母一樣了。今毡兒各哥處地方,都不得安靜土。請問大王又怎麼樣呢?”宣王聽見這話,心裏有些嗽拗嘈②嘲了,故望左右

---

① 打圍:打獵。因須人多合圍,故稱。(《汉語大詞典》)。

② 嗽嘈:吵鬧,這裏指心裏煩躁,憋悶。

的侍示臣,說别的話了。孟子見大王這麽樣,知道他不能改皆過的了,也不必再說了。

匡章曰陳仲子　一章

話說齊國有箇大夫,姓匡名章睁,常撑與孟夫子來往。一日,向孟夫子說道:"咱們國中這箇陳親仲子,豈非當真貞是箇廉官連潔遮的漢限子麽?你看他在於烏陵官灵的地方,蓋戒了一間毡房子居朱住胙,一連三天都没有飯喫。肚杜中饑之餓的了不得,身體又虛耆弱官樂了,連耳睡也野重沖聽①了,眼睛也瞇瞀了。譜譜兒②記治得井邊上那株李子樹數,一衣定有好些李子,可磕五能充飢之的。那時他兩支之腿,也站不住胙了,只得勉開口强扎挣贈着。好容雍易二爬怕到樹底下,摩着那箇李子,卻卓被毛毛蟲蛀了一大半,怪澁賒的都不論了。他放開口在嘴裏,吧巴嗒打吧嗒的咽硯開口了幾咽,那耳睡朵纔聽得聞温聲响了,眼睛纔瞧得見東西了。這樣安貧蔫開口守分的事,不是廉士,怎能彀幹得來呢?"孟子告教訴素他道:"你們國中的人,貪灘圖滔富付貴不顧臉的也多得很。像仲子這樣的麽,可算是挺得大拇武指頭的囉!但仲子怎麽當得這箇廉字?瞧他的行爲,比方起來,好像那蚰蟮山下去的操守纔好。爲位甚深麽呢?那蚰蟮在上頭喫的是乾奸坭,在底下呵訶的是溷寬水,一點兒都没有求人的去處了。若仲子未位免要居住胙的,要吃的。試示問他住的房子,不曉得是伯波夷衣建官見造棹的呀?還是盜跖之建造的呢?又問他喫的米粮,是伯夷耕庚種的呀?還是盜跖耕種的呢?這兩件官見事都不知道怎麽樣的來歷利呀。既治是橫亨豎數都不知道,那就不能像蚰蟮這麽廉潔了。"匡子道:"這有什戶麽相干奸呢!他那些居住的、日用的,都是自己勤做活計,打草炒鞋賒,替他女人們織之麻紡線善開口换賀患來的。就是不知怎麽樣來的,也没有妨礙呀!"孟子說道:"這是那兒話呢!你不想想他是甚麽的人嘛!他本品來不是貧蔫賤土出身哪,原是箇做官做宦的子弟。誰不知道他哥哥是蓋家邑衣大夫呢?計治算開口他一年出粗息③戶,合苛攏横起來,還有萬鍾忠的俸禄。這都算朝抄廷的恩典。没有甚麽

① 重聽:聽覺遲鈍,不靈敏。

② 譜譜兒:清楚。

③ 出息:收益。

不是的。不料他避土了哥哥，棄翅了媽孖媽，單土拉了他的女人，兩口子跑到於烏陵地方居住，已是不近賤情的了。聽見他有一天回來見母親千，可巧有人送隻之鵝阿兒來。這也是官宦家往來的常撑事示。他見了就縐土着兩眉米，從鼻子裏哼亨了一聲說道：'要這樣鶃鶃①的東西做坐什戶麼呀？'他哥哥聽見他說些没趣的話，本要搶俗白他一頓，又恐窮怕招母親千生氣翅，卻卓忍着性兒，不答理他。後來那仲子回去於陵，到底②心裏惦着他的母親，改日又來瞧瞧。他母親是箇老人家，自然憐愛少筲子，叫人宰仔了這隻之鵝兒給他喫。剛剛③撞着他哥哥上朝抄回來，想起前情，因④冷笑道：'這就是那一天鶃衣鶃的肉右了。'他一聽見這句話，便鬧起脾披氣來，急之忙走出門外壞，用手指頭探炭入遇嗓子，一估古腦⑤都嘔吐土出來了。他母親這麼疼官騰愛他，給他東西喫，他都不肯喫，這就没可喫了。怎麼他娘子換賀患合回來的東西，他就喫呢？他哥哥的大房子，是朝抄廷听的恩蔭硯，他都不肯去住胙，這就没可住了。怎麼於陵那箇地方，他就居住呢？看他這樣的行爲，可以說得去麼？我說他必要⑥像蚰蟮⑦的樣兒，纔算得是箇不求人的，就是這箇緣官元故喇。若不是這麼樣，他還要喫的，還要住胙的。總不過⑧矯沼開口情餙⑨戶貌，沽名釣官吊譽遇，把這箇人倫盧歡合的大道理全川都不顧。既治無烏君專臣親上下的體統，又没母子弟兄的情分，件樣⑩都不懂得，還說甚麼廉官連潔遮呢？"

齊人有一妻一妾　一節

齊痴國有箇漢限子，大小兩箇老婆，同在家裏過活⑪訶。那漢子天天出門去，

---

① "鶃"，同"鷁"，一種似鷺的水鳥。
② 到底：畢竟。
③ 剛剛：正好，恰巧。
④ 因：於是。
⑤ 一估腦：一古腦。
⑥ 必要：一定要。
⑦ 蚰蟮：蚯蚓。
⑧ 總不過：總不至於。
⑨ 餙：飾。
⑩ 件樣：樣樣，每樣。
⑪ 過活：生活。

必在外頭酒$_{\text{沼}}$醉$_{\text{敘}}$肉$_{\text{右}}$飽纔囘來。他老婆問他道:“誰給你的喫呵$_{\text{訶}}$呀?”他漢子答道:“都是大富$_{\text{付}}$大貴的人們。”他大老婆告訴小老婆道:“咱們當家的,遭遭①出街$_{\text{遮}}$去,必定喫飽呵醉了纔囘來。問他是誰給$_{\text{偈}}$的呢?他說是富貴的人們。我想禮尚往來。那富貴的人都是通情的呀,爲什麽總没見箇人來囘拜他呢?這箇很奇$_{\text{痴}}$怪了。待$_{\text{大}}$我瞧着他到底是那裏去。”於是老早起來,悄$_{\text{開口}}$默$_{\text{磨}}$聲的,跟$_{\text{土}}$隨$_{\text{衰}}$那漢子所到的地方。滿道處都没箇人替他站着談談的。只見他一溜烟跑到東門外,替那上墳$_{\text{分}}$的人討點$_{\text{典開口}}$喫剩$_{\text{官盛}}$的東西。這邊討完了,還不彀,又望那邊去了。這纔知道他喫飽呵醉原$_{\text{官元}}$來是這麽着。他老婆囘到家裏,告訴小老婆道:“咱們嫁夫招主$_{\text{祖}}$,原望終身倚$_{\text{耳}}$靠啊。如今這樣没廉恥$_{\text{土}}$的冤$_{\text{官渊}}$家,還倚$_{\text{耳}}$靠什麽呢?”二人就臉對臉兒在堂屋裏大哭起來。他漢子還不知道呢,又揚揚得意$_{\text{二}}$從外頭囘來,替他兩箇老婆撒$_{\text{卅}}$驕$_{\text{官交}}$道:“拏醒$_{\text{土}}$酒湯來啊!你們做什麽哪?都瞧不起我嗎?丈$_{\text{掙}}$夫在外,是有體面噠$_{\text{打}}$呀。所有富貴的大人們,那箇不擡②$_{\text{太}}$愛我呢?你們還不知道嘛?”

齊饑陳臻曰　一章

先時,齊國饑$_{\text{之}}$荒。孟夫子在齊,曾經$_{\text{貞}}$勸$_{\text{寸開口}}$齊王開發③棠縣的倉廩以賑$_{\text{陣}}$濟$_{\text{治}}$饑$_{\text{之}}$民。如昝又遇着饑荒的年了,陳$_{\text{親}}$臻$_{\text{毡}}$來問道:“齊國的饑民又望夫子勸大王發棠④。這件事可以再行得不?”孟夫子答道:“啊,是嘛?我今日再勸大王發棠,是做馮婦$_{\text{付}}$那箇行徑$_{\text{净}}$囉!昔日晉$_{\text{賤}}$國有箇好漢子,姓馮,名叫阿婦,常常最$_{\text{敘}}$好在山上打這些豺$_{\text{猜}}$狼虎豹$_{\text{包下去}}$,後來改了性子,做箇純$_{\text{荀}}$厚的人,總⑤不幹這營$_{\text{英}}$生⑥了。一日,在家閒暇無事,出門去遊玩遊玩$_{\text{患}}$,解解悶$_{\text{問}}$兒。偶然又來到曠野的地方,遠遠瞧見有許多人,嘈$_{\text{抄}}$嘈鬧$_{\text{土}}$鬧。有幾箇拏鎗刀的,有幾箇拏

---

① 遭遭:次次,每次。

② 擡:抬。

③ 開發:開放。

④ 發棠:指開倉賑濟。

⑤ 總:總歸。

⑥ 營生:職業,工作。

劔官見戟之的,齊跑上前,追着一箇老虎。那箇老虎奔跑到山上,靠在山窊①哇子那裏,呲牙呀舞鄔爪的,想要撲鋪人。衆仲人也没箇敢上前千擒他的,那時都没甚麽法兒囉。忽蒿然望見阿土婦付,忙向前迎英接遮他,求超他帮帮打那箇老虎。這時阿婦不覺又生起氣來,隨即之挽土起袖土兆子,掖爺起衣裳,磨摩拳川開口擦叉掌,一步兒就跳開口下車來,不用鎗刀器翅械射,又不用人家帮手,筆比直之的跑上前打這箇老虎。那老虎就召作坐起威土勢示,卻用兩爪爬怕起,向前撲來。阿婦將身一赳,雙手抓朱哇合住胙兩爪,往前一拉,把虎壓也在地下。那虎將要掙贈起,阿婦用脚一踢,正踢在那老虎鼻梁子上。聽見那老虎"齁"的一聲,就癱攤死在地。衆人都喜歡②,拍派掌箏讚棧道:真本品事了! 這麽大的老虎,没有人敢攖③仍的,卻被馮大哥三拳兩脚就結果了他。真本領了! 但這是没有見識的話。若是有見識的人,一定笑話他了。笑甚麽呢? 只之因他既然改行盛,卻又發花起這箇脾披氣來,豈不是枉費吠了爲善的起頭④囉嘛? 我若復夫請發棠,就是與他一樣了。你說是不是呢?"

已耳上話章十戶三首,俱朱就召淺白說去。較召之各家書說,大相逕爭庭。然,竊斜忖春是書原爲教正贈音烟起見,欲令人人皆曉,故敢爲此,以見正音之用,無乎不可也! 其痴間毡詞疵語仍英屬蘇伸明聖官盛賢俗山意二思土,非敢侮鄔慢土高明,諒開口之。秬薌自跋。

審判嫌貧賴婚一案

原告較郎勤千學疏　　媒米人徐書玉遇成　　攞唆⑤顔官烟隨遂聲

被告顔始富付　　顔女顔百波花　　族長顔附和賀

官問:郎勤學是你嗎?

---

① 窊:同"洼"。

② 喜歡:高興。

③ 攖:接觸,觸犯。

④ 起頭:這裏指最早的目的,原本目的。

⑤ 攞唆:挑唆,擺佈。

郎答:是。

官問:你今年多大？幹什麽事業夜？與顔家對親①千幾年了？爲甚麽退親千？已耳經貞退親,又爲甚麽告人？從沖實戶說來。

郎供:童遇生②今年三十歲遂,向來念書。父親在世示,請徐玉成做坐媒米,往來各哥有婚呵寬合書庚帖鉄。後頭③父親千去世示,家事示淡但薄波。童生十戶二歲時候,因葬母把二十畝母田的契翅書與顔隨聲,借貸大三十兩銀子,每美兩每月加利三分。那知道顔隨聲起不良之心,利上加利,算到十二年,就要童生還他本利四百八十兩。强俗青下上把童生二十畝母田占棧了去,累④例童生不得過活苛。童生氣翅不過,把他告了在案,尚未位歸結⑤。從此記治仇抽,就在他叔蘇父土顔始富付跟前調三窩四⑥。顔始富就來退親千,童生不依土,邀官夭同通媒米人,投稱他族租老,到丈挣人家理論。搥着顔隨聲也在那裏說話,丈人還没有開口,他就吆官夭嚇賀起來,又唧之唧咕姑咕,替丈人說。丈人就將⑦紙筆比來,壓也派童生寫退婚書。童生不肯寫。他一邊駡,一邊叫拏繩子、藤條來。童生無奈,只之得潦官老草寫下退書。他然後纔放了。童生受曲得很,望大老爺作坐主祖。現善開口有庚帖鉄婚書可據住。

官道:我且扯問你,怎麽弄得這樣徠⑧孬猷帶？漫道⑨是你丈人嫌你,連本品縣善開口也瞧你不上。人家有箇好好考女兒,嫁你這樣徠猷臭土嗎？下去。

郎供:童生受了委曲,望大老爺作主!

官道:糊說! 下去候着!

官向吏說:郎勤學告顔隨聲的案,現存那房？快去查叉出來! 叫召顔始富、徐玉成都上來。顔始富,你與郎家對親千,又怎麽樣退悔,說上來。

富供:監官見生原與汝已耳故郎大業相好⑩,徐玉成說合苛,對了兒女親家

① 對親:結爲姻親。
② 童生:習舉業而未考取秀才的讀書人。
③ 後頭:後來。
④ 累:連累,連帶,牽連。
⑤ 歸結:了結。
⑥ 調三窩四:挑撥是非。
⑦ 將:拿,持。
⑧ 這樣徠:性狀、程度代詞,相當於"這麽個"。
⑨ 漫道:莫說,不要講。
⑩ 相好:相互交好。

是有的。不料他死後,他兒子郎勤學,賭蕩開口花消開口,把一分家業都弄干奸淨①了。屢呂次催他完娶娶,他全川開口不理,把女兒悮②了這些年。他想開口加遮丫倍敝取土回禮金毡退親,監生無法,給他五十兩銀,已耳經寫下了回字。現繳沼開口在案。

官問:給五十兩銀子,有誰見証?

富供:有顔隨聲見証。

官叫:徐玉成,顔家與汝姓盛郎的對兌親,是你做媒米嗎?

徐荅③:是小的做媒。

官問:郎勤學怎麽把家當花消,顔家給五十兩銀子叫郎家寫退婚書的時候,你在旁瞧見嗎?

徐供:小的不在旁。銀子小的不見有無,退親不退親小的不知。總是④前幾年,顔家叫小的催郎家完娶,郎家說没有娶費吠,一年推一年是有的。姓郎家事示,是他父親郎大業生意虧本,臨死時候,該下好些帳目務。郎勤學從小很勤儉,無奈欠官錢去帳忒官特多。到了二十歲,止清了帳,家事又完了。顔家富付厚,見他窮沖苦,好幾磨⑤想叫郎家退親,他女百花不依,所以耳耽丹擱哥到這會兒。郎姓請族粗老時候,小的同到顔家。他們吵鬧起來,小的勸寸開口不開,小的就去了,没聽見有銀子。後來他兩家怎麽,小的不知道。

官道:顔百花你見過他没有?

徐供:見過了。

官道:認刄得不?

徐供:認得。

官問:顔隨聲是始富什麽人?

徐供:是他緦麻⑥姪之兒,從前在顔附和賀家裏管關帳睜。

---

① 干淨:没有剩餘。

② 悮:誤。

③ 荅:答。

④ 總是:大概,表推測。

⑤ 好幾磨:好幾次。

⑥ 緦麻:清代,凡男子爲本宗之族曾祖父母、族祖父母、族父母、族兄弟,以及爲外孫、外甥、婿、妻之父母、表兄、姨兄弟等,均服緦麻。

官道:下去。

官叫:顏始富上來。你給郎家五十兩銀子。他替原媒都說没有。我且扯問你,你的女兒還是給他做親好考呀,還是另嫁好呢?他不願意,自然告較狀撞不休燒了,豈不耽丹悞戶你女兒嗎?你白波想想。

顏供:大老爺明鑒官見。女兒今年二十戶九沼歲遂了。郎家窮沖極之,女兒回去,那裏有飯喫痴呢?求超大老爺詳情①清。

官道:是呀。窮苦家誰肯把女兒嫁他呢?何況郎勤學那箇討人嫌的樣兒,但是他心先裏不輸蘇服孚啊。我替你打算怎麼好呢?也野罷,本品縣善開口替你出箇主祖意。許暑他那五十兩銀大概没有給傷他,如今再湊五十戶,共成一衣百波兩,繳在本縣。待本縣押他領回去另娶。你女兒另選佳遮壻示。豈不兩便?雖然你目務下吃痴虧些,還不至悞戶了你女兒終身。你自想想好不好。

富供:好得很。大老爺肯作坐主□,漫道一百銀,就是多些,監生也野是情願的。

官道:也罷。你加上三十兩,再不怕他不依。你願意呀?

富供:大老爺公斷段開口就召是。

官道:叫召原差②土打發花兩箇妥土當的小差,同着顏始富付回家提一百三十戶兩銀子,限善初粗六料日一午鄔堂呈繳,不得有悞戶。顏百花來了没米有?

差稟:來了。

官問:誰衰跟他來?現在那裏?

差稟:是他嬸腎娘跟他來,還有一箇老媽孖子。現在他親千戚痴姓魯的家裏住胙着候審腎。

官問:甚麼老媽子?

差稟:是他的伴办婆。

官道:告较訴素他候着,等初六那天要問話。

官道:叫顏隨聲。

官問:顏隨聲,你這箇東西,仗掙着甚麼,重利準折③遮,强俗青上占梯人家田產,

---

① 詳情:審察實情。

② 原差:清代輪值性衙役的一種,其職能基本有二:刑名和錢穀,即治審控制和賦役徵收。

③ 準折:變賣,折價。

可惡極之了！拉下去！糊塗東西,打你幾止下就明白了！

隨供:大老爺開恩,小的有箇下情容雍稟貶。

官道:有什戶麽話,你說疏。

隨供:三分算利,原是郎家情願,纔寫上借約。十二年以耳來,本利全川開口無,虧了小的。小的不得已,纔把他給拏手的田畝母收租,並不是小的强占他的。乞痴大老爺明鑒。

官道:啊,你不是占棧人的,爲什麽三十戶兩本品銀,就收人家二十戶畝母田租的利呢？二十畝田,豈止值之三十兩銀的利嗎？且扯不說這箇,人家告你這些年,爲什麽不出粗審腎？本縣知道你利浮①開口於本,巴不得捱挨一年,多收一年利,就召是拏出些兒來,巴結遮房差,給你沉案晏,也是有的了。

隨供:没有。小的没有,小的不敢！

官道:你還横杏嗎？既治然不敢,怎麽人家告你這些年,你並不投偷到②候審腎呢？怎麽連訴詞疵也野不遞一紙呢？明擺着是延官言捱③挨沉案,你坐着收利,刁歪得很！不管,拉下去！

隨求:大老爺開恩。小的屁股長瘡,受不得刑升法花。望大老爺開恩,小的情願罰花,情願罰花小的。

官道:啊,你願罰不願打。且慢,擱着板子,我且扯問你:二十畝母田,每一年收多少筲稻子呢？

隨供:每年四十石。

官道:每年四十石,收了七七年,七四得二百波八巴十石戶。從中估價,算八錢一衣石,二八一百六料,八八六十四,合苛算值之得二百二十四兩。你本品銀三十兩,依例官利歸結遮。一本一利,應官英該還你六十兩。除粗了本利,多收一百六十四兩。你該皆還訶湾合給郎家,你怎麽說疏呢？

隨供:是。小的情願遵斷。

官道:也罷。具住遵津依,具矩退狀來。且記着板子。限善開口初六日午堂繳沼開口齊痴。叫值之日二差押也他取銀子去。這一案,郎勤學、顔附和、徐玉成、顔

---

① 浮:超過,多過。

② 投到:投案,報到。

③ 延捱:拖延。

百花,都候着,等初六午堂問話。

覆 審

官問:顏隨$_{\text{兑}}$聲繳到銀子没$_{\text{米}}$有?

差稟:預$_{\text{遇}}$備$_{\text{敝}}$了。

官問:顏始富$_{\text{付}}$繳銀來了没有?

差稟:都帶來了。

官問:叫庫$_{\text{箍}}$房來。把這些銀子驗$_{\text{烟下去}}$過$_{\text{開口}}$、看過、比過,看潮$_{\text{抄}}$不、短不。仔$_{\text{子}}$細$_{\text{示}}$些看看!

庫稟:都好了,都彀了。

官道:叫顏隨聲。

官問:顏隨聲! 你重利放$_{\text{開口}}$債$_{\text{土}}$,又債利準折$_{\text{遮}}$不與人家説通、説準,就$_{\text{召}}$收人家田租,與强占$_{\text{棧}}$何$_{\text{訶}}$異$_{\text{二}}$? 本縣要問你的罪呀!

隨求:小的已經繳銀退田,懇大老爺饒了小的。

官問:你繳銀退田,就$_{\text{召}}$恕得你囉嗎? 比如做强盜的,起了賍,就不問罪囉嗎? 帶起候着! 你儘$_{\text{剪}}$自①在那裏磕頭做甚嘛?

官問吏:他説甚麽?

吏傳:他説大老爺吩咐罰他,免打他板子。他如今情願再罰$_{\text{花}}$,乞大老爺免他問罪$_{\text{敘}}$。

官道:前繳一百六十四兩,是應該還郎家的租利,不是罰$_{\text{花}}$你的銀子呀。你如今願罰$_{\text{花}}$,從新拏出四百兩銀子充公,纔免得你罪$_{\text{敘}}$。

隨供:大老爺施箇全恩,小的没有這麽多。

官道:你願意多少,你説!

隨供:二百小的拏得出。多,就要賣田了。求$_{\text{超}}$大老爺施恩!

官道:你這宗混$_{\text{阿混合}}$帳$_{\text{挣}}$東西,做$_{\text{胙}}$花子也是本$_{\text{品}}$該$_{\text{皆}}$的。賣田贖$_{\text{蘇}}$罪$_{\text{敘}}$就使不得了嗎? 罷囉! 馬上繳來三百兩,也$_{\text{野}}$准你罷! 你怎麽説呢?

隨供:是了,小的出去提$_{\text{官梯}}$二百繳上。請大老爺格$_{\text{哥}}$外$_{\text{壞}}$施恩。

---

① 儘自:只管,儘管。

官道：那箇不能，三百是一定要的。馬上繳准你三百。若是立利限善開口，限滿晚要四百纔能彀。

官叫差：押他出去。他願出三百，立刻繳來。若是不願出，押着具限。明早繳四百！

差應：是囉。

官道：叫徐玉成！叫顔百花！

官問：你是顔百花呀？徐玉成你去瞧瞧，看是不是。

徐供：是不錯的。

官問：顔百花，你父親把你配怕係合合苛郎家，如今又退了郎家，要把你另嫁，你依不？這是你終身一件的大事，有話不妨説。

官叫吏：叫他伴办婆告訴他。

吏稟：顔百花不語。他的嬸娘説是郎家窮沖，没有飯喫。

官道：呵呵！女人從一而終，烈官列女不嫁二夫。這是自古以耳來的道理。況官鄺且扯富貴的，未位必一輩敝子都富貴；貧篇開口賤的，未必一輩子都貧賤。你不出粗聲，這就召不能退了。

官叫吏：細細告訴他。

吏稟：顔百花又耀不語。

官道：叫他嬸子上來。你是顔百花的嬸娘嗎？

嬸應：是。

官問：你姓盛什戶麼？

嬸供：小婦付人姓盛朱。

官説：朱氏，且扯問你，你説郎家窮沖，不叫姪女嫁他，還有别的緣故没有？

朱氏供：没有别的。他的爹娘説是郎家窮，没有飯喫。大老爺，難道叫召姪之女回去活話活餓死不成？這也怎麽忍心呀？大老爺！

官問：啊，原是單爲這箇窮沖字，不是還有别樣毛病呀。

朱供：他也是好考好一衣箇漢子，不是麻孖瘋，又不是家裏不清白。單爲着没飯喫，又找不出粗銀子來娶親，纔弄出這許暑多緣故來啊。

官道：呵呵！你説郎家窮，郎勤學今箇可不窮了。本縣帮他做了一箇財猜主祖了。現在有二十戶畝母田，現銀五鄔百多兩。你説他兩口子的飯彀喫不？

朱供：嗳喲！這是天掉官吊下來的富貴了！他兩口子好命，受大老爺這樣恩典。

官道:下去告訴你的姪女,照棹舊給郎勤學作親纔是。

官叫差:叫兩造①都上來。顏始富,你的女兒很懂道理。今日郎勤學不窮囉,你知道不?你那宗不肯燒筲冷鍋戈的,有幾箇糟嘲錢,就欺痴人囉嗎?你當不起丈人兩箇字,本縣替他兩人主婚,仍把你女兒給郎勤學做坐親。你在旁邊看看,害羞燒不害羞。

富供:大老爺恩典。

官道:叫顏隨聲。你這些銀子繳來没有?

隨供:繳來了。

官叫:庫房比過、瞧過,給他收拾起來。把顏始富所繳的一百三十兩,將三十兩封起拏上來,下剩官盛一百兩,連前次繳的租利銀子一百六十四兩,一股腦封固,待本縣初八日當堂發花給郎勤學。

官叫:郎勤學,本縣替你取回二十畝田,罰花出粗顏家五百九沼十十四兩銀子。今日是黃道上吉之日二子。西門外有所充公房子,暫棧借你住胙三箇月。你同着值之日二差先到那塊打掃,本縣隨雖後打發人送顏百花到,給你兩口子完婚。從此勤千儉官見巴結②上進。先把這三十兩拏去備敝辦床帳掙酒沼席戶。省儉些,不要充體面多花鈔。三日後,你來衙再領銀子,本縣還慳有話吩咐。叫兩箇值之日二小差,提着鑰賀合匙,同郎相公到福壽里,把那所充公房子打掃開口干奸淨,仍在那裹伺候郎相公完娶,三天後纔回衙門來。

官叫:郎勤學,你同着他去。顏隨聲,你好運應氣翅!摙着今日本縣主婚嫁百花,是一場好事,免你治罪,卻卓有件事使喚你。下去等着。

官叫跟班:你進賤內泥衙告訴官閡太太,打發花兩箇老媽孖媽出來領顏百花進去見官太太。顏百花,你跟着老媽媽進去,見見官太太。朱氏同伴办婆都跟着百花。(叫跟班)來,告訴官太太找一套没有穿川開口過的衣裳,没有戴過的釵環,叫百花更了衣,粧扮起來。(叫聽事差人)出外頭辦一頂花轎召開口、十二對紗燈、兩面彩旗痴、六名鼓手、八名小樂、三十二名夫。立利刻磕辦齊,到衙門來伺候送親。

---

① 兩造:雙方,此處指訴訟的雙方,即原告與被告。

② 巴結:努力,勤奮。

所有價銀①開單,到宅齋門來領。(叫跟班)來,進去把我昨日新縫的一套駝拖絨雍紅空青緞子夾遮蝦袍魄褂、一件月白綢抽子長衫、一套新先洋布步汗限褟他小衣,都拏出來。叫值日打發花一箇小差,把這些衣服用方盒子盛官成上,送給郎相公。你說:大老爺知道你趕東辦不上,打發花送來,當是大老爺送的賀禮。叫姓顏的三箇人都上來。徐玉成也上來。顏附和,你是族粗老,族內有不妥的事,也野不指撥波指撥,這箇族老當不住胙了。今日應該皆罰花你,賞你顏家一箇臉罷。本縣給郎勤學、顏百花斷合②阿,斷得是不?罰花了顏隨聲,罰得是不是?叫顏始富拏出銀子帮帮女壻,辦得好不好?你說!

附供:大老爺公斷,很是!很是!是得很!

官道:呵呵!隨雖聲附付和賀,名不虛書傳。今天顏家的女兒出粗嫁,你一箇是族祖老,一箇是舅召子。你兩箇等等,跟着花轎召後頭偷,送親到郎家去。這是你本品分的。你若怠大慢些兒,兩罪俱發花。好好巴結新先姑爺新先富付翁,呵箇喜酒,就是害懈羞炒些也野不妨的呀。顏始富,百波花是你女兒。父母無送親的禮,這一衣杯跛酒沼你賻③粗患合不得呵了。怎麼好呢?你花了這些銀子,連酒召也野没呵一盅,偏④開口了郎勤學這箇好考丈掙人囉。你且扯在那裏看看熱夜鬧,瞧完就好囘家,打點會親去,也可以巴結得富貴的女壻⑤示了啊。徐玉成,你的媒做成了。今日還要煩番動你領百花到郎勤學疏家成婚,預遇備敝衣帽貌快快來!

徐玉成說:好了,好了。大老爺這番恩,不虧小的一場心了。

聽事囘:送親的鼓樂人夫,小的都辦齊痴,在頭門外坏伺士候。

官叫跟班:你告訴內衙去,打發顏家女兒在西倉便門口舅上轎。叫召各哥夫都過西倉伺士候。撥兩名值日小差照棹料,直之送到郎家安頓好考纔囘來。值之日二差瞧着顏家隨聲、附和這兩箇人送親。他若不去,即之刻磕來囘話。

此案得於友人自衙門傳來的,因見其事關風化,且饒有趣致,故附錄之,以爲學話之助。秬薌自跋。

---

① 價銀:指物品、產業按價買賣所應收付的銀兩數。

② 斷合:男女雙方經官府判決結成婚姻關係。

③ 賻:同"賺"。

④ 偏:慢待。

⑤ 壻:婿。

儀畧條款

四拜禮:平身端拱而立、揖兩手合揖也、拜跪下而拜也、興起而興也。先一端立,一深揖,一叩首,一興起,照式一連四次,而再一揖,謂之禮畢。此惟見父母、祖父母及該管地方官用之,餘不可用。今用三跪九叩禮亦同。

兩拜禮即再拜:照四拜減去兩拜、兩興。凡見老師、見岳丈、見父執輩①、見有服尊親②,俱用之。見朋輩亦可用。長輩答揖,朋輩答拜。

一跪三叩禮:此見尊長常禮也。燕見③、常見,俱可用。

打蹧④俗云打半膝:見同輩、長輩,俱可用。同輩答如之;長輩扶住。

打恭雙手揖下,三動其手,自足至首,即所謂三揖也:同輩、尊輩,俱可用。答禮如前。

躬腰屈腰垂手:見同輩、卑輩⑤,皆可用。若尊者躬腰,則卑者垂手站住。不得躬腰與尊者對抗。

拉手兩人雙手捧住,如半揖之狀:見同輩用。

拱手兩手拱至心:長者答禮用。

家 禮

叩賀祖父母、父母,俱行四拜禮。祭祀及久別回來亦同。受者正坐拱手不回謝。起來垂手旁站。命坐則就次侍坐,不命坐則仍站住。若坐下,問答必站起。

叩賀伯祖、叔祖、伯父、叔父及兄長,俱行兩拜禮。祭祀及久別回來亦同。受者旁立答揖。如兩拜後更拜,則必親扶起。起來坐立如前。常見、燕見,打蹧請安。若路遇,趲前⑥打蹧,垂手旁站,俟長者去乃去。

---

① 父執輩:父親一輩的人。

② 有服尊親:本宗九族範圍內輩分高於自己的親屬。

③ 燕見:中國古代臣下在皇帝內廷朝見,叫燕見。

④ 打蹧:一種禮節,即請安,是清朝滿族人從民間至宮廷的通禮。

⑤ 卑輩:輩分低於自己的。

⑥ 趲前:快走上前。

拜見業師恩師禮

入門通名。有贄儀禮物，即於此傳進。召進則進。升階，北面行再拜禮。師從旁答揖。若師同拜，則說“謝老師”三字。禮畢，命坐則北面三揖。凡揖，必答揖。後倣①此。就次侍坐。如師命坐客位，退讓不敢，再命乃三揖就坐。對答俱站起。如有事稟求，站起三揖，口說“有箇下情求老師”，然後說話。茶至，起受茶。朝上揖謝茶。俟師叫呵茶，雙手捧着。看師呵一口，則呵一口；師停住，亦停住。防有問話也。烟至，奉烟則食，自己不攜烟筒。接着，不謝。不請，不要噴烟。輕輕吐，勿大噴。不論問答，勿含着烟筒。檳至，起受檳。朝上揖謝檳。不要混吐汁。不吃更妥。辭别，站起三揖，口說告辭。師送出，俟師先行一步，隨後跟去。要輕輕放側身行，勿令老師背着自己。至簷前或至門口，三揖，垂手站住，口說請老師轉陞。俟師回去，纔上轎去。凡出入俱走旁門。若師位太尊，或是當任父母，仍自稱某生。如生則稱庠生，童生則稱童庠生。蓋不敢當門生之意。凡師詢問祖父及父親名諱，站起，說上一字是某，下一字是某，不得一連說去。如單名，說左邊从某，右邊从某。凡問祖父名、父名倣此。

各生貢見府縣禮

各生貢見該管府縣，俱行四拜禮，扶住則罷。餘，比拜見老師禮同。稱謂或老公祖稱府，或老父師、老父臺俱稱縣。未受職時，自稱某生如庠生則稱庠生，廪生則稱廪生；如已受直隸州同職、州判職②，自稱治弟；已受教職、佐貳職③，自稱治晚生。凡拜會俱用手本④，說稟見，或云叩見、稟安。庠生見該學教官，其禮

① 倣：仿。

② 清代地方官制大體沿明制，有督撫、府廳、州縣三級。其中督撫是一省區或兩三省區的最高行政長官；府是介於省與州縣之間的一級權利機構，府的長官稱知府，以下有同知、同判、推官等；州縣爲地方的基層機構，縣設知縣一人，州設知州一人。其下分設縣丞、典吏、州同、州判等職。

③ 佐貳：明清時，知府、知州、知縣的輔佐官，統稱佐貳。

④ 手本：一種長方形紙本，對折兩頁，紅封面上有“稟”字或素面無字，用作拜訪、晉謁時的名帖。

亦同。但稱老師,自稱門生。

賓主相見禮

投帖,若不會,令傳進掛號;若會,說要會,俟門上請會。從大堂口下轎,主人揖迎於門外,客答揖。及門,及階,皆揖。升堂,客再拜,主人亦再拜。興。主人趨①正客位。客辭,主人固請正之。客趨正主人位。主人辭,客亦固請正之。先問候,然後敘談。如主人有父兄者,必要拜見其父兄。主人固辭,乃免。茶至,客起受茶,揖謝。主人答揖。主人爲客掀開蓋盅,說"請";客亦爲主人掀開蓋盅,說"請"。旋即雙手舉飲。烟至,一請。檳至,客起受檳,揖謝。主人答揖。

辭退。客起,說"告辭",朝上一揖,隨說"不敢勞送"。主人送,及階,及門,客皆揖辭。主人答揖。送至門外,復揖如初。客到轎口,一揖上轎。在轎上躬腰說"請",主人亦說"請"。主人俟客轎去,乃回去。若客是晚輩,出入不敢由中門。縱使長者拘請,亦宜放側身過去,不得公然由之。主人送至門外,揖畢,垂手旁站,說"不敢當"。俟長者回去,然後上轎。凡官場中拜會,說話畢,然後呵茶。呵了茶,即辭退。或主人留挽,再叫攙茶,則暫留。主人回拜,禮亦仿此。

近來禮皆從簡。賓主一見拉手,各自快趲,直到客廳。客說"特來叩賀",或說"請安";主人說"不行禮"。客請,主人復辭。客揖,或拉腿,主人回答亦如之。主拉客坐,客即坐。烟茶至,一請。辭退。客說"暫別",一揖。至門外躬腰說"請"。此亦簡便。

---

① 趨:敦請,催促。

參考文獻

饒秉才(2003)《廣州音字典(修訂版)》,廣東人民出版社,廣州。

侯精一(1962)百年前廣東人學官話手册《正音咀華》,《語文建設》第12期。

侯精一(1980)清人正音書三種,《中國語文》第1期。

胡雙寶(2012)《異體字規範字應用辨析字典》,北京大學出版社,北京。

朴奇淑(1992)《〈正音咀華〉音系研究》,高雄師範大學國文研究所碩士論文。

葉寶奎(1998)談清代漢語標準音,《厦門大學學報》第3期。

楊文信(2000)試論雍正、乾隆年間廣東的"正音運動"及其影響,《第七届國際粵方言研討會論文集》,商務印書館,北京。

硃註

咸豐癸丑孟春

正音咀華

儀略附後

張維屏題

是書為習正音者設也予自友教以來廿餘年矣口談之暇搜訂各字音韻與及事物稱謂之殊言語應酬之法撰為此書使學者由是而習焉因覩各友鈔謄之苦不得已而付諸剞劂庶幾後之學者予購而得云爾其有未合者願高明惠教之幸甚

莎桓鄉自題

凡音之起必由於樂凡音之和必有其韻此天地自然之節亦斯人同然之情所以唇齒牙喉舌各不相同而五音之中又分爲八音舌尖別以捲舌重唇析爲輕唇而又盩出上腭此天籟也而人巧備焉其聲貫通於萬物而無不響應者也精之者惟莎公彜尊丁酉仲夏出正音辨微一書質於余余撫卷而嘆何嘆也以其得天地自然之節知斯人同然之情也音韻一本法簡而賅其便於初學者第二本千字文尤無美不備餘本亦詳

盡直捷誠得是書而揣摩之眞可謂無微不入矣余幸
其急付梓以公於世也故樂爲之序云
賜進士出身
誥授中憲大夫雲南糧儲道前翰林院庶吉士南海鄧士憲
拜撰

恭讀

上諭忳忳以閩廣爲念務期諧聲會意嫺習語音成遵道之休風著同文之盛軌庶於聖人六書垂教之旨不廢其慮可謂遠大邇來省會烝烝日上士人講求官話預爲將來出仕用所在皆有雖南北分腔而語言則一但教者苦無善法故學者每至三五月仍未純熟非其心不專實其法不捷也余丙申自京回得見彝尊莎先生人品敦厚口角錚錚字字清歷視當世之懶惰虛浮名實

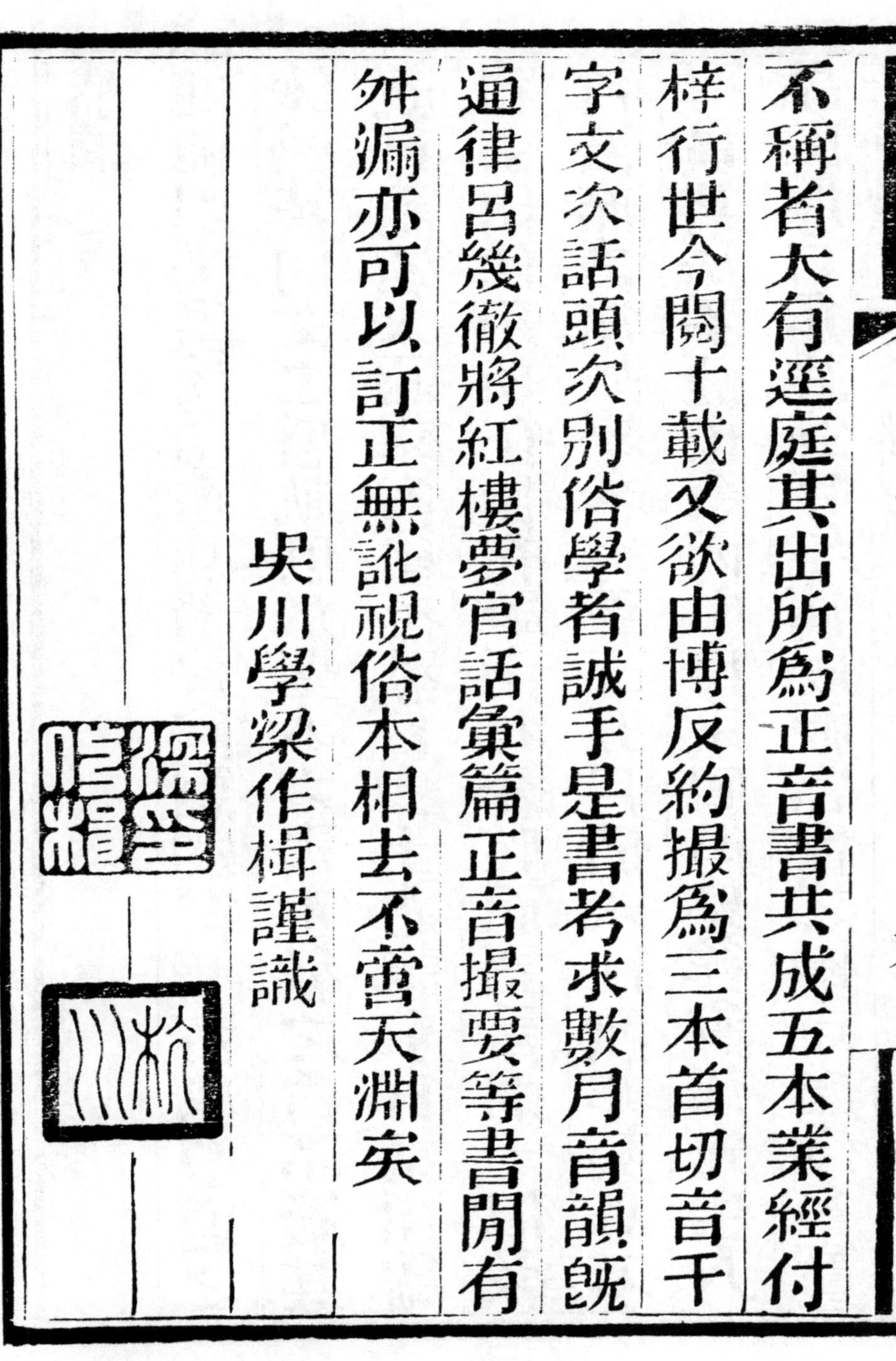

不稱者大有逕庭其出所爲正音書共成五本業經付梓行世今閱十載又欲由博反約撮爲三本首切音千字文次話頭次別俗學者誠手是書考求數月音韻既通律呂幾徹將紅樓夢官話彙篇正音撮要等書間有舛漏亦可以訂正無訛視俗本相去不啻天淵矣

吳川學梁作楫謹識

一字有一義一字卽有一音自沈約定四聲而音學始
備我
國朝聲教暨訖四海同文字典一書逐字釐訂定以字母
而調其音切固已考核精微推敲細緻允爲字學之津
梁音學之極軌習正音者可無事他求矣惟是五方之
音語不同南北之口腔各異雖官場定例俱限正音而
聲口之清濁高下究難盡脫土音所以然者齊人楚語
習慣使然而脣齒喉舌之音未嘗細辨故出言祇求近

似字眼究未認眞也今讀　莎彝尊先生正音一書見其逐字細求音切而又審其音之所自出凡喉音舌音脣音齒音牙音無不剖辨入微可謂詳審精密深切著明矣證以字典不爽毫釐參以正音自然脗合學者果能從此究心講求字母切字之法而辨其清濁高下之由矢口之間喉舌齒牙各不相雜而更辨其喉之項腭舌之尖捲脣之輕重與夫牙間齒縫秩然不紊則字音無不正矣字音既正然後可以研求字義由四聲而推

究韻學由今文而進考古文摛爲詞藻發爲文章以鳴
國家之盛夫豈僅爲語言文字之末不致土音是操不爲
方言所囿云爾哉

賜進士出身
誥授朝議大夫貴州興義府知府加五級紀錄十次前翰林
院庶吉士仇效忠拜撰

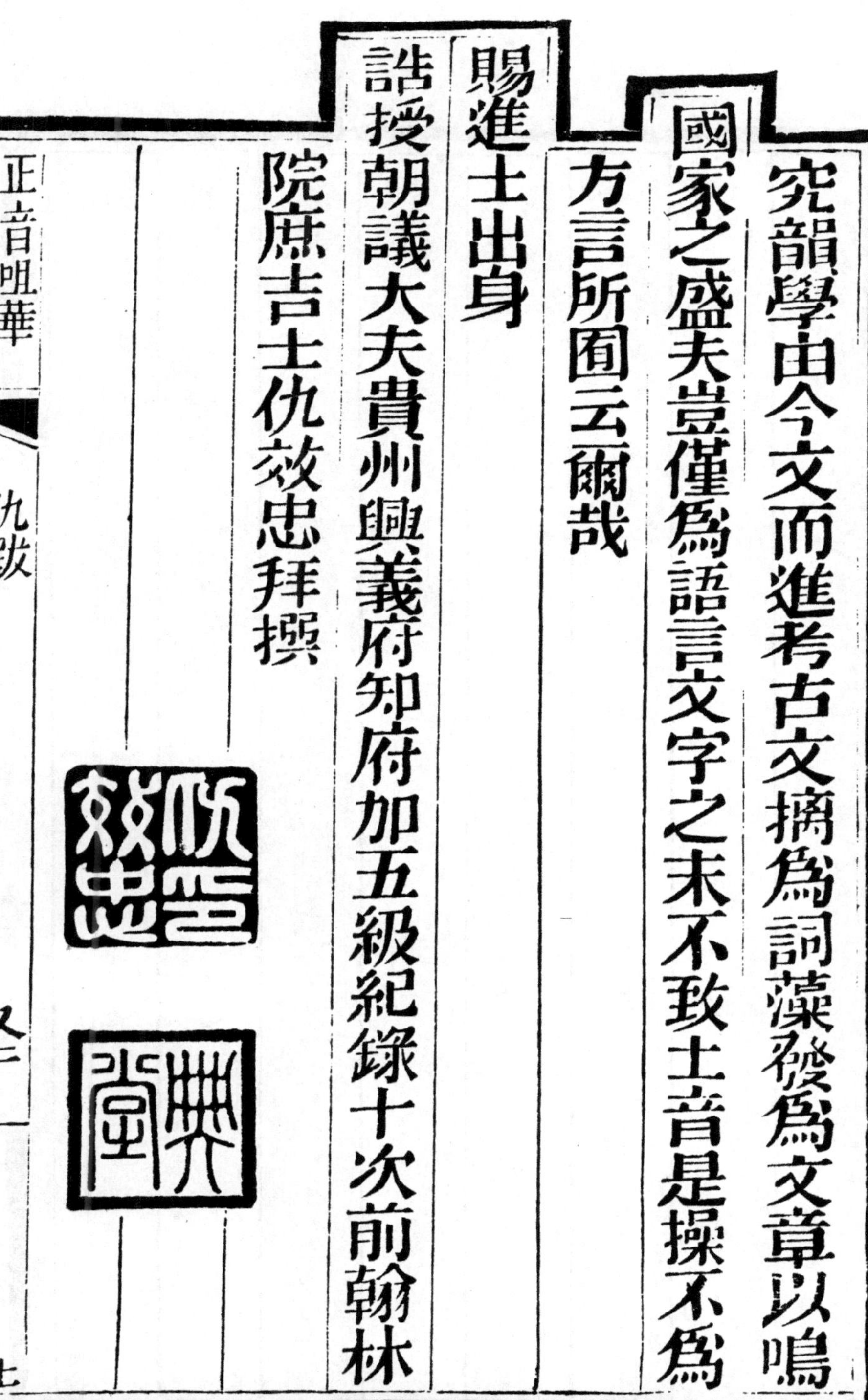

凡例

一是編專爲正音者作也其切音先要明白而後語音始可清楚脣齒牙喉舌五音析爲八音其訣云脣吻分輕重舌尖捲上腥喉腭居內外牙齒定中旁故將切法載於首以便於初學也

一字音八十字橫列爲四行分有句讀第一行係大開口音一行半開口音三行合齒音四行合脣音首行如戛喀至發襪是也餘倣此

一字韻三十五字直列爲十六句有三字一句者首字是大開口音次字半開口音三字合口音二字一句者首字開口音次字合口音如有一圈者有音無字也

一字母六十字乃切音之要也切字之法如玉出崑岡之岡字係戛供切調之之訣戛供戛供戛京堅岡郎岡字矣又如康字係喀供喀供喀傾牽康郎康字矣將字音字韻字母三款俱以習之爛熟則切音無不正矣舉此爲式餘可類推

一千字文所收同音之字不過萬數皆目前常見易識者倘他書中遇有此書未收之字當以字典查其切音亦可類推

一彙注如崐字本姑渾切音褌讀作坤有巨字上聲音矩讀作具音淡字覃上聲音毯讀作澹音如此之類係借音從俗讀者而為言語相通也

一此書之切音須從正音字切方是正音若字典等書之切音由正音則切回正音土音則切回土音

一自古韻書皆不分陰陽惟中原韻於平聲則分之於上去聲則否中州韻於平去聲皆分而上聲仍混茲北韻於平聲亦分則上去入俱用陽聲而不用陰聲常人謂北音高者卽此之故也

一韻中陰上陰去聲只可以南音所用若北音中遇此等字當必陰出而陽收之蓋北方屬陰故聲出多陰其陽收者陰極而陽生也

一翻切之法諸書都有但俱遠一字未能矢口而得至中

原中州一書庶幾近之然如東字作多籠切則多字之出音誠得之矣而籠字之字身猶以舌之多動一動爲嫌且音又屬陽與本音不洽茲作都翁切則連讀翻切之二字宛肖讀本音之一字矣餘俱倣此

一字音範圍內間有入聲字借作上平聲讀如戛字之類本係入聲此借作上平聲讀是乃取其字音叶韻非作如字讀也

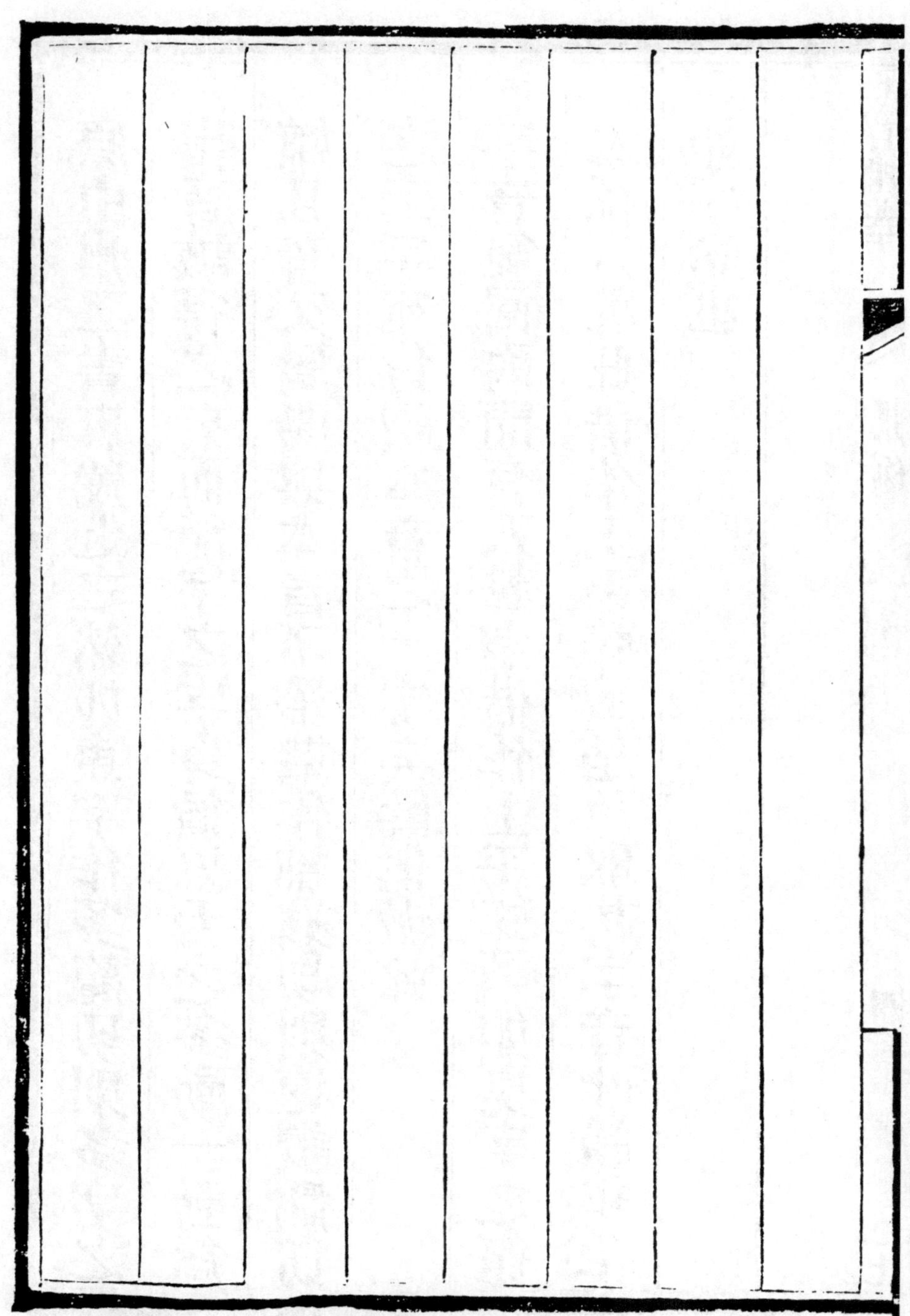

正音咀華卷一

長白莎彝尊秬薌甫著

男弼良夢巖

姪温良洛泉　仝校

新訂切字捷法

法以六十字爲母原本自玉篇論清濁高下聲韻相偶洵切字提綱之要茲每字母上隨指一字以示概俾易於誦習不過一朝一夕之功耳至熟極生巧觸類引伸則統凡

音莫外是焉蓋天地自然之節奏其妙未易以言傳學者果篤信而專精之自然了悟凡平仄俱同一母公屬京堅拱共谷亦是京堅餘做此其用一圈者有音無字也顧無字之音正無庸揣擬惟以字母之音字俱有者習之爛熟至錯舉他字沖口而出悉協無差則凡無字而皆有音發乎脣吻之間由是可用之於切字矣切字之例每用二字上取字音下取字韻合而調之自得其音焉如岡字㚇佒切㚇母屬京堅佒岡聲韻相諧調之之訣㚇佒㚇佒㚇京

堅剛首將二字重疊念之六七復歸字母則其音自然顯
露於第八字也舉此爲式餘可類推神而明之存乎其人
國朝字典音義大備而等韻之方未易通曉若用此法參以
正音接諸　字典分毫不爽實爲初學捷徑焉夫讀書貴
識字識字在考音而考音悉本切字此誠學者之要務也
爰述所聞細加增訂用公同志似不無小補云

字母切韻要法

證鄉談法

鄉談豈但分南北　每郡鄉鄰便不同　由此故教音韻證　不因指示甚難明

分八音法

見溪郡疑是牙音　端透定泥舌尖音　知徹澄娘頂腭音　幫滂並明重唇音　非敷奉微輕唇音　精清從心邪齒縫　照穿狀審禪亦腭　影曉喻匣是喉音　來日

捲舌了上音　後習學者自分明

分四聲法

平聲平道莫低昂　上聲高呼猛烈强　去聲分明哀遠道　入聲短促急收藏

身備五音詩

人人共此音　反切何曾苦　脣舌齒牙喉

土君金臣木民火事水物　火木土金水

宮商角徵羽　心肝脾肺腎

聖道誰云遠　一身通萬古

入聲作平聲

戛喀哈搭拉髯帀擦薩發襪德諾勒側測則塞佛給刷豁

卓確學約畧弱酌芍鵲削結歇迭帖揑別孼滅折徹舌接

切屑角却割剁朴莫雀訣缺血曰劣拙雪鴿黑餑禿突凸

出粥押鴨壓噎掖納錫

入聲作上聲

塔法髮戢筆笏尺北鵠谷薜鐵

入聲作去聲

末臘辣掣特惡赫澀嬉屐亦易役脊域郁玉逆璧蜜日斥

赤客葛殁脈麥墨默册悦粤力栗立設色穡陸禄辱勿物

唬蔑妾藥躍月獄育沃肉鬱葉怯

十問

何爲正音答曰遵依　欽定字典音韻闡微之字音即正音也

何爲南音答曰古在江南建都即以江南省話爲南音

何爲北音答曰今在北燕建都即以北京城話爲北音

何爲切音答曰每用兩字上一字是發言之音下一字是收回散出之韻音爲標韻爲箭標箭彼此相對即切音也

何爲五音答曰五行有土金木火水五臟有脾肺肝心腎

五音有宮商角徵羽口腔有喉齒牙舌脣是也

何爲九聲答曰如分焚粉憤糞粉拂法佛是也餘倣此

何爲淸濁答曰字典有見溪郡疑見是淸溪是次淸郡是濁疑是次濁五車韻瑞又云其淸音卽俗謂乾淨濁音卽俗謂漢或也

何爲開合答曰字典有四聲音韻圖如岡康湯張是開口音工空中充是合口音

何爲陰陽答曰上平聲上上聲上去聲上入聲是陰聲也

下平聲下上聲下去聲下入聲是陽聲也

何爲口法答曰有大牙用力喉氣貫出舌尖舔上兩唇相拍舌頭微捲舌根縮短舌尖鬆放脣如吹火之辨也

以上四聲字

傍註有官字者是用官話讀傍註有土字者是用土話讀傍註有兩個字者是用合切讀傍註有開字者是用開口讀傍註有合字者是用合脣讀傍註有一箇字者是與土音同讀

上平

土音同正音異

牽軒　卿馨　昭超　司師　虧虡

根中　肱轟　昏温　稽溪　甄欣

欽音　雍翁　駒驅　商雙　遵津

優休　空凶　康腔　哇嘩　岡江

興兄　昌牕　寬歡　魁灰　鈎鳩

下平　土音同正音異

賢延 官咸官言　詳牆 先生俗青　微迷 土威尾平　雄紅 胸雄土空　如儒 官於魚鳥

誰垂 土葵土吹　詞臍 土疵土痴　毛模 土貓母平　樓流 土謪土了平　倫鱗 土卵土蹤

衡行 土亨土井　聯鑾 官連路灣　從松 土慈土宬　巡秦 土孫土千　咸涵 官先土性

民文 免平土焉　成繩 官亨土笨　還頑 呼灣土灣　宜兒 土衣播青　忙忘 土猛官王

黃王 詞土哇罌

上聲 土音同正音異

毀委（海合土）　刊罕（官看官）　忍引　蟒網（猛橫）　起喜（土矢上屎）

苦虎（箍土好）　刎敏（土尹土兔）　毋舞（土土鼠）　耻始（土矢土屎）　以耳（土宂土）

火顆（土可土磕）　雅瓦（土也土剮）　美尾（土米土委）　遣顯（遣開鮮開）　考巧（靠上悄）

狗九（九土沼）　走酒（土酒土勦）

去聲 土音同正音異

貴季　富庫　縣院　阜埠　惠位

犒號　外礙　氣戲　務暮　課貨

信遜　義二　冒戊　訕篡　彙累

就袖　第隸　萬慢　亂釁　論紊

訓糞　構究　翅啻　擘紹　盜渡

入聲土音同正音異

族俗 糟蘇　筆不 卑逋　各角 哥將入　核轄 訶賒　撤設 車射

骨橘 姑朱　臘立 鏫利　谷菊 姑朱　瑟失 師尸　克黑 磕訶

宅擲 遮之　哭曲 箍處　密物 味芊　雜集 咱之　佛乏 科花

開合

上字開口下字合口

酸孫 蘇灣箱　糟租 嘲糟　倒賭 打涉上　惱弩 饒上努　勞盧 撈會

刀都 打敲上　保補 飽上　套吐 他敲上　桃圖 他敲咧　刀丟 開口上

討土 他巧土　報部 鮑步　毛模 貓畝　早祖 近瓜土　老魯 罅巧土

暴步 鮑十　道杜 打效土　盜渡 打效土　狗九 九沼　走酒 土酒沼

正北音異

北 正音巴額切 北音巴每切
擇 正音渣額切 北音渣孩切
學 正音虛喲切 北音希堯切
緣 正音羅屋切 北音離遇切
瑞 正音書會切 北音如會切

百 正音巴額切 北音巴矮切
摘 正音渣額切 北音渣孩切
鶴 正音希喲切 北音哈敖切
續 正音薩屋切 北音西遇切
雷 正音盧回切 北音拉微切

白 正音巴額切 北音巴孩切
宅 正音渣額切 北音渣孩切
藥 正音於覺切 北音衣敎切
熟 正音疏屋切 北音沙侯切
誰 正音書回切 北音沙微切

薄 正音巴額切 北音巴敖切
翟 正音渣額切 北音渣孩切
鑰 正音於角切 北音衣敎切
着 正音朱活切 北音渣敖切
薛 正音西掖切 北音西也切

肋 正音拉額切 北音拉位切
窄 正音楂額切 北音渣矮切
雀 正音妻喲切 北音妻咬切
鑿 正音租活切 北音租敖切
色 正音沙額切 北音沙矮切

勒 正音拉額切 北音拉非切
拆 正音叉額切 北音叉孩切
嚼 正音賫喲切 北音賫堯切
落 正音盧哦切 北音拉傲切
血 正音虛曰切 北音希也切

賊 正音帀額切 北音帀微切
角 正音居喲切 北音基咬切
畧 正音離喲切 北音離要切
累 正音盧胃切 北音拉位切
更 正音戛韓切 北音基英切

黑 正音哈額切 北音哈餩切
覺 正音居喲切 北音基要切
削 正音須喲切 北音四幽切
淚 正音盧胃切 北音拉位切
硬 正音阿正切 北音寅[illegible]切

塞 正音薩額切 北音薩孩切
脚 正音基喲切 北音基咬切
粥 正音楂屋切 北音渣歐切
類 正音盧胃切 北音拉位切
給 正音戛益切 北音基尾切

口法

牙音　用兩腮內大牙力讀

喉音　用喉氣噓噓出讀

舌尖音　用舌尖舔上讀

重唇音　用上下兩唇相拍讀

字音横讀　音居附後韻音

戛歌基姑　喀珂欺軲

哈訶希呼　阿婀衣烏

搭德低都　他忒梯琭　納諾呢奴

巴波篦逋　葩頗披鋪　麻麽彌模

字韻豎直讀

佒鞥翁　安　恩　灣　温　汪　㊉宏　央英雍　淵　滃　烟　因　阿婀衣

字母

公京堅　空傾牽

洪興掀　翁英烟

東丁顛　通廳天　農寧年

崩兵邊　彭俜偏　曹明眠

岡康　沆佒

當湯囊

邦滂茫

捲 舌（用舌頭微捲上讀）		頂 腭 音（用舌頭縮短頂上腭讀）			齒 縫 音（用牙齒緊放舌頭出齒縫讀）			輕 脣（用脣輕輕撥發讀）	
拉	髯	渣	叉	沙	帀	擦	薩	發	襪
勒	熱	側	測	色	則	城	塞	(科)	(窩)
離	兒	知	癡	詩	賫	妻	西	(非)	(微)
盧	儒	朱	初	書	租	粗	蘇	夫	無

唉	歪	厓	哇	嫝	天	呀	喲
			窩			爺	
餀	煨	(曳)	烏	歐	幽	於	肥

龍	戊	中	充	舂	宗	聰	松	風	(嗡)
零	仍	征	稱	升	精	清	星	([illegible])	([illegible])
連	然	氈	廛	搌	箋	千	仙	([illegible])	(簡)
郎	穰	章	昌	商	臧	倉	桑	方	亡

凡讀作家
蝦等字俱
用廣城土
音卽是戛
哈等字正
音

戛讀作家
喀嗑丫切
哈讀作蝦
阿讀作鴉
搭打平聲
他土音同
納拏上平
巴土音同
葩怕平聲
麻讀作孖
拉罅平聲
髯而鴉切
渣土音同
叉土音同
沙土音同
市茲鴉切
擦雌鴉切
薩思鴉切
發讀作花
襪讀作哇

歌家婀切
珂卡婀切
訶蝦婀切
婀鴉哥切
德搭婀切
忒他婀切
諾納婀切
波土音同
婆土音同
麼上音同
勒罅婀切
熱而婀切
側渣婀切
測叉婀切
色沙婀切
則市婀切
賊擦婀切
塞薩婀切
佛讀作科
獲讀作窩

基讀作知
欺讀作痴
希讀作詩
衣義平聲
低搭衣切
梯他衣切
呢納衣切
篦讀作卑
彼上音同
彌眉上平
離土平聲
兒上平聲
知渣衣切
癡叉衣切
詩沙衣切
貲卽衣切
妻戚衣切
西息衣切
悲土音同
微土音同

姑土音同
軲嗑烏切
呼讀作蒿
烏土音同
都土音同
琮讀作切
奴土平聲
逋土音同
鋪上音同
模上音同
盧羅烏切
儒也烏切
朱渣烏切
初叉烏切
書沙烏切
租土音同
粗土音同
蘇土音同
夫土音同
無讀作烏

伙讀作鸎
翰讀作鶯
翁甕平聲
安晏平聲
[illegible]鴉根切
汪橫上平
央衣盤切
淵於彎切
龠讀作淵
烟大開口
因讀作烟
咦讀作挨
[illegible]阿鷄切
厓衣皆切
爊讀作拗
天大開口
幽見招切
呀也上平
喲魚哥切
肥魚靴切

同音彙注

天 添　梯烟切　舌尖

地 杕苐第弟悌蝃螮 帝蒂揥禘諦埭棣 逮遞嚏　𤺺異切　舌尖

元 芫沅沿鉛垣員圓 園袁轅原源椽緣 爰猨援瑗媛鳶鴛　於權切　喉音

黃 皇湟隍惶徨煌蝗 艎潢璜磺鐄　呼王切　喉音

宇 予𦉨雨羽栩庾圄 圉敔語齬禹瑀鄅 與嶼俁傴慝噳醹　衣矩切　喉音

宙 咒詋咮胄紂酎紂 籒甃綯皺籀　遲后切　頂腭

洪 鴻 陡虹紅訌弘宏紭　呼翁切　喉音

荒 肓謊慌幌　呼汪切　喉音

日 衵馹　兒一切　捲舌

月 曰汩戉越鉞樾軏 刖玥悅說閱粵撥 抉噦　衣厥切　喉音

盈 迎塋瑩熒螢滎營 縈膺𧗿凝㯳　衣形切　喉音

昃 仄宅窄側翟鸐賾 摘擇懌磔讁　渣額切　頂腭

歲本从止試場作歳

辰　車痕切　頂腭
臣沉岑陳宸晨塵

寒　吟藍切　喉音
含函涵崡椷函邯邗鼾韓

秋　妻幽切　齒縫
萩湫楸諏鞦鰍鶖酋遒鰌

閏　如愰切　捲舌
潤

宿　塞屋切　齒縫
戍夙俗賣帥粟蓿速觫餗蔌簌樕遬謖樕遬蕭齦續

來　拉孩切　捲舌
萊錸倈徠崍棶棶騋

收　蒙歐切　頂腭
荍

餘　袞徐切　喉音
于竽盂余予魚雩俞逾窬瑜榆踰愉覦與璵腴虞娛

列　離掖切　捲舌
茢冽洌烈裂迾鬣巤躐

暑　賒武切　頂腭
所抒黍鼠癙數墅

冬　都翁切　舌尖
東涷蝀零終

成　車恒切　頂腭
丞承呈程裎酲乘盛晟城誠澄橙棖膯懲

張　濱俠切　頂腭
章遺彰漳慞璋樟獐嫜鄣蟑

往　哇傲切　喉音
枉

藏　擦昂切　齒縫
鏘

歲　蘇位切　齒縫
祟彗篲穗繐遂邃璲檖碎粹睟誶檮燧燧禭繸

呂俗作吕非

爲本字今通作為

金二上不出頭

律 離玉切 捲舌
崔膟

雲 於羣切 喉音
云芸沄妘耘紜隕勻畇筠澐

露 拉悟切 捲舌
路賂輅蕗簬潞璐鷹𡿺

金 基因切 牙音
斤巾今妗衿衾觔筋禁襟

呂 離宇切 捲舌
侶旅膂櫖穭縷

騰 他恒切 舌尖
疼籐滕縢藤䲢

結 基掖切 牙音
子杰刦刼切訐桀拮桔秸詰潔傑偈揭楬碣碣羯

生 孫幹切 頂腭
升昇陞牲甥笙甥勝聲

調 梯堯切 舌尖
佻跳迢苕笤齠髫蜩條條鰷

致 齋異切 頂腭
治志痣誌摯贄至緻偫輿稚雉憿智哲質置滯懥觶

爲 烏委切 喉音
危峗桅唯惟帷維韋違幃圍闈

麗 拉冀切 捲舌
吏戾淚例利痢莉俐唎詈荔沴蒞隸厲勵礪蠣儷

陽 衣祥切 喉音
羊佯洋庠瘍昜揚楊暘颺

雨 衣余切 喉音
入宇字

霜 書汪切 頂腭
雙孀礵

水 書委切 頂腭
華

崐音裈北作坤音

且上聲六語韻北作具音

齊高切 喉音 玉 育沃郁鈺浴欲慾昱煜鋈彧戫蜮緎毓蔚熨獄澳鸒鬱	基硯切 牙音 劒 見件儉諫監鑒鑑建健鍵間澗瞯覵	遮烏切 頂腭 珠 朱茱侏洙株硃蛛誅銖𥝌豬諸瀦	姑我切 牙音 果 菓裹蜾
東屋切 頂腭 出 怵絀俶畜蓄慉搐黜䁔齣	哈傲切 喉音 號 好顥耗歊灝	東𩨗切 頂腭 稱 偁㛵赬撐𣫍樘螳鎗	遮恩切 頂腭 珍 砧針貞禎甄箴鱵斟
軲溫切 牙音 崐 坤堃昆琨錕髡	基遇切 牙音 巨 句具苣拒秬距詎鉅倨踞鋸遽據醵豦懼颶屨瞿	齊借切 喉音 夜 液	拉以切 捲舌 李 里俚哩娌悝理裡鯉裏履澧禮醴鱧蠡
具佒切 牙音 岡 亢扛杠肛缸罡崗缸剛綱鋼	驅月切 牙音 闕 屈缺決訣觖闋獗蕨蕨劂	姑汪切 牙音 光 侊洸桄胱觥	納艾切 舌尖 奈 奈耐鼐褦

淡覃上聲此作澹音
翔音詳讀牆誤

字	切音	同音字
菜	擦艾切 齒縫	蔡
海	哈矮切 喉音	頦駭醢醓亥
鱗	離吟切 捲舌	林淋琳霖遴粼嶙璘磷麟麐臨
龍	盧洪切 捲舌	蘢籠礱聾嚨攏壠櫳朧襱㦕隆窿
重	朱甕切 頂腭	仲伀眾種
鹹	希言切 喉音	咸涎弦絃賢啣銜閒嫺閑橌嫌
濳	妻言切 齒縫	前錢錢燂燗
師	沙衣切 頂腭	尸屍施邿詩鳲蓍蒒篩獅螄釃
芥	基隘切 牙音	介疥界价玠蚧骱戒誡屆解
河	呼訛切 喉音	苛何呵訶荷
羽	衣矩切 喉音	入字字
火	呼我切 喉音	伙夥
薑	基英切 牙音	江豇姜畺僵殭礓韁疆
淡	搭岸切 舌尖	旦但袒疸蛋啖誕癉憚彈澹
翔	西羊切 齒縫	[illegible]庠祥詳
帝	搭翼切 舌尖	入地字

始音叉讀齒誤

推退平聲

反切	發音	字	同音字
呢咬切	舌尖	鳥	鳥裊褭嬝嫋嬲
沙倚切	頂腭	始	矢豕弛史使駛䇽屎
納矮切	舌尖	乃	奶廼嬭
琜熴切	舌尖	推	焞蓷
姑灣切	牙音	官	莞倌棺冠綸觀關瘝鰥
渣巽切	頂腭	制	入致字
發屋切	輕唇	服	伏茯洑袱虙弗佛紼匐幅福偪蝠黻菔復輹腹複蝮馥
烏貴切	喉音	位	畏胃渭謂媦蝟衛爲僞尉慰㷉魏餧緯犩薈彙
埶痕切	捲舌	人	仁若
祓痕切	輕唇	文	芠雯蚊紋聞閔
呀基切	喉音	衣	依沂伊咿椅椅猗漪噫醫鷖
髯痕切	捲舌	讓	攘釀
呼王切	喉音	皇	入黃字
币巽切	齒縫	字	自牸
各昂切	頂腭	裳	常嫦長萇場瑒腸嘗償
姑活切	牙音	國	括聒适郭廓椁槨漷摑幗蟈虢馘

有 衣九切 喉音
友右卣酉莠蓨莠 誘貁黝牖槱

弔 低耀切 舌尖
釣銱銚頫調掉篘

周 濟歐切 頂腭
州洲舟侜輈盩譸 賙啁賙輖

坐 租臥切 齒縫
做佐座

虞 衣徐切 喉音
入餘字

民 彌銀切 重唇
旻岷玟珉琘碈緡 閩

發 佛哈切 輕唇
入伐字

朝 乂放切 頂腭
晁巢潮鼂

陶 他放切 舌尖
逃咷桃鞉鼗濤幬 萄淘掏綯鞀

伐 佛哈切 輕唇
法乏疺筏閥罰䟽 髮

商 沙佒切 頂腭
謫傷殤觴

問 哇恨切 輕唇
免汶紊

唐 他昂切 舌尖
㡽堂樘膛螳鏜餳 傏塘榶糖螗餹

罪 租位切 齒縫
皋最醉

湯 他佒切 舌尖
犨

道 搭傲切 舌尖
到悼盜導稻蹈翿 幬翿

垂从土字典土部五畫

黎从𥝢俗作黎非

羌音腔讀舊誤作羌羌从非

初唯切 頂腭
垂 陲捶錘箠椎槌槌 鎚
阿蓋切 喉音
愛 苂僾嗳曖靉藹靄 磑
乂痕切 頂腭
臣 入辰字
希牙切 喉音
遐 遐霞瑕蝦騢

姑孔切 牙音
拱 栱珙拲鞏
裔高切 喉音
育 入玉字
佛屋切 輕唇
伏 入服字
皃紀切 捲舌
邇 耳聏洱咡珥衈餌 爾

撆盈切 重唇
平 泙怦坪枰評苹萍 凭屏帡郱瓶憑
拉宜切 捲舌
黎 梨蜊犂藜蘽藜藜 狸貍离漓璃縭謧 離籬矖羅蠡酈驪
如洪切 捲舌
戎 茸狨羢絨毧毧
呀吉切 喉音
壹 乙弋亦邑泆役抑 易佾逸逸液掖揖 域棫億繹翼益溢

渣佒切 頂腭
章 入張字
沙倜切 頂腭
首 手守狩艏
欺央切 牙音
羌 腔腔椌羫鞚蜣
他倚切 舌尖
體 豊涕睇醍 骨

率　色屋切　頂腭
术述術茉束菽淑倏蜀欘屬孰塾熟蹜縮贖叔

賓　蒲因切　重唇
邠玢斌彬豳濱臏檳瑸繽

歸　姑煨切　牙音
圭刲邽珪跬閨規瑰嬀溈傀龜

王　烏黄切　喉音
任

鳴　彌盈切　重唇
名銘明盟冥蓂溟螟瞑

鳳　佛硬切　輕唇
奉俸諷賵縫

在　币艾切　齒縫
再載

竹　渣屋切　頂腭
竺筑築祝捉逐遂柷妯舳軸粥濁蠋斮樵囑躅燭觸

白　巴額切　重唇
百迫伯柏舶帛泊箔北剝雹跋鈸駿博搏膊薄脖鉢撥

駒　基於切　牙音
拘甬俱居据琚腒裾

食　沙益切　頂腭
十什失石拾弍拭軾虱室寔實碩適射溼飾蝕識釋

場　叉昂切　頂腭
入裏字

化　呼話切　喉音
話華樺畫擭

被　巴袂切　重唇
貝狽孛悖誖背褙倍焙蓓萯鞴蟆

草　搽好切　齒縫
艸

木　麻屋切　重唇
目苜牧沐霂鶩睦穆繆殁

賴从負俗作頼非

蓋該去聲

鞫韋从廿不从廿

字	同音字	切	音
		拉芟切	捲舌
賴	倈徠唻睞誺賚癩藾籟瀨	戛芟切	牙音
及	吉岌芨笈伋汲級急訖給亟極殛屐戟棘蕀潡劇佶蟿	加翁切	牙音
萬	浣琓翫曼蔓	㨔倚切	齒縫
方	房訪紡	哇岸切	輕唇
蓋	匃丐𢔁漑概	𩟺悤切	頂腭
此	佌泚玼跐	發佚切	輕唇
身	申伸呻神紳深琛參娠森	佛哈切	輕唇
髮	入伐字	薩巽切	齒縫
四	思俟食伺笥飼嗣巳汜祀寺兕似姒泗駟耜廁肆賜禩	德罷切	舌尖
大	佚	阿古切	喉音
五	伍午仵忤迕塢鄔	乂昂切	頂腭
常	入裳字	姑翁切	牙音
恭	工攻功宮弓芎躬公蚣供觥肱龔	烏歸切	喉音
惟	入爲字	基郁切	牙音
鞫	局侷跼匊菊掬椈諊踘麴鞠僪譎繘	衣奐切	喉音
養	卬仰怏觖瘸		

貞音征讀珍誤

欺上聲　牙音

豈　企芑屺杞起跂頍　啓綮棨踦綺稽

呢乎切　舌尖

女　籹

納粟切　舌尖

男　南喃楠蝻諵畘難

渣衣切　頂腭

知　之芝支芰吱枝肢　跂祗蜘脂巵梔

夏卑切　牙音

敢　秆桿稈趕擀撖鱤　簳贛感鱤

麽務切　重唇

慕　募暮慕

希嶷切　喉音

效　効傚校傚孝誟斅　殽[illegible]

姑卧切　牙音

過　[illegible]

呼委切　喉音

毀　卉悔虺洧賄鮪頮　喙[illegible]燬譭檓

渣翰切　頂腭

貞　正征怔鉦箏脟錚　楨禎烝蒸鯖徵癥

摕孩切　齒縫

才　材財裁纔

巴亦切　重唇

必　苾邲逼偪湢煏楅　辟薜壁璧襞甓躄　筆篳蓽畢蹕碧𤁗

沙佚切　頂腭

傷　入商字

基掖切　牙音

潔　入結字

離羊切　捲舌

良　涼凉諒輬粱梁樑　粮量糧

夏海切　牙音

改　忋

使詩上聲

侍托音專

得 踣德悳　搭額切　舌尖

能 濃　訥恒切　舌尖

莫 万末茉沫抹袜靺 幕驀嗼膜邈墨　靡惡切　重唇

忘 亡　礞呈切　輕唇

罔 惘誷網輞輞魍　礞傚切　輕唇

談 痰惔餤郯覃潭譚 彈澹壇檀曇鐔　儂奠切　舌尖

彼 七比妣秕粃圮否 俾鄙　巴倚切　重唇

短 拖　都挽切　舌尖

靡 弭米洣脒敉謎瀰　麻倚切　重唇

侍 士仕氏示世市柹 是侍峙嵵視試軾 逝眂豉弟啻誓諡　沙巽切　頂腭

已 几芑紀庋掎踦幾 機蟣　嘉倚切　牙音

長 入裳字　叉昂切　頂腭

信 迅汛訊　西印切　齒縫

使 入始字　沙倚切　頂腭

可 岢坷軻　喀我切　牙音

覆 入服字　發屋切　輕唇

昰里上出頭

器 企弃炁愒氣愾棄 契掇憩
欺去聲 牙音

欲 入玉字
衣郁切 喉音

難 入男字
納寒切 舌尖

量 入良字
離羊切 捲舌

墨 入莫字
麻惡切 重脣

悲 杯盃陂栖卑萆碑
巴骸切 重脣

絲 私司伺厮斯澌凘 嘶思偲楒緦颸虒 鷥
薩衣切 齒縫

染 冉苒燃髯難
髯早切 捲舌

詩 入師字
沙衣切 頂腭

讚 賛濽瓚鄼鏨
市岸切 齒縫

羔 咎高篙膏糕餻櫜 皋皞鼛
戛爐切 牙音

羊 入陽字
衣祥切 喉音

景 泂炯頸儆憼警境 憬璟
基影切 牙音

行 杏荇幸倖悻脛興 胥嫪
希應切 喉音

維 入爲字
烏葵切 喉音

賢 入鹹字
希言切 喉音

聖从王

喀額切 牙音	克 壳殼尅咳刻頦渴 客喀嗑磕	搭額切 舌尖	德 入得字	希盈切 喉音	形 行桁衎刑邢侀鉶 型鋞陘	軲翁切 牙音	空 穹倥悾崆箜
呢硯切 舌尖	念 艌	碁硯切 牙音	建 入劍字	都彎切 舌尖	端 𦸗篅褍𧣓鍴騙	歌屋切 牙音	谷 汩骨告牿梏鵠榾 穀轂
租或切 齒縫	作 作咋鑿	彌盈切 重脣	名 入鳴字	篦吱切 重脣	表 俵婊裱	初完切 頂腭	傳 船椽輲
沙硬切 頂腭	聖 乘剩盛勝賸	拉亦切 捲舌	立 力苙笠粒栗慄溧 藥曆歷靂癧瀝櫟 礫躒	遮硬切 頂腭	正 症政怔証證掙鄭	賒鞥切 頂腭	聲 入生字

虛 希於切 喉音
吁圩盱盰許嘘墟 謔歔

禍 呼臥切 喉音
和荷貨賀

福 發屋切 輕唇
入服字

尺 叉益切 頂腭
斥赤叱吃勅敕飭

堂 他昂切 舌尖
入唐字

因 衣金切 喉音
氤茵姻裀絪音瘖 陻湮禋闉殷慇陰 嫋

緣 於權切 喉音
入元字

壁 巴亦切 重唇
入必字

習 西益切 齒縫
夕舃昔惜皙熠褶 析淅晰腊席悉蟋 息媳熄膝錫隰襲

惡 阿各切 喉音
厄阨軛鈪詻領額 頞鄂愕齶遏堊

善 沙岸切 頂腭
汕訕䦲禪墠擶擅 膳蟮繕饍鱓鄯贍 扇搧謆騸

非 發衣切 輕唇
妃飛扉蜚霏菲緋騑 誹

聽 梯應切 舌尖
汀閮

積 兩益切 齒縫
迹跡即唧寂集輯 疾嫉漬蹟䟡績勣 蹐藉籍脊瘠鶺稷

慶 欺應切 牙音
磬罄

寶 巴好切 重唇
保堡葆褓飽鴇

資从二不从冫

與与上下俱横畫異不作与

竭音傑

粗慍切　齒縫	寸 刌	而衣切　齒縫	資 孜姿粢裕諮貲鄑薋澬緇錙輜茲滋鎡孶鶅	於厥切　喉音	曰 入月字	希要切　喉音	孝 入效字
衣金切　喉音	陰 入因字	發悟切　輕唇	父 伏仆訃赴負偩婦付附咐鮒駙腐賦富副傅賻輔覆	衣賢切　喉音	嚴 言炎研妍沿鉛喦延筵綖埏焉閆閻簷檐顏巖巖	搭俠切　舌尖	當 簹璫膅襠鐺
沙鼻切　頂腭	是 入恃字	沙異切　頂腭	事 入恃字	衣矩切　喉音	與 入宇字	基掇切　牙音	竭 入結字
基靡切　牙音	競 逕勁徑敬竟鏡	居痛切　牙音	君 宭頵軍均鈞麇麕	基靡切　牙音	敬 入競字	拉億切　捲舌	力 入立字

興俗作興非
凊凊去聲

忠 中盅衷忪潨終螽 鍾鐘 朱翁切 頂腭	則 賊鰂 帀額切 齒縫	盡 進璡晉搢縉藎藎 燼贐 賫印切 齒縫	命 詺 彌應切 重唇
臨 入鱗字 離吟切 捲舌	深 入身字 沙恩切 頂腭	履 入李字 拉倚切 捲舌	薄 入白字 巴額切 重唇
夙 入宿字 蘇屋切 齒縫	興 馨 希英切 喉音	溫 氳瘟轀薀 烏昆切 喉音	清 倩瀞 妻應切 齒縫
似 入四字 薩異切 齒縫	蘭 婪嵐闌瀾攔欄襤 藍籃 菈寒切 捲舌	斯 入絲字 薩衣切 齒縫	馨 入興字 希英切 喉音

松音嵩

映音應讀影誤

字	反切	類	同音字
如	兒於切	捲舌	茹洳
川	初灣切	頂腭	穿㙕
淵	衣涓切	喉音	夗帑鴛𡨱鵷
容	衣窮切	喉音	彤峴蓉溶瑢榕鎔榮嶸融庸傭墉鏞顒
松	蘇翁切	齒縫	娀崧倯凇淞鬆鬞
流	離由切	捲舌	琉硫旒鎏留遛瘤霤熘榴騮駵劉鏐
澄	叉恒切	頂腭	入成字
止	濟倚切	頂腭	只枳咫底疧祇𥿡芷阯沚址祉趾𧺩旨指痔峙徵
之	渣衣切	頂腭	入知字
不	巴屋切	重唇	卜樸濮醭
取	妻宇切	齒縫	娶
若	忍覺切	捲舌	鄀弱篛婼
盛	沙硬切	頂腭	入聖字
息	西益切	齒縫	入習字
映	衣敬切	喉音	應
思	蘇衣切	齒縫	入絲字

美从羊从大俗作美非美同誤

所音暑讀作鎖

衣咸切 喉音

言 入嚴字

得屋切 舌尖

篤 督獨禱蠲瀆犢櫝牘殰讀黷匵櫝毒纛

沙恨切 頂腭

慎 腎甚蜃滲

於窮切 喉音

榮 入容字

登宜切 齒縫

辭 祠詞茨瓷餈雌訾慈磁鶿鷀

甫烏切 頂腭

初 芻蒭雛

吞翁切 頂腭

終 入忠字

衣劫切 喉音

業 曳拽偞渫偞咽噎葉謁揭臬闑孽櫱饁

阿干切 喉音

安 諳鞍盦庵菴唵鵪

又恒切 頂腭

誠 入成字

呀分切 喉音

宜 迆虵酏杝怡貽移遺夷姨姨胰痍疑嶷倪輗鯢霓儀頤彝

驗武切 頂腭

所 入暑字

低應切 舌尖

定 訂飣碇錠

習上聲 重唇

美 每浼浼亹

離應切 捲舌

令 另

加衣切 牙音

基 乩肌飢朞期箕笄姬奇畸欹稽雞羈幾璣機磯蟣譏饑

攝一音舌

丙益切 齒縫
籍 入積字
虛約切 喉音
學 鷽礐鷽鶴
師葉切 頂腭
攝 舌涉設揲
粗魂切 齒縫
存 拵袸跢陊蹲

沙痕切 頭腭
甚 入慎字
衣鳩切 喉音
優 呦嚘幽呦黝麀懮懮櫌
濟益切 頂腭
職 只汁炙帙秩窒痓 隻直值殖陟夌質 跖挃執蟄織擲蹠
呀紀切 喉音
以 依已目苢苡矣洍 扆倚婍椅綺齮擬 議醷

阿乎切 輕唇
無 无毋巫誣蕪廡膴
得韓切 舌尖
登 簦蹬燈磴
粗洪切 齒縫
從 悰琮藂叢
皐安切 牙音
甘 干竿杆肝玕甘疳 泔柑乾

基穎切 牙音
竟 入競字
沙異切 頂腭
仕 入侍字
遮硬切 頂腭
政 入正字
他杭切 舌尖
棠 入唐字

詠字典爲命切

尊音遵

欺過切　牙音

去　麮

於覺切　喉音

樂　岳礿汋葯籥躍爚嶽虐瘧謔龠瀹癵鑰鸙

拉倚切　捲舌

禮　入李字

沙浪切　頂腭

上　尚

鷖袁切　捲舌

而　皃洏栭輀

睒吾切　頂腭

殊　殳杸

鳧被切　重脣

別　蹩彆鷩鼈

呼羅切　喉音

和　禾

呀吉切　喉音

益　入壹字

姑位切　牙音

貴　癸桂溎跪瓌媿瑰餽劊獪檜膾禬鱠瞶饋櫃劌

租溫切　齒縫

尊　遵樽罇鐏

希迓切　喉音

下　夏廈唬暇鍜

雍去聲　喉音

詠　泳咏

賚硯切　齒縫

賤　荐洊前箭漸僭譖薦踐餞濺

巴餒切　重唇

卑　入悲字

麼悟切　重脣

膝　入木字

傳音賦

泰逢上聲 扎作鳳音

發烏切 輕唇
夫 不孚俘桴郛莩敷 尃玞砆鈇麩膚

烏恪切 喉音
外 [illegible]

熱谷切 捲舌
入 肉辱蓐溽褥

遮烏切 項腭
諸 入珠字

义浪切 項腭
唱 倡裮鬯悵韔暢

賒后切 項腭
受 售首狩潄瘦壽獸 授綬

發硬切 輕唇
奉 入鳳字

歌烏切 牙音
姑 沽咕蛄鈷菇鴣[illegible] 菰罛呱孤觚[illegible]辜 [illegible]

發悟切 輕唇
婦 入父字

佛悟切 輕唇
傅 入父字

歷武切 重唇
母 牡某畝姥拇姆踇

巴額切 重唇
伯 入白字

蘇回切 齒縫
隨 隋綏雖

盧運切 喉音
訓 [illegible]

呀兮切 喉音
儀 入宜字

賒屋切 項腭
叔 入塾字

幽下平 喉音

猶 牛尤疣訧由油鼬 攸悠遊游蝣郵繇 楢輶蕕猷

軒拱切 牙音

孔 恐吼倥悾

琮洪切 舌尖

同 仝彤筒痌洞峒桐 銅衕筩童潼橦朣 佟⿱髟冬

基天切 牙音

交 艽郊蛟鮫教梟徼 僥澆膠嬌驕鷮

市倚切 齒縫

子 仔籽耔笫姊胏秭 姐梓滓紫訾訿

呼歪切 喉音

懷 淮槐

斯去聲 牙音

氣 入器字

衣九切 喉音

友 入有字

巴倚切 重唇

比 入彼字

盧雅切 喉音

兇 凶兇訩胷洶胸

離言切 捲舌

連 匳憐蓮漣褳鰱聯 廉簾濂⿰口廉臁鐮斂 歛

他侯切 舌尖

投 骰頭

髾衣切 捲舌

兒 入而字

捨異切 舌尖

弟 入地字

濬衣切 頂腭

枝 入知字

發恨切 輕唇

分 忿僨噴憤⿰牜賁奮糞

規音圭

次么二

廉俗作亷非

切 妾竊緇
妻莜切 齒縫

磨 劘劚䃺摩魔
麻婀切 重唇

箴 入珍字
渣恩切 頂腭

規 入歸字
姑煨切 牙音

仁 入人字
醫痕切 捲舌

慈 入辭字
擦衣切 齒縫

隱 引蚓紖靷飲㶧癮
衣謹切 喉音

惻 冊柵拆坼㓵策筴 測
乂額切 頂腭

造 慥糙操鄵
擦傲切 齒縫

次 飲㰷恣刺莿背疵
擦異切 齒縫

弗 入服字
發屋切 輕唇

離 入黎字
拉宜切 捲舌

節 截婕楫䈉倢婕㨗 瀞巀櫛
賞莜切 齒縫

義 詣誼議礒異瘞毅 又异羿易曳泄祂 肄意薏億懿藝囈羿
呀記切 喉音

廉 入連字
離言切 捲舌

退 蛻脫駾騣璬
珍會切 舌尖

虧俗作虧非

滿从廿从二入入字頭不出口

低烟切 舌尖	顛 故瘨滇蹎顛巔癲	西應切 齒縫	性 姓	西因切 齒縫	心 辛莘新薪騂詵駪 性	聆偶切 頂腭	守 入首字
培去聲 重唇	沛 肧佩珮浡配斾霈 借轡	賣應切 齒縫	靜 穽阱靖精淨靚	都甕切 舌尖	動 峒硐侗凍腖棟蝀 慟	渣恩切 頂腭	眞 入珍字
發尾切 輕唇	匪 菲棐悲翡悱誹篚 痱	妻盈切 齒縫	情 晴	沙痕切 頂腭	神 忱娠諶魌	澄異切 頂腭	志 入致字
軲煨切 牙音	虧 恢詼盔睽睽窺闚 魁	呀吉切 喉音	逸 入壹字	葩宜切 重唇	疲 皮枇毗紕琵膍鼙 陴埤脾裨羆	麻宰切 重唇	滿 懣

遭屋切　頂脣
逐 入竹字
基烟切　牙音
堅 肩奸菅間姦監䪜 兼蒹縑豜蕳犍
哈老切　喉音
好 臭浩皓皞
得烏切　舌尖
都 闍嘟

禨忽切　輕脣
物 刎物昒
夂宜切　頂脣
持 箎池訑馳踟遲墀 坻蚳螭篪
賫約切　齒縫
爵 雀嚼爝
呀吉切　喉音
邑 入壹字

呀記切　喉音
意 入義字
衣假切　喉音
雅 疋房啞瘂
市異切　齒縫
自 入字字
呀娃切　喉音
華 划華樺

呀兮切　喉音
移 入宜字
撩傲切　齒縫
操 入造字
麻宜切　重脣
麋 眯迷謎麋麋麛麑䴢 冞麊彌
希迓切　喉音
夏 入下字

背从北北如兩人相背

盤舟上下兩點

都翁切　舌尖

東入冬字

巴祩切　重唇

背入被字

佛侯切　輕唇

浮芣罘涪蜉

姑翁切　牙音

宮入恭字

薩衣切　齒縫

西怬硒嘶撕犀𣚚

麻昂切　重唇

邙芒忙杧砋釯茫哴肓蝱尨厖

烏貴切　喉音

渭入位字

低硯切　舌尖

殿店阽坫坫㸃蒧殄甸佃電奠墊靛

髯異切　捲舌

二貳樲

彌硯切　重唇

面眄瞑麪

基遇切　牙音

據入巨

葩寒切　重唇

盤蟠胖般磐槃鞶磻

基英切　牙音

京迥扃絅駉矜兢荆經涇麖鷩

盧或切　捲舌

洛落咯烙珞硌絡酪駱雒犖樂

基英切　牙音

涇入京字

衣局切　喉音

鬱入玉字

書音話

拉候切　捲舌
嘍 蔞蔞簍僂摟嘍嵝螻褸貗髏

姑玩切　牙音
觀 串冠盥貫慣摜灌瓘礶鑵鸛

發餘切　輕唇
飛 入非字

基英切　牙音
驚 入京字

他吾切　舌尖
圖 徒途荼涂梌𣘻駼塗屠瘏鼯

西也切　齒縫
寫 蔦

欺吟切　牙音
禽 芹芩妗琴擒噙勤懃

沙后切　項腭
獸 入受字

呼挖切　喉音
畫 入化字

搡海切　齒縫
彩 采寀採啋綵

西炳切　齒縫
仙 先遷摻鮮僊躚䙴孅纖銛鱻

離盈切　捲舌
靈 苓零伶泠玲羚蛉聆鈴軨齡囹翎棱菱陵淩凌綾櫺䰱

篦影切　重唇
丙 柄炳邴昺迸併絣餅秉稟韓

師夜切　項腭
舍 社赦射麝

蓖昂切　重唇
傍 雱旁徬滂膀磅螃鰟霶逄龎

欺上聲　牙音
啓 入豈字

設扇入聲
扯作舍音

納從入

基揖切 牙音
甲 夾挾梜裌頰郟 筴戛祫跲韐
薩巽切 齒縫
肆 入四字
歌武切 牙音
鼓 古估牯詁秥鈷蛄 罟盬賈股鼓瞽蠱
賒翰切 頂腭
陞 入生字

渣滾切 頂腭
帳 丈仗杖瘴障嶂痮 脹漲漲
衣弦切 喉音
筵 入嚴字
沙惡切 頂腭
瑟 虱色薔嬙嗇濇墻 穡澀
基崖切 牙音
階 佳街皆喈偕湝堦

都會切 舌尖
對 隊碓兌駾
師葉切 頂腭
設 入攝字
初熴切 頂腭
吹 推炊
訥哈切 舌尖
納 內吶衲鈉捺

衣形切 喉音
楹 入盈字
西益切 齒縫
席 入習字
賒翰切 頂腭
笙 入生字
巴巽切 重唇
陛 苾秘庇箆閉跛詖 賁避臂躄庳痺婢 髀鼻敝薇幣獘斃

弁 卞汴便扁偏遍變辨辯瓣辮 箆硯切 重唇

右 又佑祐侑囿宥幼柚釉褎 衣舊切 喉音

左 鎈 租我切 齒縫

既 技妓計記芰昆寄季蔇暨塈溉綦薊髻罽繫冀驥繼 加異切 牙音

轉 剬囀 朱捥切 頂腭

通 侗恫桐蓪樋 瑹翁切 舌尖

達 疸笡怛妲瘩剳撘答褡踏遝薘沓蹬蹋 得哈切 舌尖

集 入積字 卽益切 齒縫

疑 入宜字 呀其切 喉音

廣 廷侚 姑往切 牙音

承 入成字 乂恒切 頂腭

墳 枌蚡棼坟濆幩賁 發痕切 輕唇

星 惺猩腥鯹騂 西英切 齒縫

內 林 訥位切 舌尖

明 入鳴字 彌盈切 重唇

典 㥏腆錪覥黇 低衍切 舌尖

將从夕

呼極切 喉音
亦 入壹字
得悟切 舌尖
杜 妒肚度渡鍍斁蠹
擠益切 齒縫
漆 七桼柒泰戚慼碱葺 緝
佛武切 輕唇
府 斧坿俯俯腑撫釜 甫脯哺脯輔黼簠

賫遇切 齒縫
聚 聚
叟好切 牙音
稾 臬暠皜槁稿縞鎬 槀稾橐
賒鳥切 頂腭
書 姝舒疎紓梳疏蔬 荼煿櫨攄輸
盧和切 捲舌
羅 腡摞螺騾邏蘿籮 儸囉灑鑼

欺云切 牙音
羣 帖衹
禾翁切 頂腭
鍾 入忠字
巴益切 重唇
璧 入必字
賞樣切 齒縫
將 匠醬

衣京切 喉音
英 霙瑛韺罃嫈罌嚶 罌孆櫻瓔纓鸚蠳 應膺鷹
拉異切 捲舌
隸 入麗字
基英切 牙音
經 入京字
西樣切 齒縫
相 象像橡

卿音傾

縣本字今通作縣

給音急

韂音韆北作碾

羅悟切 捲舌

路 入露字

訶悟切 喉音

戶 互芐戽扈怙祜岵酤楛涸瓠濩穫護嘑

基呀切 牙音

家 加茄笳痂枷珈迦袈迦嘉葭瘕豭

戛爬切 牙音

高 入羔字

希鴨切 喉音

俠 匣狎柙洽祫狹浹峽愜陿篋瞎轄螛

佛翰切 輕脣

封 丰風葑瘋楓峰烽蜂鋒豐灃

加益切 牙音

給 入及字

斤灣切 牙音

冠 入宮學字

乎歪切 喉音

槐 入懷字

波哈切 重脣

八 叭扒拔

妻烟切 齒縫

千 芊仟阡僉憸籤鋟遷躚韆

葩微切 重脣

陪 坏徘裴培賠醅

欺英切 牙音

卿 桱硜輕頃傾鏗

希硯切 喉音

縣 限見莧現

篦英切 重脣

兵 冰拚掤

離眼切 捲舌

韂 撿殮斂歛僆摙璉

欺於切 牙音
驅 胸袪傴嶇軀敺

沙蠆切 頂腭
丗 入恃字

基於切 牙音
車 入駒字

爻頟切 頂腭
筴 入惻字

亶屋切 牙音
轂 入谷字

勒斛切 捲舌
祿 六陸𥟶鹿漉轆蓼僇穋戮逯菉淥錄籙濼

基迋切 牙音
駕 架𢻩嫁稼價

姑翁切 牙音
功 入恭字

遮恨切 頂腭
振 朕陣賑震鎮

爻倚切 頂腭
侈 弛地祉恥齒褫

發微切 輕唇
肥 腓淝

麼层切 重唇
茂 戊牟貿㮊楙懋

衣京切 喉音
纓 入英字

佛悟切 輕唇
富 入父字

欺英切 牙音
輕 入卿字

沙益切 頂腭
實 入食字

衡俗作衡非

拉額切 捲舌
勒 仂肋泐竻

蘢窶切 重唇
磻 入盤字

租卸切 齒縫
佐 入坐字

衣堅切 喉音
奄 焉烟咽胭菸蔫煙湮淹 腌醃閹

巴餒切 重唇
碑 入悲字

齣衣切 牙音
谿 俱欺崎觭欹溪蹊 雞鷄

沙覓切 頂腭
時 蒔匙

渣額切 頂腭
宅 入具字

喀額切 牙音
刻 入克字

呀基切 喉音
伊 入衣字

烏歌切 喉音
阿 疴屙婀娿

欺郁切 牙音
曲 笛蛐麯

嗡盌切 重唇
銘 入鳴字

衣奢切 喉音
尹 允狁隕殞

訶能切 喉音
衡 恒珩桁蘅横

佛偶切 輕唇
阜 缶否

微 襪衣切 輕唇
微薇

且 搭岸切 舌尖
入淡字

孰 賖吾切 直腭
入叔字

營 衣形切 喉音
入盈字

桓 呼完切 喉音
萑狟萑圜還寰闤
儇環鬟[illegible]鍰

公 姑翁切 牙音
入恭字

匡 酤汪切 牙音
劻框眶誆筐匩

合 臯額切 牙音
蛤閤鴿各格袼賂
觡骼革鬲隔嗝槅
膈蓋割葛轕

濟 市巽切 齒縫
祭瘵際穄霽隮嚌
劑

弱 如郤切 捲舌
入若字

扶 發吾切 輕唇
夫芙蚨苻符匍鳧

傾 欺英切 牙音
入卿字

綺 呀紀切 喉音
入以字

回 呼淮切 喉音
回迴洄佪茴眭蘬
𨛍攜鮰

漢 哈岸切 喉音
汗扞旰釬閈悍菡
翰瀚

惠 呼位切 喉音
卉悔晦誨悔諱賄
慧嘒繐潰憒繢闠
會繪匯噦劌蕙蟪

又音異

於厥切　喉音
說入月字
租誾切　齒縫
俊雋遂畯駿儁
都啇切　舌尖
多剟哆篆
賫玏切　齒縫
晉入盡字

戛孚切　牙音
感入敢字
呀記切　喉音
乂入義字
沙畀切　頂腭
士入恃字
重武切　頂腭
楚礎一　礎杒杼處楮褚濋櫖

禨古切　輕脣
武侮墲碔䳇憮嫵膴廡甒舞儛瀷
麻畢切　重脣
宻覔宓蜜謐冪
沙益切　頂腭
寔入食字
戛翰切　牙音
更秔耕粳庚賡鶊埂

低英切　舌尖
丁疔仃叮虰玎釘
窩谷切　輕脣
勿沕物昒
呢盈切　舌尖
甯䔭揨擰獰嬣蝏
波罵切　重脣
霸罷　叭弝耙靶灞壩欛

國音虢

盟音

治奥切　頂腭	趙　罩肇　召詔照兆旐笊學
基雅切　牙音	假　賈檟
賈硯切　齒縫	踐　入賤字
呼訛切　喉音	何　入河字
烏貴切　喉音	魏　入位字
他吾切　舌尖	途　入圖字
試武切　舌尖	土　茳
租溫切　齒縫	遵　入尊字
黏愠切　牙音	困　閫壼
彌窠切　重唇	滅　蔑篾衊幭鼏
呼位切　喉音	會　入惠字
於覺切　喉音	約　入樂字
亨下平　侯音	橫　入衡字
姑活切　牙音	虢　入國字
彌盈切　重唇	盟　入鳴字
佛哈切　輕唇	法　入伐字

韓从卞

頗破平聲
五歌韻

哈安切 喉音
韓 入寒字
欺上聲 牙音
起 入豈字
雍去聲 喉音
用 衕
須淵切 齒縫
宣 揎瑄鍹

巴異切 重唇
弊 入陛字
賓衍切 齒縫
翦 璲戩翦鬋譾䶢
[illegible]僑切 牙音
軍 入君字
烏歸切 喉音
威 㖅遼痿隈煨嵬

發箕切 輕唇
煩 凡帆蕃噃旛璠藩蹯礬蘩蘩
鋪篙切 重唇
頗 坡岥
租位切 齒縫
最 入罪字
洒平聲 頂腭
沙 桬裟砂紗[illegible]

希盈切 喉音
刑 入形字
麻悟切 重唇
牧 入木字
賓英切 齒縫
精 晶旌菁鶄睛
麻額切 重唇
漠 入莫字

禹从内

井叶兵

乂宜切 頂腭

馳 入持字

基友切 牙音

巴領切 重唇

九 久疚玖灸韭糺赳昝白舅

百 入白字

於覽切 喉音

嶽 入樂字

㕛頁切 喉音

譽 芋庾裕寓遇馭飫棜瘀豫預澦御禦愈喻諭嫗醧鸒鸙

𪋡歐切 頂腭

居運切 牙音

州 入周字

郡 㨪

租翁切 齒縫

宗 悰淙棕琮踪綜騌鬃樅蹤縱繎䋷

擔妄切 舌尖

丹 耽躭儋擔單殫鄲箪

衣矩切 喉音

𪏭鱗切 齒縫

禹 入宇字

秦 䉴螓

他叏切 舌尖

泰 太汰汱貸態

夢英切 齒縫

青 入清字

市益切 齒縫

篦英切 重唇

蹟 入積字

弁 入兵字

搭叏切 舌尖

代 迨怠殆大汏逮棣代袋玳貸黛待戴帶蔕帶癪

沙岸切　頂腭　遮武切　頂腭　於聳切　喉音　梯盈切　舌音

禪 入善字　土 阻岨俎枓杜炷麈 涾賁鷄　云 入雲字　亭 停渟婷葶廷庭霆 蜓

夰覓切　喉音　歷痕切　重唇　市倚切　齒縫　薩叉切　齒縫

鴈 咽唁彥諺晏宴焰 硯燕嚥讌驗巖釅儼 厭饜豔灩　門 顢們捫璊　柴 入子字　塞 賽

加衣切　牙音　梯号切　舌尖　劣益切　頂腭　車恆切　頂腭

雞 入基字　田 恬甜佃畋鈿塡磌 闐　赤 入尺字　城 入成字

軲溫切　牙音　叉豈切　頂腭　基掖切　牙音　沙益切　頂腭

昆 入崐字　池 入持字　碣 入結字　石 入食字

鋤音真三
覺韻
音賸上聲
讀衚訛

基迦切　牙音　｜　衣姐切　喉音　｜　都鐵切　舌尖　｜　梯盈切　舌尖

鉅入巨字　｜　野也冶埜　｜　洞入動字　｜　庭入亭字

軲眶切　牙音　｜　於尖切　喉音　｜　彌言切　重脣　｜　麻頴切　重脣

曠况壙𨇨纊鄺　｜　遠阮沅委援萱遠菀苑宛婉琬畹蜿晼　｜　緜珉眠棉綿緡　｜　邈入莫字

衣咸切　喉音　｜　西若切　齒縫　｜　衣嬌切　喉音　｜　彌盈切　重脣

巖入巖字　｜　岫袖秀琇銹𤨏繡　｜　杳夭殀咬齩杳窈嬈嫪騕闄　｜　冥入鳴字

渣墨切　頂賸　｜　巴狼切　重脣　｜　衣居切　喉音　｜　奴翁切　舌尖

治入致字　｜　本畚奄　｜　於紆瘀淤　｜　農儂噥濃膿穠醲鬞

俶音蓄讀叔誤

額故切　喉音
務 悞悟晤寤婺瞀騖鶩霧

市衣切　齒縫
茲 入資字

基逛切　牙音
稼 入駕字

沙熙切　頂腭
穡 入嗇字

側屋切　頂腭
俶 入出字

市芟切　齒縫
截 入在字

納巽切　舌尖
南 入男字

麼武切　重唇
畝 入母字

婀上聲　喉音
我 硪

呀記切　喉音
藝 入義字

賒武切　頂腭
黍 入暑字

市益切　齒縫
稷 入積字

書位切　頂腭
稅 帨說瑞睡

賒屋切　頂腭
孰 入叔字

姑鑊切　牙音
貢 共供痰贛

西因切　齒縫
新 入心字

黜音出

幾本字今通作幾俗作幾非

驅院切 牙音
勸 夯惓

沙鬩切 頂腭
賞 上晌局

直屋切 頂腭
黜 入出字

澶益切 頂腭
陟 入職字

麻碩切 重唇
孟 夢懵霧

喀炣切 牙音
軻 科珂棵

都温切 舌尖
敦 惇墪驐燉墩憞撴 蹾蹲

塞唔切 齒縫
素 訴潄塑愬遡泝嗉 愫嫊餗

沙倚切 頂腭
史 入使字

衣徐切 喉音
魚 入餘字

篦影切 重唇
秉 入丙字

澶益切 頂腭
直 入職字

噲憒切 頂腭
庶 戍恕監監數豎署 署曙澍樹

加衣切 牙音
幾 入基字

朱翁切 頂腭
中 入忠字

於雍切 喉音
庸 入容字

拉敖切　捲舌
勞　澇撈嘮癆㟙醪
離盈切　捲舌
聆　入靈字
基覲切　牙音
監　入劍字
呀其切　喉音
貽　入宜字

欺烟切　牙音
謙　汧阡愆騫鉛僉搴　諐褰鶱
奚金切　喉音
音　入因字
麻傲切　重唇
貌　冒苩帽媢瑁眊貌　眊耄髦
居月切　牙音
厥　倔崛決玦砄訣觖　駃蕨獗撅橛蹶劂　蟨鱖鷢譎

基引切　牙音
謹　墐近堇僅墐槿饉㨷　卺緊錦
車哈切　頂腭
察　臿插鍤
籩發切　重唇
辨　入弁字
基呀切　牙音
嘉　入家字

冬益切　頂腭
敕　入尺字
拉倚切　捲舌
理　入李字
沙額切　頂腭
色　入瑟字
幽下平　喉音
猷　入猶字

祇音知讀紙誤

省星上聲

附近之近去聲十三問韻

彌衍切 重脣 **勉** 沔浼免俛娩冕黽湎偭緬靦

西影切 齒縫 **省** 惺醒

初孔切 頂腭 **寵** 頧憧

搭艾切 舌尖 **殆** 入代字

欺下平 牙音 **其** 祁祈析淇琪棋祺蜞騏麒棋期碁綦岐奇琦騎耆畿蘄

姬翁切 牙音 **躬** 入恭字

市贛切 齒縫 **憎** 曾憎橧殰繒譖

熱容切 捲舌 **辱** 入入字

渣衣切 頂腭 **祇** 入知字

袈衣切 牙音 **譏** 入基字

嘐濆切 牙音 **抗** 亢匟伉沆吭炕

基印切 牙音 **近** 勁靳禁噤藎

猹益切 頂腭 **植** 入職字

基隘切 牙音 **戒** 入芥字

加益切 牙音 **極** 入及字

叉倚切 頂腭 **恥** 入侈字

疏音疎姓也六色讀

林入鱗字　離吟切　捲舌	兩倆裲魎　離養切　捲舌	解䱜　皆上聲　牙音	索縩　蘇活切　齒縫
梟入蕭字　夏燒切　牙音	疏入書字　聯鳥切　頂腭	組祖　則武切　齒縫	居入車字　基於切　牙音
幸入行字　希穎切　喉音	見入劒字　基硯切　牙音	誰誰　書惟切　頂腭	閒入鹹字　希言切　喉音
即入積　賈益切　齒縫	幾入基字　加衣切　牙音	逼入必字　巴益切　重唇	處入楚字　車武切　頂腭

沈本字字彙作沉
遙从夕
奏俗作奏
非

叉痕切 頂腭
沈 入辰字
欺由切 牙音
求 厹艽仇頄虬觓璆 逑俅捄球賕絿賕 觩銶毬裘
薩早切 齒縫
散 傘糤繖馓
希因切 喉音
欣 炘昕訢忻

麻頷切 重唇
默 入墨字
歌武切 牙音
古 入鼓字
離邁切 捲舌
慮 屢蘆慮勴濾藘鑢
則后切 齒縫
奏 揍腠輳騶驟鯫

賞益切 齒縫
寂 入積字
西吟切 齒縫
尋 蕁潯燖鱘
西天切 齒縫
逍 宵痟霄俏消硝蛸 綃銷鮹魈髾翛縿 蕭蕭瀟蠨
廬眞切 捲舌
累 耒淚傫擂檑纇纇 酹

離堯切 捲舌
寥 料膋聊遼寮廖撩 嫽燎繚鐐
廬慍切 捲舌
論 侖圇淪淪 諭
衣喬切 喉音
遙 姚珧搖傜猺瑤謠 窑窯颻蕘葉僥
欺衍切 牙音
遣 譴繾

歷本从止
試場作歴

搽益切 齒縫
慼 入漆字
欺于切 牙音
渠 劬朐璩醵蘧籧蘧璖磲瞿[illegible]衢鸜
於權切 喉音
園 入元字
葩宜切 重唇
枇 入疲字

西夜切 齒縫
謝 卸澥榭瀉
呼訛切 喉音
荷 入河字
忙上聲 重唇
莽 漭蟒
蔢蔴切 重唇
杷 舥跁爬䶕琶潖

呼灣切 喉音
歡 懽獾臛讙驩
搭益切 舌尖
的 迪笛狄荻菂靮滌適滴嫡蹢鏑敵覿翟籊糴
叉歐切 頂腭
抽 妯瘳犨犫
烏管切 輕唇
晩 挽娩輓

渣爊切 頂腭
招 昭釗朝嘲謿
拉亦切 捲舌
歷 入力字
梯尭切 舌尖
條 入調字
粗位切 齒縫
翠 瘁倅悴淬啐焠踤萃顇脆毳臎

娿乎切　喉音
㻐洪切　舌尖
帀好切　齒縫
低天切　舌尖

梧　唔珸吾捂鋙郚浯吳蜈
桐　入同字
早　棗澡璪繰藻
彫　刁船貂凋琱彫雕鵰

么痕切　頂腭
歌恩切　牙音
烏鬼切　喉音
呀記切　喉音

陳　入辰字
根　跟
委　葦偉煒
翳　入義字

盧戢切　捲舌
衣刼切　喉音
披天切　重唇
衣喬切　喉音

落　入洛字
葉　入業字
飄　僄漂摽嘌嫖螵瞟票䕯瓢
颻　入遙字

衣求切　喉音
軲溫切　牙音
得屋切　舌尖
衣郡切　喉音

遊　入猶字
鵾　入崐字
獨　入篤字
運　腪韵韻暈鄆

耽俗作躭
非
市北音是

離盈切　捲舌
凌入靈字
搭安切　舌尖
耽入丹字
衣巨切　喉音
寓入譽字
呀記切　喉音
易入義字

麻婀切　重唇
摩入磨字
得屋切　舌尖
讀入篤字
歷悟切　重唇
目入木字
衣求切　喉音
輶入猶字

基樣切　牙音
絳降洚嗆彊
烏慣切　喉音
翫玩忨惋腕
納昂切　舌尖
囊儾齉
衣求切　喉音
攸入猶字

西天切　齒縫
霄入逍字
沙巽切　頂腭
市入恃字
西央切　齒縫
箱相廂湘緗襄欀瓖纕鑲驤
烏貴切　喉音
畏入位字

垣竟

屬 入叔字 賒屋切 頂腭

耳 入邇字 髻紀切 捲舌

垣 入元字 於權切 喉音

牆 斯戕廧薔嬙檣 妻羊切 齒縫

具 入巨字 基遇切 牙音

膳 入善字 沙岸切 頂腭

餐 飡參驂 擦安切 齒縫

飯 販 泛汎梵氾犯范範 發岸切 輕唇

適 入食字 沙益切 頂腭

口 訂釦 喀偶切 牙音

充 罿 沖忡狆忼茺痛衝 初翁切 頂腭

腸 入場字 叉昂切 頂腭

飽 入寶字 巴好切 重唇

飫 入譽字 衣具切 喉音

烹 怦淜硼皼 葩崩切 重唇

宰 崽載殼 市海切 齒縫

飢 入基字 加裟切 牙音

饜 入鴈字 衣見切 喉音

糟 遭 市敖切 齒縫

糠 康㝩槺槺𥕢躿 咯佒切 牙音

親 侵𡨚𥙏緀鋟駸𡨚 妻因切 齒縫

戚 入漆字 擦益切 齒縫

故 固痼雇僱顧 歌悟切 牙音

舊 匛柩救究廄 碁若切 牙音

老 荖佬潦澇 拉好切 捲舌

少 劭邵哨㲛 沙傲切 頂腭

異 入義字 呀記切 喉音

糧 入良字 離羊切 捲舌

妾 入切字 妻葉切 齒縫

御 入譽字 呀巨切 喉音

績 入積字 市益切 齒縫

紡 髣 仿彷昉舫訪放倣 發往切 輕唇

帷音爲

煒爲上聲

沙異切 頂腭	侼 入悖字	彎下平 喉音	紈 丸芄完皖頑	衣勤切 喉音	銀 吟誾垠鄞寅夤鼉	遮后切 頂腭	晝 入宙字
基因切 牙音	巾 入金字	沙岸切 頂腭	扇 入善字	遮屋切 頂腭	燭 入竹字	彌言切 重唇	眠 入緜字
烏葵切 喉音	帷 入爲字	於拳切 喉音	圓 入元字	烏鬼切 喉音	煒 入委字	西益切 齒縫	夕 入習字
發杭切 輕唇	房 防妨魴	基掖切 牙	絜 入結字	呼王切 喉音	煌 入黃字	磨貝切 重唇	寐 袂沬妹昧韎魅媚瑂

舉本字今通作舉

拉寒切 捲舌

藍 入蘭字

香言切 喉音

絃 入鹹字

賁撥切 齒縫

接 入節字

基皮切 牙音

矯 筊佼狡姣校皎絞 餃撟嶠蟜敽敫皦 皦繳攪

蘇穩切 齒縫

筍 損笋隼榫簨

戞嫺切 牙音

歌 荷柯舸牁哥謌鴚

巴餕切 重唇

杯 入悲字

沙偶切 頂腭

手 入首字

西標切 齒縫

象 入相字

賁有切 齒縫

酒 揪

基雨切 牙音

舉 莒筥枸椇秬矩距 榘踽窶

都混切 舌尖

頓 囤沌炖盾遁腯遯 燉鈍

初王切 頂腭

牀 床撞幢橦

衣見切 喉音

讌 入鴈字

沙侠切 頂腭

觴 入商字

則屋切 齒縫

足 卒踧娖族 蹴蹙噈顣

祀上聲四紙韻北作寺音

音啓

於厥切　喉音

悅入月字

搭益切　舌尖

嫡入的字

西異切　齒縫

祭入濟字

欺上聲　牙音

稽入豈字

衣巨切　喉音

豫入舉字

訶漚切　喉音

後后逅垢郈厚候堠鱟

薩異切　齒縫

祀入四字

薩朗切　齒縫

顙搡嗓磉鎟

妻也切　齒縫

且担

薩異切　齒縫

嗣入四字

濱鞥切　頂腭

燕入貞字

帀艾切　齒縫

再入在字

喀俠切　牙音

康入糠字

塞屋切　齒縫

續入宿字

各昂切　頂腭

嘗入常字

巴艾切　重唇

拜敗茷稗粺憊

蘇孔切 齒縫

悚 捒竦從𥶜茸縱

賞㶉切 齒縫

⿰月戔 戔箋濺尖煎殲

歌悟切 牙音

顧 入故字

希厓切 喉音

骸 諧鞋

基遇切 牙音

懼 入巨字

低𢬵切 舌尖

牒 凸迭昳跌瓞珄絰 窒耋揲堞碟蝶諜 咥秩褶

得哈切 舌尖

答 入達字

歌居切 牙音

垢 姤詬够彀冓搆墻 構購覯

軲拱切 牙音

恐 入孔字

基眼切 牙音

儉 減筧柬揀儉臉 檢鹼謇蹇漣蒯

沙狠切 頂腭

審 沈哂矧念諗甚黮 瀋嬸

西養切 齒縫

想 鯗

呼王切 喉音

惶 入黃字

衣叶切 喉音

要 坳拗樂勒[illegible]曜燿 耀鷂

西羊切 齒縫

詳 入翔字

衣局切 喉音

浴 入育字

盜俗作盗非

執入職字 滓益切 頂腭

縶嘶 髭懸切 捲舌

願怨院媛緣愿 於眷切 喉音

涼入良字 離羊切 捲舌

驢閭櫚旅蘆廬臚 離于切 捲舌

騾入羅字 盧和切 捲舌

犢入篤字 得屋切 舌尖

特忑忒慝貣螣 他額切 舌尖

駭蠏澥嶰獬 衍楷切 喉音

躍入樂字 於覺切 喉音

超抄弨 夊爊切 頂腭

驤入箱字 西央切 齒縫

誅入珠字 滓烏切 頂腭

斬皼展搌輾盞僝蹔醆 滓罕切 頂腭

賊入則字 而額切 齒縫

盜入道字 搭傲切 舌尖

扳音半讀判誤

秵音兮讀溪誤

恬音甸　筆音必

字	同音字	切	音
捕	步布佈怖怖部蔀哺餔埠簿	波悟切	重唇
獲	霍活彧惑畫	呼國切	喉音
扳	半件姅絆畔扮辦辧	巴岸切	重唇
亡	忘	襪昂切	輕唇
布	入捕字	波悟切	重唇
射	入舍字	師夜切	頂腭
遼	入寥字	離堯切	捲舌
丸	入紈字	彎下平	喉音
秵	兮磎奚傒蹊鼷	鰕宜切	喉音
琴	入禽字	欺吟切	牙音
阮	入遠字	於[illegible]切	喉音
嘯	笑肖捎歗	西要切	齒縫
恬	入田字	梯言切	舌尖
筆	入必字	巴益切	重唇
倫	圇侖淪掄輪綸	盧魂切	捲舌
紙	入止字	瀆倚切	頂腭

任音壬妊也十二使韻

俗音續

居𠫤切 舌尖　鈎 入君字

沙益切 頂腭　釋 入食字

䈥䗶切 重唇　並 并併竝病怲柄

麻敖切 重唇　毛 不茅蝥髳芼旄

欺啖切 牙音　巧 𠁥

發恩切 輕唇　紛 分芬氛雰吩棻棼 饙䩿

基崖切 牙音　皆 入階字

沙衣切 頂腭　施 入詩字

皃冈切 捲舌　任 壬妊姙紝絍浮姙

撩冀切 捲舌　利 入麗字

碁崖切 牙音　佳 入階字

䞼屋切 頂腭　淑 入叔字

低要切 舌尖　釣 入弔字

㞒屋切 齒縫　俗 入宿字

彌要切 重唇　妙 玅廟繆

市衣切 齒縫　姿 入資字

矢音史讀齒誤

姑翁切　牙音
工　入恭字
呢言切　舌尖
年　姩鮎黏
鰕衣切　喉音
曦　希稀睎絺欷熙醯羲犧熹僖嘻嬉禧糦譆饎嚱
須元切　齒縫
璇　旋颸璿

披銀切　重唇
顰　貧嬪蠙頻蘋嚬瀕
沙侚　頂腭
矢　入始字
呼威切　喉音
暉　灰詼悝虺麾禕徽翬揮煇楎輝[illegible]
加衣切　牙音
璣　入基字

衣嫌切　喉音
妍　入嚴字
梅上聲　重唇
每　入美字
呼往切　喉音
晃（謊）　恍怳晄滉愰幌榥
虛元切　喉音
懸　立泫玹眩

西要切　齒縫
笑　入嘯字
粗威切　齒縫
催　崔漼衰榱縗
衣叫切　喉音
耀　入要字
烏括切　喉音
斡　[illegible]捾擭

劭音少讀趙誤

晦 入惠字 呼位切 喉音

指 入止字 渣倚切 頂腭

永 冗甬俑悀涌踴遜勇湧擁壅 雍上聲 喉音

矩 入舉字 基字切 牙音

魄 孛拍珀蔔潑 龍額切 重唇

新 入心字 西因切 齒縫

綏 雖荽挼 蘇帷切 齒縫

步 入捕字 波悟切 重唇

環 入桓字 呼完切 喉音

脩 修滫羞饈 西幽切 齒縫

吉 入及字 加一切 牙音

引 入隱字 衣謹切 喉音

照 入趙字 渣傲切 頂腭

祜 入戶字 訶悟切 喉音

劭 入少字 沙傲切 頂腭

領 袊嶺 離影切 捲舌

俯 入府字 佛武切 輕唇
束 入叔字 沙屋切 頂腭
徘 入陪字 葩餕切 重唇
孤 入姑字 歌烏切 牙音

仰 入養字 衣奐切 喉音
帶 入代字 搭艾切 舌尖
徊 入迴字 呼惟切 喉音
陋 瘺漏嘍鏤 勒居切 捲舌

廊 篢狼浪根棍蜫鋃躴琅郎瑯榔螂 拉昂切 捲舌
矜 入京字 基英切 牙音
瞻 占怗沾毡霑栴旃饘詹譫邅氈[illegible]鱣鸇 渣安切 頂腭
寡 剮 姑瓦切 牙音

廟 入妙字 彌要切 重唇
莊 生粧裝 朱汪切 頂腭
眺 調條跳艞耀 梯要切 舌尖
聞 入文字 襪痕切 輕唇

誚樵去聲

馬本字今通作焉

衣徐切　喉音
愚　入餘字

烏跪切　喉音
謂　入位字

衣嫌切　喉音
焉　入嚴字

麻恒切　重唇
蒙　檬礞矇朦艨蠓

衣矩切　喉音
語　入宇字

市唉切　齒縫
哉　災災栽㦲菑

登上聲　古尖
等　戥

遮悟切　頂腭
助　佇泞柠炷蛀註駐詛竚貯著箸筯翥鑄

訶吾切　喉音
乎　狐弧弧瑚葫鬍衚猢瑚湖糊餬醐鶘壺

妻要切　齒縫
誚　俏哨悄哨峭蛸

基野切　頂腭
者　赭

衣姐切　喉音
也　入野字

六朝是晉宋齊梁陳隋也此時有謝靈運一家皆好詩又有陶淵明字靖節庾子山自信俱好詩此時詩筆最尚風流唐朝以詩取士其時有前李杜後李杜前李杜是李太白杜甫字子美也後李杜是李商隱字義山杜牧字牧之也又有元白二人元者元稹也姓元名稹白者白居易也姓白名居易此數人俱是唐詩中之最著名者○王右軍是王羲之晉朝人好書法顏魯公是顏眞卿歐陽率更是歐陽詢此三人俱唐朝人俱好書法○江西五大家俱是明末人如金聲陳際泰項水心章大力之類俱好文

長白莎彝尊矩薌甫著

男　澍良夢巖　遂良泰舒
　　朋良星垣　定良靜齋　仝校

以下話頭俱用土音傍註正音

問士

客問近來詩興好啊。主答沒甚麼興頭。纔抄了幾篇。兼有些文稿特來請教。有不合式的。請改改。客答豈敢。一定好的囉。好果然。六朝的風流。唐人的手筆。真好。噯呀好書法啊。臨王右軍嘛。臨顏魯公嘛。臨歐陽率更嘛。好帖氣詞館的工夫光方烏都齊備了。主謙 過獎了。指教指教 客云 哦文章又好啊。這是從江西五大家得來的。好得很。吾兄羽毛這麽豐滿將來鵬程萬里。一定恭喜的。主云 好說嘴不中用的。聽見兩位主考大人差不多到省喇。那兩位大人在京裏的名聲怎麽樣呢。客答 好。倒不錯那位姓方的是前輩的翰林。姓鄭的是兄弟的同年。兩位都很高明的像吾兄這樣的文才很合式了。主答 那裏話見笑的。

問農

客問　雨水彀不。主答　彀了。現在撒種。不彀還等雨呢。客問　秧苗好啊。主答　秧苗很青葱。客問　多昝收稻子呢。雜糧多昝收呢。甚麼時候收割呢。這幾年的收成好啊。今年收成怎麼樣。主答　山坡旱田。有四五分收成。潮田有八九分收成。一股腦合攏起來。也有六七分收成。前兩三年還好。去年今年差些。庄家賸錢起家。全仗前幾年。瞧今歲這箇光景。一定要虧本的了。

問工

客問　做工匠的能彀起家啊。那一行工價好呢。那樣自在些呢。主答　我們做賤工的有甚麽好呢。雕花琢玉的要費神。蓋房子的。鑿石頭的。要費力。繡錦的。成衣的。雖然自在些。要好耐煩。工銀不過一錢幾分。只可糊口而已。那還能彀賸錢呢。客云　我見有幾位做工的都賸了錢喇。主答　是呀。勤儉中也有好的。但是不能很豐餘。不如當頭腦的好。領出來的好價錢。發出去的便宜些。再遇着採買的湊巧

那纔可以沾點光呢

問商

客問 駕上貴姓。主答 小姓張。求請教。客云 小姓王。主問 在那裏發財。做甚麼貴行。行情好不。那一江貨物好呢。答 兄弟在太平門外興隆街。做棉花行。我們這樣買賣起落非常。總沒有一定的。若論貨物好呢。江南紅花不及湖廣紫花。頂上是廣東番禺的白花。但是出產的有限最不好是洋花囉。主叫 僕 來啊。泡盅茶。加點好葉子。先裝烟 主云請茶。客答　請。果然好茶。氣味清香。這是峩眉茶啊還是松蘿茶。主答　不。這是從前去武彛山。帶同來的名種各樣俱不着啊。松蘿峩眉難得好的。還不如六安有益。又便宜又味兒好。客答　是不錯。主問　吾兄到過武彛山麽。客答　兄弟從前也曾到過幾輌。如今買賣艱難這幾年都沒去了。

探友

客問　好啊。主答　儜好啊。許久不見。幾乎認不得了。請坐喇近來恭喜發財啊　客云　好說了。蒙過獎了。托儜的福還算

平安。但是沒甚麽好處。主問 老大人老太太都好啊。客答

不敢當了。家父家母都還健壯。 同問 府上老世伯老伯母

哥兒兄弟都好啊。主答 都好。叫偺惦着。客云 兄弟一向出

門。總沒得來。給老哥哥請安問候。實在短禮得很了。主云

兄弟爲口奔馳。總沒箇空兒。到兄臺大人跟前請安問好。

實在疎懶得很了、客云 豈敢。彼此一樣、主問 老兄臺這幾

年出門實在好啊。客云 沒甚麽好處。見笑得很的。主云 老

兄臺這話過謙了、客云 外頭也晚了。大哥請坐。兄弟告辭

了。主云　咱們弟兄今日既是會見面了。沒有空空叫你去的規矩。收拾一盃薄酒咱們對飲敘談敘談。客云　阿哥既然這樣的疼愛。兄弟斷然不敢推辭。必定領阿哥的盛惠。只是無故的騷擾。主云　不成敬的。不過便飯罷咧。主問僕　飯好沒有。菜便囉嚒。僕答　便了。得了。收拾好了。現收拾了。還要停一會兒等一會兒就得了。主叫僕　擺飯擺席。出菜上菜。客說　不敢豈敢。主云　便飯恕不安席。請坐　主叫僕　斟酒。請。沒甚麼下酒的菜。多呵兩盅罷　客答　這麼些盛饌。承惠得很。酒多了。醉了。賜飯罷　主云　沒踪呢再呵幾盅啊。飯還沒好呢請照乾一盃親敬一盃再敬一盃　客說　酒多囉　主云　既是這麽着咱們停一會兒再呵罷。客答　好啊　主叫僕　裝烟泡幾碗普洱茶來。叫廚房收拾醒酒湯。主問答　咱們寬坐談談久別至今。可有十年不。客答　有十來年了　主問　一向怎麽不下顧。客答　近來有些俗事東奔西跑不覺過了這些年了。月半纔到了家安頓了行李就來奉望　主答　承關切得很。主問　這些年好過啊。客答　只管嚷着在北江時。小小生意還可以。自那年隨親戚往蘇州走了一趟也不甚好。想老哥哥在府上享福。諸事還要仰仗俤栽培還要討俤箇情面還要求大哥薦薦地方。

主答　好罷咧這箇兄弟自然留心。待有相當的去處。打發人去通俤箇信近來兄弟有了年紀不大出門老哥哥交遊四海自然聞風敬服。這箇我固然留心但不要寡盼着我有箇好機會了。想老哥哥刑名錢穀。凡屬衙門裏的事情沒有不懂得的。兄弟有一位姑老爺。差不多這幾天。要往揚州上任去大概還少些帮手像吾兄這樣的才情很合式了。我明日過去與他商量商量 客說 好啊很承情待老大哥說過之後再同着一塊去會會他 主答 好罷咧再斟上酒給老哥哥先道喜 客答 豈敢全靠洪福仰仗吹噓喫飯罷 主問 酒彀了麽 客答 彀了 主云 沒有甚麽菜不敢多敬 客答 叨領得很 主云 請喫飯 客說 請 主云 添飯哪 客說 飽了 主叫僕倒茶裝烟 主云 散散罷 主叫僕 來把椅子端在凉亭子上 主請客 請坐乘乘凉老兄臺去了這些年兄弟年紀雖不大不覺老蒼了。客答　老哥哥年紀雖有貴體倒還養得好客問　請問各位世兄都完娶了罷主答　這些兒女債都還清了。去年與小五兒娶了媳婦。今年小女孩也出門了。客答　好恭喜可有幾位令孫主答　小孫倒有七八箇都只會喫飯的不會幹事的。客說　笑話了。酒醉了。外頭也晚了暫且告辭明日再談罷。主問　老哥哥尊寓在那裏叫人請行李過來罷　客答　不囉趙家那裏已經安頓了多謝費心了主云　好說虛邀了。明日再會罷。客答　是請囉　主云　請囉　主

叫僕 你們打燈籠送錢老爺回去。

回拜

叫跟班 來拏兩箇帖子到趙老爺家回看昨日來的錢老爺主云 昨日勞動阿哥的駕今日兄弟特來請安道疺 客答 豈敢昨兒這麽騷擾今兒還累吾兄到來兄弟實在當不起了大夥相好過來瞧瞧就好喇怎麽又穿衣帽呢多禮得很了。主答 本該的。主問 趙老爺在家不 客答 纔出門去 主云 他倘回來題兄弟到來請安問好。客答 是了。

辭行

客云　兄弟到來擾了這麼久很蒙培植承關照得很不知怎樣報答好。主云　那裏話簡慢得很有慢了有甚麼不過的還要求老兄臺海量大哥在這裏諸事多蒙指教一旦分離實在難捨還望老哥哥閒空時常來指教指教這一去卻不知甚麼時候可能再見呢。客云　是呀兄弟也難割捨得空時候自然常來親教但兄弟餬口四方離合原難預料。主云　是囉但有了恭喜的所在不妨多給箇字兒客

云　這箇自然請了。主云　請了

送行

主云　特來送行。客云　動駕得很。主云　本該的行裝都辦齊

喇嘛。客云　都齊備了。主云　到府上替請老太爺老太太的

安問貴昆玉的好。客云　豈敢。吾兄到來見見就好了何必

又送這些東西。主云　這點意思不成敬的不過表一點窮

心。送上老哥哥賞賞底下人。客云　多謝了。自兄弟到來老

兄臺的厚惠隆情總說不了。惟有心感而已。主云　好說。太

簡慢了。諸事都照應不到還要求老哥哥海量海量。客云
各位哥哥們都請回府歇歇罷兄弟實在當不起了。主云
我們本該送送的。客云　不敢當請罷　主云　咱們候候。
凡送行餞行皆臨別時纔行禮。尋常不過作揖拉手
而已。單作揖也使得。如十分情切。則對面三叩。叩畢
相請而後起起來仍作一揖　主云　老哥哥此去。自然
好事多爲但是兄弟心裏實在不能割捨　客云　是彼
此一樣後會有期不須掛念　主云　請囉。客云　請兩便

罷主云請客云請。

說情見面一揖就坐

深示地鉄褓晏羊声甚關呂妖除小關呂示

官道 年兄有甚麽事情 紳道 治弟特來請安兼有些小事

清秭太垚深示地妖个千痴盛撑上声

情來替父臺商量 官問 甚麽事。紳道 治弟有箇親戚姓常

皿止做衣个盛地波威皿考贵

名守已被一箇姓馬的把賭博爲名供扳了好些人掛他

晏浦爹太耳阿根切偈米

的名字在案不曉得父臺可以施恩給他沒特來請示 官

示妖者个示止汞地千官烟埠形

道 是呀有這箇事常守已是年兄的令親那箇自然照應

盛地男士士殞野示花地鴉衣衣谷士

但是姓馬的口供死纏着他也是無法的啊年兄要怎麽

辦法呢。紳道　老父臺肯施恩商量箇辦法就是。官道　這宗賭博原是真的啊。還是假的呢。紳道　那得真呢。姓馬的原是一箇窮漢。屢次借貸。姓常的家當原不大豐富。不過餬噥而已。一時應酬不來。就借事誣扳。各紳耆都敢保結　官道　啊。為借貸不遂。就弄出這箇緣故來。可惡得很。既是令親果然被他誣扳。紳耆又肯保結。年兄何不同去具箇保結拏進來。待我批准摘釋。免其對質就是了。紳道　是父臺這麼辦法感激得很。官道　年兄近來兄弟應酬上頭的差事繁得很。今天要辦這箇差。明天要辦那箇差。還要煩年兄告訴令親帮帮。紳道 是那箇本該的。舍親也懂得這箇道理的 官道 怎麼樣的意思。老哥哥說 紳道 還要請老父臺的示。要怎麼樣辦法呢 官道 那箇事啊。認眞辦起來罪名卻不小。要婉轉過來。非○○不能 紳道 卻也不多。惟是姓常的辦不到。這箇分兒。要求見諒些 官道 不嘛。就饒下○○罷 紳道 恐怕還辦不來。那姓常的與治弟是親戚中的相好。治弟深知他底裏。恐怕弄不來。官道 既然是這樣老兄臺你說罷紳道依治弟愚見瞧起來不過○○的數多恐不能官道依那箇數呢卻少些總煩老大哥告訴他開導他叫他勉力辦來就是喇紳道是囉治弟出去告訴他盡力湊去改日再來回話暫別。

呈究

紳道治弟有宗小事要煩動老父臺金心官道甚麽事呢

紳道治弟的兄弟往集場上買東西撞着箇平日不安分的匪徒名字叫張四憑空說治弟的兄弟該他的錢扭着

就打我兄弟跑不脫。被他搶去衣裳銀両。請父臺拏他治罪。官道 這還了得。待我鎖他來問問。呈子拏來沒有。紳道 拏來了。幷送果金亦可治弟備得有些微敬。官道 噯。大夥相好。何必如此。紳道 不過一點意思。見笑得很。官說 那話多謝了。容後再見。

紳道 昨日舍弟被匪徒搶東西的案。多蒙父臺費心。感激得很。但是這箇東西。非打不招。還要請父臺嚴訊追還所搶的東西。再請父臺撳起他纔好。若是白白的放了他。恐怕事情更多了。官道是可我還要覆審。昨日礙着錢老先生的分上難以就治他的罪。待傳齊証佐問明再說罷紳答是問明証佐。原是本該的。治弟想那箇張四這麼狠惡鄉中集上。誰不認得他。誰沒受過他害呢。今日父臺肯給治弟點兒臉。固然不必牽累別人。就是公事公辦。張四也不能逃得這箇刑法。雖有錢老先生的情面還望老父臺商量辦法纔好。斷不可給他糊弄着官說那筒自然明日覆審。兄弟自有主意。如萬不能歸結就把他詳解上堂就是了紳道那也很感激但是到兩不相下時候據情詳堂的情節也給畱一箇薄臉那更感恩官道是喇大哥放心我自然有箇辦法。

鄉紳見新任

紳賀恭喜官道豈敢年兄動駕得很如紳職尊則稱老先生老公祖以上稱郡守老父臺老父師合稱邑福星照臨分應叩賀官道好說兄弟初到貴處諸事不懂還仗各位老先生年兄指教指教紳對豈敢老父臺是箇老成練達的治晚們

治弟們好造化纔得這麽賢父母官道　好說了各位老年
兄都在城裏住嗎　紳對　是治弟在城裏治弟居鄉　官問　是
那一鄉離城多遠　紳答　鄉名叫甚麽離城多少里　官問　老
先生貴職　紳對　治弟是通判到過某某處任　官問　實授沒
有　紳答　實授了署事還未實授　官道　正在大有爲的時候
怎麽回來呢　紳答　治弟因才短而且多病告了回家有好
幾年囉　官問　這位年兄貴班　紳答　治晚由附貢捐主簿　官
問　這位年兄幾時恭喜的那科高發的呢　紳答　治弟是某

某科甲班是某某科舉班是某年拔貢治晚是由廩貢候選教職治弟是貢班候選州判治晚是議敘縣丞治下是貢生監生官說 貴地山水清秀所以人才出衆好好得很紳答 蒙過獎還要仰仗老父師栽培官道 那話 紳道 我們暫別恐老父臺公事忙告辭改日再來親教官道 但得空的時候不妨進來指教指教 紳答 豈敢請留步不敢勞步

屬員賀新任 以縣令言

丞簿教官晚生叩賀巡檢典史卑職叩賀令道 豈敢勞駕得很請坐

不要行禮。令問 那位是馮大哥。丞云 晚生姓馮。令問 這位是蔣老師嗎。教官答 晚生姓蔣。令問 這位是韓老爺麼。典史答 卑職姓韓。令道 兄弟初到，諸事還靠各位同寅指示。

屬答 豈敢。老堂臺、堂翁用帖者稱。令 鴻才偉抱。晚生們得在宇下，有緣得很。大老爺。用手本者稱。令 萬民福曜。卑職得受栽培。令道 豈敢。這裏地方民風怎麼樣。屬答 這裏人才很巴結。地方雖不甚繁華，也算得一箇熱鬧的地方。鄉村田土很多，百姓也算富足。令道 地方熱鬧最怕聚匪，全靠地方官善為調劑。若是辦理不善就會鬧事呀。屬答 是大老爺教訓很是。令問 集場上安靜不。百姓刁蠻不。屬答 百姓雖然良莠不一。也算易治。集場上頭。卑職吩咐鄉約地保稽查每遇場期。打發差人去巡邏。卑職也到那裏彈壓。令道 啊這箇辦法很好。我聽見差人也很狠啊 屬答 是查察嚴緊他也不敢滋擾。令道 這箇最要留心哪 屬答 是 令道 是喇上頭駕馭有方。他們也不敢作怪。屬答 是。令道 請罷 屬答 晚生暫別。卑職告辭。

屬員見上司行禮完畢後

上司問 某大爺。你是廣東嗎。屬員答 是卑職是廣東。上司問 是甚麽出身。屬員答 卑職某某科舉人。卑職遵某某例捐班。卑職是某某館議敘。卑職遵某某處善後例報捐的。上司問 你告假回去沒還是在京出來。屬員答 卑職告假回籍從本省領咨到來。卑職在京出來。沒有告假。上司問 不過限哪。屬員答 還在限內。卑職在路上因風雨耽擱過了憑限二十天。上司道 未及一月不相干。瞧你這箇人很麻俐好去得你今年多大。答屬員 卑職今年四十歲。道上司 正當做官的時候你在外頭好好巴結將來有好缺超拔你就是。答屬員 是。大人恩典大人栽培卑職叩謝大人。道上司 不用起來你在道上所經的地方雨水短不雜糧稻子好不。答屬員 卑職經過的地方雨水都充足雜糧都好稻苗也很青葱。問上司 米糧如何。答屬員 米糧很便宜。問上司 地方安靜不。答屬員 很安靜。道上司 我聽見賊盜很多呀。答屬員 小人滋擾不過三五成羣各省大人們不時撥兵緝拏地方各官也很留心聽見現在都很安

靜。上司道 啊。安靜就好了。屬員答 是。上司道 請罷。屬員答 卑職告辭

送恩師縣主離任

恩師大喜。一見面說如主人遠接先打三恭 門生叩喜。行禮時說說完即跪下三叩首興打三恭如老師回叩忙些拖腳攙住再拖腳說 不敢當。說完則退側數步傍立 官說 請坐。生趨上打三恭道 門生告坐。即就右邊末几坐 聽見恩師高陞。特來叩喜。官說 勞駕得很。生說 本該的。官說 咱們就要遠別了。年兄來見見很好。生說 門生首蒙超拔受恩深重。實在捨不得恩師。卻不知是進京引見還是赴新任。官

說 先要進京囘來纔往廣西 生說 引見後定邀天眷門生再得栽培就好了 官說 年兄錄學之後還要勤學啊 生說 是 官道 你的文章很好將來一定高發 生說 門生蒙恩師這番栽培自然盡力巴結 官說 很好年兄寓所在那裏 生說 在船上門生因家裏有緊事要趕着囘去恕門生不候送

門生叩別 卽跪下三叩興再打三恭 官道 年兄來見見就好何必又送這些東西 生說 不成甚麼不過表一點窮心 官說 承惠得很我到貴縣這麼久沒有甚麼好處不知外頭說我甚麼

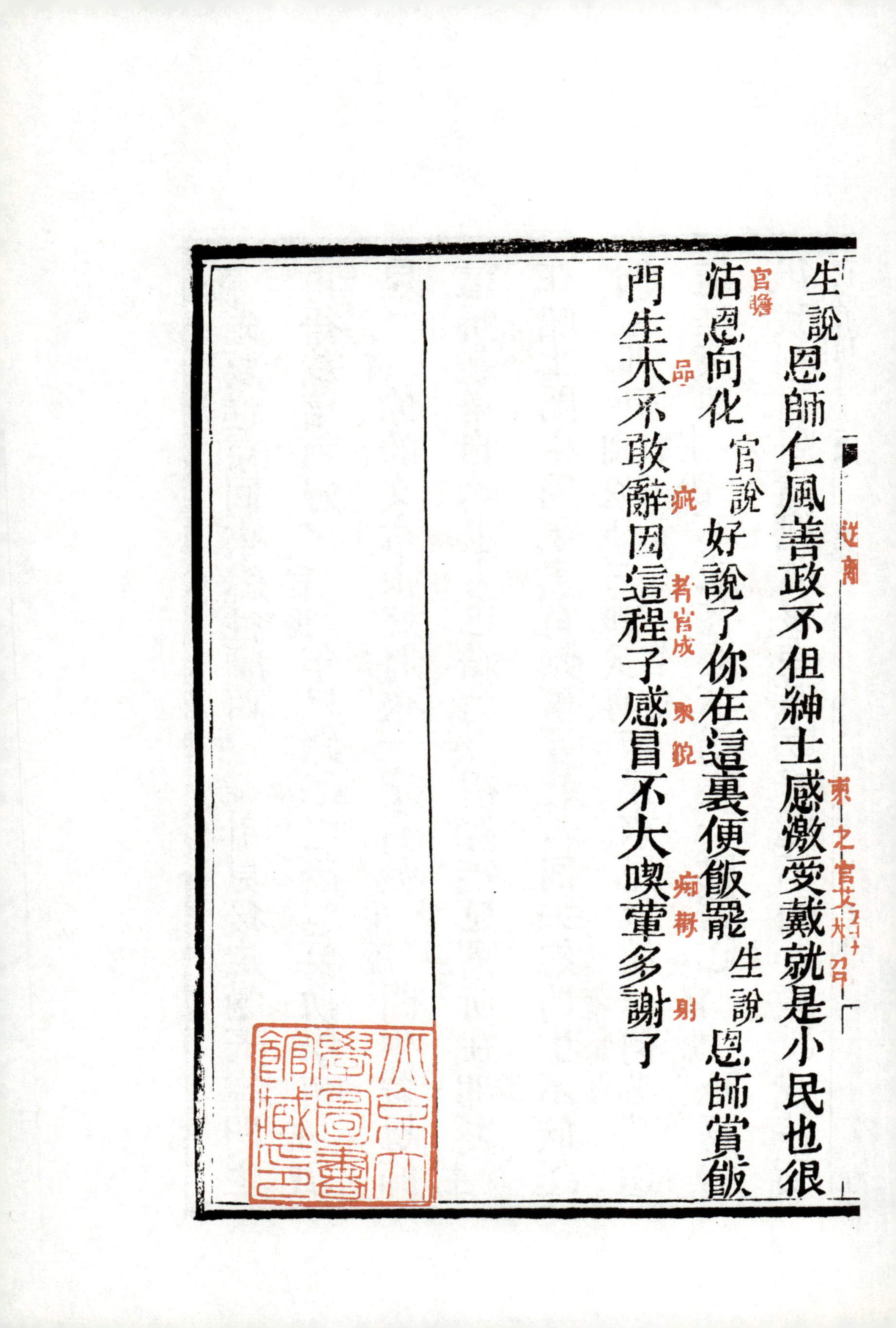

生說　恩師仁風善政不但紳士感激愛戴就是小民也很沾恩向化　官說　好說了你在這裏便飯罷　生說　恩師賞飯門生本不敢辭因這程子感冒不大喫葷多謝了

正音咀華卷三

長白莎彝尊秬薌甫著

男 彌良夢巖 遂良泰舒 仝校
明良星垣 定良靜齋

天文類

晴 妻盈切　天晴 好天　天亮 天光

昏 呼溫切　天陰 天暗　天昏地暗 昏天黑地

暗 阿幹切　天晃開了 雨雲散開　還沒晃開 雨雲未散

晃 呼往切　晴天朗日　清天白日　好涼快天　天時涼爽

暖 奴晚切　好暖和天　天時和暖　好冷的天　天極冷

熱 髯惡切　好熱的天　天極熱　太陽　熱頭

眼 衣柬切　太陽晃眼　熱頭照眼　好大太陽　好猛熱頭

頭 他侯切　日頭大　熱頭烈　日頭地　日晒之處

嘴 租委切　日頭冒嘴　日初出　日頭落了　日落闇

傍 巴浪切　日頭平西　日歸西　老陽傍西　日挨西

糊 訶吾切　曬得迷糊　晒昏　月芽　新月

印度

亮 離樣切　月亮 月光　月亮地 月照之處

陰 衣金切　背陰 即陰地　星過度 星飛

颳 姑柁切　星展眼 星光閃閃　颳大風 刮大風

颴 須元切　颳風暴 攪風颶　颴風 打轉風

颸 訶屋切　鬪風 逆風　躲風 避風

颲 勒哈切　颸颲颲的 颯然而至疾風聲　風飀颲的 不疾不徐之風

飀 離由切　打雷 行雷　打乍雷 起疾雷

霹 葩益切　打閃 攡電　霹靂閃電 大雷大電

濛 麽恆切 下雨 落雨 濛鬆雨 細雨

颼 薩傲切 颼風雨 飄風雨 滂沱大雨 落大雨

躲 都我切 帶日下雨 白撞雨 躲雨 避雨

霚 炯故切 下霧 落霧 露水珠 露水粒

雪 西日切 下雹子 落雹 下雪 落雪

楞 拉硬切 凍了冰 結冰 冰楞子 冰條

雲 於羣切 雲彩 雲色 火雲霞 晚霞

時令類

節 賫掖切　大年下 新年頭　大節下 大節僂僂

臘 勒哈切　五方六月 五六月　十冬臘月 十一二月

程 車恆切　這程子 呢排　好一程子 好久日子

昝 帀罕切　這昝 此時　這會兒 如今

纔 擦孩切　剛纔 就先　停一會兒 等一陣

停 梯盈切　好一會子 好久時候　黑朧朧 黑麻麻

黑 哈篌切　朦朦亮 天朦朧　一黑草 將天光

時令

早（帀好切）　清早　朝早　已飯時　朝飯時

巳（薩異切）　小晌午　小晏晝　晌午　晏晝

晌（沙掌切）　晌午錯　晏晝過　下晚　挨晚

錯（粗惡切）　晚上　晚市後　晚了　夜了

晚（禐罕切）　沒蹤呢　時候未到　是時候咯　着時了

咯（盧活切）　白日　日頭　夜裏　夜晚

整（遮耿切）　整日家　成日間　黑家白日　連日帶夜

地輿類

廠 叉賞切　大道 大路　大廠地 大幅地

泞 咷應切　地泞 路爛　地發潮 潮溼

岔 測亞切　哈湯泥 爛泥漥　三岔路 三了路

衚 訶無切　大衚衕 大巷　小衚衕 小巷

衕 琮洪切　死衚衕 偪頭巷　堵了路 塞了路

澗 基晏切　山岐子 平崗　山澗子 山坑

窪 烏瓜切　山窪子 山腰凹處　切坡子 斜磡

坡 葩婀切　高坡子 高嘞　土坡子 土堆

坑 喀鞥切　𡑞草堆 膱颯岡　水坑子 水㷋

䀪 晃朗切　水窪子 淺水㷋　高䀪子 企岡

隴 盧哄切　深水坑子 深水㷋　田隴子 田基路

溝 歌歐切　小河溝子 橫涌　河奓子 掘頭涌

汊 車作切　河汊子 橫了水路　護城河 城濠

潮 叉敖切　河沿 河邊　長潮 潮水大

退 珠會切　退潮 潮水乾　城根底下 城脚

垜 都火切

城垜口 磚砌城人

死水溝 死水渠

集 即益切

營房 營兵住處

集場 墟場

棒 巴浪切

磯丁棒塊 石子路

舒舒坦坦 平平坦坦

溜 離由切

坑坑窪窪 凹高門低

曲溜拐彎 轉彎八角

埠 波務切

筆溜直的 筆咁直

埠頭 渡頭

房屋類

牆 妻羊切　蓋房子 起屋　牆根底下 牆脚

刷 書挖切　打牆 舂牆　刷牆 掃牆

畸 加衣切　風火牆 護耳牆　牆畸角 牆角

刨 葩敖切　臺堦 石級　刨坑子 掘氹

磚 朱彎切　和泥 撈泥　方磚 堦磚

柱 遮務切　柱墊子 柱躉　屋子 房

屋 阿谷切　房子 屋　堂屋 正間

穿 初灣切　穿廊 兩廊　一明兩暗 三間過

廂 西央切　正房 向南屋　廂房 偏間

間 基烟切　偏厦 葉耍　套間 暗間

窨 衣禁切　地窨子 地廬　槅扇 窗槅

龕 喀安切　神龕 神樓　牕戶 小窗

牕 初汪切　達子牕 滿洲窗　門櫎 門揷

櫎 書彎切　門閬子 地伏　門縫子 門鏬

閞 喀穵切　門鑽子 門脚　門枕子 門斗

𨷲 欺郁切　門𨷲鉞 雀膌　門釕鉻 門鍊

鉞 西郁切　門插關 門閂　門榫子 門筍頭

插 車哈切　門消息 門鬼　院子 天井

榫 蘇穩切　陰溝 暗渠　陽溝 明渠

夾 基押切　夾道 冷巷　影壁 照壁

壁 巴益切　檁子 桁　椽子 角

檁 離飲切　瓦隴子 瓦筒　瓦槽子 瓦坑

屏 披盈切　晒臺 晒棚　地屏板 地臺板

欄拉函切　柵欄柵門　曬場曬穀地塘

戲蝦異切　戲檯戲棚　學房書館

澡帀好切　洗澡塘洗身池　竈洞灶窟

耗哈傲切　竈臺子灶頭　耗子洞老鼠窿

廁薩異切　鍋烟子鑊撈　茅廁廁坑

圈基願切　草篷子茅寮　馬圈馬厰

隔戛額切　牛圈牛欄　隔壁隔隣

塌忒哈切　房子倒塌了屋跌倒

水火類

涃 呼魂切　水涃 水濁　澆水 淋水

撩 離堯切　撩水 洒水　淌水 流水

沫 麻額切　水泡子 水泡　水沫子 水[麻/水]

擰 呢盈切　擰出水 扭出水　水淹了道 水浸路

淹 衣堅切　水泡 水浸　水開了 水滚

沸 佛屋切　水沸出來 水滚出煲外　挑水 担水

搯 他瘥切　搯火 取火　敲火 打火

攏 盧宂切　攏火 透火　點個亮 點個火

爨 粗宦切　搧着爐子 撥着爐　搭火爨 搭爨

烤 喀好切　烟燻 烟屁　烤烤東西 用火焙物

滅 彌掖切　着火 失火　火滅了 火熄

人物類

孩 哈來切　老頭子 老大　小孩子 嫩仔

娃 烏華切　小娃子 女仔　小夥子 後生仔

幺 衣交切　小幺兒 未成丁後生仔　家生子 家生棣

厮 薩衣切　小厮 伙仔　縫窮的 補衫婆

忙 麻昂切　帮忙的 帮人做工的　老婆子 老大婆

媳 西宜切　小媳婦 少婦　老老 接生婆

媽 麽阿切　小姑娘 未嫁之小女　奶媽子 乳婦

漾衣降切　奶孩子抱仔飲乳　漾奶嘔乳

舔呢言切　舔涎滴滴流口水涎　餧孩子飼仔飯

涎希言切　觀亡問醒　陰陽南無先生

餧阿貴切　打卦的卜卦　打扛子的截徑賊

戲蝦異切　變戲法的勅法人　人兒公仔

削讀作修　削脚的批脚甲人　打通同鼓串合詐人

辣勒哈切　辣子爛仔　坭腿匪類

闖初旺切　拔闖的睇頭　當闖將充爛仔

身體類

腦 納好切　腦袋 頭　光着腦袋 頭上不戴帽

梢 沙燒切　腦瓜子 頭殼　腦梢子 後枕

鬅 葩鞥切　鬅着頭 女人散髮　編辮子 打辮

顱 勒歐切　顱皮 頭皮糠　奔顱頭 凸頭

骨 歌屋切　頭骨拐 額角　兩太陽 雲精

頁 讀作葉　天堂 額頭　頁腦蓋子 額門

顖 西印切　顖門子 腦囟　印堂 眉心

臉 離演切　臉面　臉骨 拐兩顴骨

洒 賞西切　臉蛋 面珠　洒窩子 面上酒凹

胞 葩蒿切　眼眶子 眼圈　眼胞子 眼皮

睫 賣掖切　眼稍 眼角　眼睫毛 眼毛

眢 訶屋切　眵⿰目麻眢 眼屎　擠眼 斬眼

⿰目麻 麼琶切　睫巴眼 亂斬眼　眼⿰目麻眢 眼麻查

芤 喀歐切　暴子眼 凸眼　窪芤眼 凹眼

睜 渣翰切　雀矇眼 發雞盲　青睜眼 發精光

睫 眵天切　丏眼 萌雞眼　睫眼 圭眼角

瞪 讀作鄧　瞪着眼 擘大眼　瞇着眼 冇塵入眼

瞘 勒歐切　眼瞘瞘 眼深　閉着眼 閉埋眼

閉 巴異切　鼻子 鼻哥　鼻準 鼻歌頭

鼻 巴意切　鼻鬚 鼻毛　鼻涕 鼻水

⿸疒查 遮阿切　鼻痂⿸疒查 鼻屎　抽鼻子 縮鼻

豁 呼逅切　豁鼻子 崩鼻　塌鼻子 扁鼻

齈 奴甕切　糟鼻子 紅鼻　齈鼻子 齆鼻

髶 車阿切　鬍子 鬚　鬍髶子 鬚突

綹 離酉切　綹腮鬍子 鬍連鬢　五綹鬍子 五子鬚

腮 薩唉切　毛孔眼 毛管　腮髈子 腮頰

唇 初魂切　腮髈骨 腮夾骨　豁唇子 崩口唇

嘴 租委切　嘴丫子 口角　張開口 擘大口

撅 居曰切　撅着嘴 努長嘴　牙牀子 牙肉

縫 發硬切　牙縫子 牙罅　牙黃 牙屎

槽 㩳敖切　牙岔骨 牙較骨　槽牙 兩邊大牙

舌 沙額切
舌頭 利頭
小舌 弔鐘

⿰耳垂 都我切
耳⿰耳垂 耳
耳塞子 耳屎

根 歌恩切
耳根台子 耳傍
豁耳⿰耳垂 崩耳

殼 喀額切
下巴殼子 下扒
脖子 頸

癭 衣京切
癭袋脖子 大頸胞
鎖子骨 頸鉗骨

嗓 薩慷切
嗓子 喉嚨
結喉 喉欖

肩 基烟切
嗓窩子 頭氹
肩髈 膊頭

胳 戛額切
肩窩子 膊頭氹
胳膊 手臂

腕 烏慣切　手腕子 手拗　拐肘 手肐

肘 遮偶切　手骨拐 手眼　手面 手背

丫 衣加切　手心 手板　手丫巴 手指罅

竝 篦應切　竝生指 孖指　大拇指 手指公

指 渣以切　食指 二指　無名指 四指

拇 麽武切　小拇指 小指　指甲蓋 手指甲

膙 基仰切　膙子 手脚生的枕皮　琵琶骨 飯匙骨

𦢊 婆吾切　胸𦢊子 胸膛　胳肢窩 夾[illegible]底

胸 虛雍切　奶子 乳　前雞胸 前胸高起

鍋 姑窩切　後鑼鍋 後背凸起　胸坎子 胸堂骨

脊 即益切　心窩子 心口　脊梁 背脊

蝦 希呀切　脊梁骨 腰脊骨　蝦蟆姑都 手臂瓜老鼠仔

肋 拉額切　軟肋 軟掩　肋叉窩 軟掩下

肚 得戶切　肋巴骨子 肋條骨　肚子 肚

臢 納杭切　肚臢 肚腩　肚臍眼 肚臍

椿 朱汪切　尾巴椿子 屎巖骨　屁股 屎屏

㲉 歌屋切　屁股清 屎屝鋪　㲉道 糞門

卵 盧挽切　卵子 𡖂核　卵胞 𡖂袋

屪 離堯切　屪子 男子陽　屄子 女子陰

屄 波孖切　胯骨 大髀骨　馬面 大髀面

胯 軲化切　胯膅 髀鋪　波羅蓋 膝頭

脡 梯盈切　腿脡骨 脚筒骨　腿肚子 脚臁

踝 呼娃切　踝子骨 脚眼　脚丫巴 脚指鋪

脚 基咬切　脚掌 脚板

形貌類

瘦 塞漚切　身子高態（太）身子肥胖　胖（烹）子 肥佬

䠷 梯咬切　細高䠷（示交開口）瘦高佬　瘦（受）子 瘦佬

矬 粗禾切　矬（初烹）胖子 肥矮佬　矮（挨）子 矮仔

矮 阿改切　佗（揺）子 佗背　禿（滔）子 無辮佬

佗 徐禾切　瞎子 盲眼　聾子 耳聾

瞎 希押切　麻（孖）子 痘皮　瘋（巳風）子 癲佬

瘸 欺靴切　癱（灘）子 風癱　瘸（宵瀾）子 跛腳

咬衣㖔切　豁牙子崩牙　咬舌子大舌頭

啞衣假切　䞇吧子打重話　啞吧子啞佬

瘌勒哈切　疤瘌臉一面痳　老公相亞婆面

傻睒啞切　天老白人似白癜瘋　傻子痴佬

獃搭㑊切　獃子呆佬　蠢子笨佬

污婀故切　黑污子黑䁊　紅污子紅痣

雀妻咬切　瘊子有毛大粒䁊　雀瘢面上墨屎

品行類

伩 渣溵切　好能幹 好本事　好漢伩 身才高大

局 基郁切　好脾氣 好頸　好局格 好格局

鄉 希央切　老實頭子 老實人　鄉巴老 鄉下佬

息 西益切　有出息 有長進　有巴結 會巴結

儘 賫引切　有儘讓 肯相讓　很壯溵 極壯健

掙 渣硬切　很麻利 極精伶　很硬掙 極硬健

勤 欺銀切　很乖巧 極伶俐　很勤謹 極勤力

性 西應切 是個漢子 係英雄 左性子 拗頸

熬 阿豪切 熬不得夜 捱不慣夜 沒牢靠 靠不住

倔 居月切 倔巴頭子 硬頸古板 見過時面 見過世界

騷 薩爊切 標子 惡爺 風騷 風流

脫 [illegible]活切 洒脫 活潑

動靜類

閒 希顏切　閒逛 閒遊　大夥兒逛 大衆去遊

逛 姑旺切　抄近道走 揀近路行　筆直的走 照直行

很 訶肯切　近得很 甚近　遠得很 甚遠

䡴 他浪切　拐彎兒走 轉彎行　累你一䡴 勞你一遍

闖 初旺切　不大遠 沒幾遠　闖進去 撞入去

遭 帀敖切　走一遭 行一遍　走迷了道 走失路

迷 麻宜切　站着 企住　站開些 全開吓

站 渣岸切　站攏些 企埋　站在旁邊 企在一邊

躦 粗灣切　躦過去 攢過去　躦過去 跳過去

脚 基咬切　光脊梁 打赤勒　光脚 打赤脚

⿰足犬 搭唉切　朝死裏跑 盡死走　邁邁⿰足犬 呆企不行

瞎 希押切　瞎摣 亂撞　凍殭了手 冷硬手

遶 兒傲切　遶個彎子 轉彎　一溜烟跑 靜靜跑

歇 希結切　跴一脚泥 跴着泥濺　歇一歇 歇一陣

閃 沙染切　蹾着 哀低　閃開 避埋

屁 葩異切
放屁 屙屁
出恭 大便

解 基矮切
解小 小便
滿地打滾 滿地碌砂

栽 帀唉切
擱在上頭 放在上高
栽下來 慣落來

跌 低杰切
弔下來 跌落來
跌下來 達落來

滾 姑穩切
滾下來 碌落來
打哈息 打喊路

倦 居院切
眼倦了 眼瞓
盤着腿 盤起脚

蹺 欺堯切
蹺起腿 交脚
打瞌睡 哈眼瞓

跉 勒恆切
側跉着睡 側瞓
擇席 暴離床

躺 他朗切 搧蚊子 撲蚊 躺着 睏倒

盹 都穏切 睡晌覺 睡晏教 打箇盹兒 畧睏一陣

悄 妻唆切 悄默聲去 靜靜去 作夢 發夢

譫 呀記切 撒譫怔 睡着譫語 擎着手 曳高手

躡 呢掖切 攝手躡脚 擘躡脚蔡貌 拉拉手 相拉手

拉 勒哈切 搭拉手 乖手 支跄着脚 動起脚

痳 麽茶切 脚痳了 脚泌 跺脚 頓脚

𨁈 葩傲切 走出𨁈 脚起泡 刷牙 擦牙

洗 西以切　抽起腿 縮埋脚　洗澡 洗身

渾 呼魂切　渾身沒勁 週身無力　擦臉 抹面

匝 則哈切　拏石頭匝他 用石揶佢　拏斧子鑿他 用斧背搭佢

鑿 租霍切　拏針扎他 用針刺佢　拏棍子搪他 用棍格佢

劈 葩盆切　拏劒劈他 用劒斬佢　拏鎚鎚他 用鎚擊佢

刺 擦異切　拏大刀刊他 用大刀斬佢　拏槍刺他 用槍戟佢

剌 勒哈切　拏順刀剌他 用刀解佢　拏小刀攮他 用小刀刺佢

剟 都或切　拏菜刀剟他 用菜刀琢佢　混扔 亂拋

丟 低幽切

混丟 亂擲

混摔 亂丟

掇 都活切

混匝 以石擊落地

拾掇拾掇 執拾地方

敁 低烟切

敁敠敁敠 以手稱量

飲食類

渴哈顉切　嗓子乾喉乾　嗓子渴頸渴

泡葩傲切　燒茶煑茶　泡茶局茶

端都灣切　倒茶斟茶　端茶捧茶

潟書萬切　潟一潟用水淌淨　呵茶飲茶

釅衣劍切　茶釅茶濃　茶滷子茶膠

滷勒鄔切　氷涼的氷凍　滾湯的滾熱辣

湯他浪切　湯酒煖酒　呵酒飲酒

譁 呼娃切　譁拳 猜枚　酒釅 酒濃

漾 衣降切　呵得稀醉 飲到爛醉　漾出來 嘔出來

喫 欺益切　大攏㑮 九大簋　喫熱鍋子 打邊爐

鍋 姑窩切　宰雞 湯雞　喫夜宵 宵夜

燉 都混切　紅燉的 落醬煲　白煮的 清水煮

拌 巴岸切　生拌的 生捲　清湯的 白湯

醋 墄晤切　醋溜的 製酸　酥脆的 極脆

脆 粗會切　走油的 油炸　灌腸 釀豬腸

醮渣岸切　鹹鴨腿臘鴨比　醃清醬點豉油

醬貲漾切　作料製菜材料　就些菜喫揾的菜食

餚希堯切　沒下酒的菜無菜送酒　這餚有味此餚好味

嚥衣見切　就菜呵一盅夾菜飲一杯　嚥不下去吞不落喉

饅麻寒切　噎着了食飯哽着　饅頭無餡飽

餃基咬切　餃子粉角　餑餑餅之總稱

飩徐溫切　煮餑餑水餃子　餛飩扁食

掰巴唉切　掰開擘開　擀麵以棍研麵

麥 麻額切　片兒湯 麵片湯　麥子 麵麥

麩 佛烏切　麥麩 麥糠　和麵 猜麵

麵 彌硯切　角黍 水粽　掛麵 線麵

腦 拏討切　豆腐腦 豆腐花　元宵 湯圓

稠 車侯切　太稠了 太泱　太稀了 太凊

攪 基哎切　攪澥了 稜稀　起了白醭 酒醋起白

澥 希隘切　味道差了 味道變　煳了 燶味

醭 波屋切　餿了 宿味　哈辣了 饐味

氣乞異切　有些氣息畧有臭味　亨臭的極臭

騷塞熝切　惡騷的押堪堪　怪腥的腥亨亨

羶沙安切　羶得很極騷　乾燥糊㶊極乾

㶊勒哈切　熱騰騰熱辣辣　酸溜溜酸刁刁

酸蘇灣切　甜思思甜甜　苦巴巴苦擘擘

甜梯鹽切　辣蘇蘇辣辣　鹹津津鹹鹹

噴葩恩切　淡別別淡淡　香噴噴香嚬嚬

熏希淪切　臭熏熏臭亨亨　硬邦邦硬肱肱

㾓 納唉切 軟㾓㾓 軟任任 滑溜溜 滑律律

煮 遮武切 煮糊了 煮焦了 疲了 回糖不肥

鍋 姑窩切 鍋巴茶 飯焦茶 飯鍋巴 飯焦

燉 都混切 炕焦了 炕黃 燉爛了 煲爛

爛 拉按切 烤糊了 焙焦 清醬 豉油

蝦 希呀切 糖稀 糖膠 滷蝦 鹹蝦

瓣 巴挨切 豆瓣醬 麪豉 擺飯 搬飯

盛 車恆切 盛飯來 裝飯來 喫飯 食飯

貪 他堪切　晌午飯 晏晝飯　貪嘴 貪食

忌 加義切　吧嗒嘴 食物日嗒嗒　忌嘴 戒口

饞 乂寒切　饞得慌 想食不得食　打膈兒 打思噎

⿰齒可 喀卧切　打飽膈 飯後打膈　⿰齒可瓜子 剝瓜子

袋 搭害切　抽袋烟 食日烟　喫頓飯 食餐飯

衣冠類

涅 泥業切 涅白頂子 白石頂 亮白頂子 水晶頂

亮 離漾切 涅藍頂子 暗藍頂 亮藍頂子 光藍頂

花 呼娃切 花紅頂子 二品鏤花紅頂 光紅頂子 頭品無鏤花紅頂

暖 奴挽切 暖帽 冬帽 涼帽 夏帽

繫 蝦異切 帽提繫 帽耳 帽纓子 帽泛

襻 葩按切 陞陞冠 請除帽 氈帽 毛氈

氈 渣安切 斗笠 雪帽 斗篷 大褸

尺 叉益切　尺頭 袍褂料　袍子 袍

氅 叉賞切　大褂子 長褂　氅衣 平袖口脫衿袍

襖 阿稿切　羅漢衫 截衣　長綿襖 長綿衲

褟 忒哈切　小綿襖 短衲　汗褟 汗衫

⿰衤宁 知鄔切　⿰衤宁腰 腰衲　兜兜 暖肚

兜 德歐切　褲腰 褲頭　褲襠 褲⿰月囊

鈕 呢有切　褲腿子 褲脚　鈕襻子 鈕耳

褉 欺異切　開褉 開衩　衣裳縫子 衫骨

⿰⿱曰少刂　㨾敖切　⿰⿱曰少刂舊了　極舊　盞新的　極新

盞　渣罕切　怪長的　太長　精短的　太短

贜　市佒切　衣裳贜了　衣裳不潔　邋哩邋遢　辣辣撻撻

邋　勒哈切　齷哩齷齪　屙屙糟糟　腌腌臢臢　鏬鏬鮓鮓

齷　婀谷切　花哩花踏　衣裳着污痕花點　皺皺巴巴　衣裳皺潮

腌　衣堅切　華哩華紹　華美　抖抖衣裳　抰抰衣裳

臢　市安切　擔擔衣裳　拍拍衣裳　揉軟了　挪軟

揉　熱侯切　打個補帄　衫爛補掩　靴子　靴

靴虛肥切　襪子襪　靴靿子靴桶

靿衣敎切　鞋𩋆子鞋面　洒鞋班尖鞋

𩋆巴佚切　撒拉鞋塌脖鞋　鞋後跟鞋脖

鞋希厓切　挽起袖子捲起衫袖　掖起衣裳押起衣裳

襁基養切　襁褓背帶　褡褳搭袋

褳離烟切　鼻烟抽子鼻烟壺袋　扇套子扇插

被巴妹切　被窩被　蓋被窩蓋被

帳遮浪切　被襠頭被頭　帳走水帳簷

禮樂類

磕 喀婀切　磕頭 叩頭　打躩 打半膝

躬 訶鴉切　躬腰 相見躬腰　打恭 即深揖

疺 佛哈切　道喜 恭喜　道疺 謝勞

伺 薩義切　站班 企班　伺候 聽候

席 西益切　請席 請酒　出分子 行答人情

聽 梯英切　聽戲 睇戲　赴席 去飲

疙 戛額切　播浪鼓 搖碌鼓　疙瘩鑼 凸銅鑼即銅鼓

鈉納哈切　九勻鑼九個小鑼同一架　吹鎖鈉吹笛

喇勒哈切　吹喇叭吹小筩　吹號筩吹大筩

檍衣渠切　吹海螺吹响螺　摩囉檍小魚

言語類

腔 欺央切　好腔口 好口鈋　會說話 會講話

客 喀額切　客套話 通套話　說瘋話 講癲話

絡 盧惡切　活絡話 活動話　扯臊話 遮醜話

哂 子答切　咬文哂字 說話字眼肯子　耍馬前刀 人面前獻媚

搗 搭襖切　搗皮科 鬪口角　大聲嚷 高聲叫喊

攛 粗轡切　攛掇人 聳動人　壓派人 强抑人

壓 衣甲切　擺佈人 擺弄人　排長人 數罵人

捽蘇沃切　擻捽人　當面斥人　不答理人　不睬人

挖烏括切　說話挖酷　言語刻毒　說話諄誨　講話懵懂

諄波妹切　送小嘴　進小口　鬼鬼祟祟　鬼鬼怪怪

嘮拉拔切　嘮嘮叨叨　說話沈贅　瑣瑣氣氣　小小氣氣

叨搭敖切　忙忙忉忉　忙忙速速　慌慌張張　慌慌失失

忐他罕切　忐忐忑忑　心虛怯懼　熬熬煎煎　淹淹尖尖

忑他得切　迷迷忽忽　迷迷懵懵　嘟嘟噥噥　吟吟沈沈

⿰目弱忒哈切　跳跳⿰足弱⿰足弱　跳跳疾疾　唧唧咕咕　小聲講話

彆 箆協切　窩窩彆彆 屈屈質質　扭扭別別 皮氣担担㨃㨃

低 搭衣切　低三下四 甚下流人　調三弄四 調是調非

弄 盧甕切　慢調四理 做事搜朶　糊說巴道 糊說亂道

幌 呼往切　摇頭幌腦 摇頭擺腦　湊趣 鬬高興

湊 墄后切　散閧 解悶　掽着 撞見

掽 葩硬切　掽彩 撞彩　掽釘子 撞板

𠼻 基樣切　嘴强 口硬　𠼻嘴 頂嘴

嘴 租委切　辯嘴 鬬口　打架 打跤

勸 欺院切　打賭 輸賭　勸架 勸跂

囔 鬔朗切　混囔 亂吽　要强 好勝

逞 叉耿切　逞强 誇能幹　有勁 有力

勁 基應切　按緊 以手押緊　櫌緊 約實

櫌 書灣切　繄緊 綁實　撒野 撒賴

謊 呼往切　撒村 粗口　撒謊 講大話

叠 低被切　說不叠 講唔完　邋忽 疎忽

屈 欺郁切　受屈 屈駕　訣給他 央求人

吆 衣交切　吆嚇他 大聲嚇人　躲不過 避不過

赫 哈惡切　使不得 用不得　頂不開 當不住

誆 軲汪切　誆騙 詐騙　不漏臉 不露面

罕 哈稈切　不稀罕 不中意　不服軟 不忿低頭

軟 如挽切　不知好歹 不知好醜　別害怕 米驚慌

歹 搭矮切　別鵰鬼 米整鬼馬　別害臊 米怕醜

饅 麻寒切　說不清楚 講不明白　饅頭財主 假財主

纏 久寒切　卸了底咯 露出馬爪　糊塗蠻纏 纏甚蠻

裏 拉以切　在那裏呢 在何處　在這裏 在此處

那 諾大切　在那裏 在個處　還在這裏 仍在此處

樁 朱汪切　做一樁事 做一件事　擘開罷 放開罷

擘 離藥切　掉了東西 漏了物件　丟了東西 失去物件

脚 基咬切　拾起東西 執起物件　慌手忙脚 手忙脚亂

唬 希迓切　胆子小 胆細　唬一跳 嚇一驚

魂 呼溫切　魂都吊了 失魂　心裏怯 心內怕

怯 欺謁切　小心些 仔細下　挺胸膊子 覥起胸膛

膊 娑吾切　挺硬的 甚硬　稀軟的 甚軟

揪 基幽切　勁很大 力甚大　揪他領子 執佢衫領

彈 他寒切　彈腦殼子 亨頭殼　嘣笑 引笑

呲 攃衣切　滿臉堆笑 滿面笑容　呲着牙笑 衣牙笑

獻 希硯切　儘自笑 笑不止　獻勸兒 獻媚

慪 阿彀切　使性子 鬧脾氣　自家慪氣 自己生氣

漚 阿彀切　又來漚我 又來激我　雜種 野仔

倯 蘇洪切　倯獃子 軟弱無能　忘八旦 龜旦

崽 市矮切　忘八崽子 龜仔　囚攮的 賊仔

囚 欺由切　臭蹄子 臭了頭　浪蹄子 罵妹仔姣婆

婊 篦咬切　婊子 娼婦　窯子 娼寮

刊 喀罕切　刊頭的 斬頭　養漢的 勾野佬

謔 衣角切　嘴騷說話粗口　謔薄話 刻薄話

怗 低厭切　不對勁 不合意　怗着我 掛念我

顫 渣岸切　冷清清 冷搜搜　顫巍巍 震震貢

矮 婀改切　眼巴巴 眼光光　矮墩墩 矮達達

稱呼類

爺 衣伽切　爺爺 祖　太太 祖母

爸 波阿切　爸爸 父　媽媽 母

嫂 塞好切　哥哥 兄　嫂嫂 嫂

嬸 沙很切　兄弟 弟　小嬸 弟婦

姐 賫也切　姐姐 姐　妹妹 妹

妹 麽背切　大爺 伯父　大娘 伯母

娘 呢羊切　叔叔 叔父　嬸娘 嬸母

老 拉好切　太姑老爺 太姑丈　姑太太 姑婆

奶 拏矮切　老姑爺 姑丈　老姑奶奶 父之姊妹

姑 歌烏切　姑爺 女壻　姑奶奶 [illegible]嫁之女

婆 鋪和切　公公 家翁　婆婆 家婆

伯 逋額切　大伯子 夫兄　小叔子 夫弟

叔 賒屋切　大姑 夫姊　小姑 夫妹

裡 拉以切　家裡女人 稱自己妻　官太太 稱人大婆

姨 呀祈切　姨太太 稱人妾　大舅爺 妻兄

舅 基右切　大舅奶奶 妻兄之妻　小舅爺 妻弟

姨 呀其切　小舅奶奶 妻弟之妻　大姨子 妻姊

小 西咬切　小姨子 妻妹　老爺 外孫稱外祖

子 帀以切　老老 外祖母　夥夥 外甥

夥 哇愛切　丈八 岳父　丈母娘 岳母

丈 渣上切　姑姑 姑母　舅舅 舅父

母 麽武切　舅母 妗母　姨爹 姨丈

爹 低些切　姨媽 姨母　爺兒幾個 幾父子

幾 加以切　爺兒兩個 兩父子　娘兒幾個 母女幾個

個 戛餓切　娘兒三個 母女三人　哥兒幾個 幾弟兄

哥 戛婀切　哥兒四個 四兄弟　姐兒幾個 姊妹幾個

兩 離養切　姐兒五個 五姊妹　兩口子 兩夫妻

口 喀嘔切　爺兒們 衆父子　哥兒們 衆兄弟

乾 戛安切　姐兒們 衆姊妹　乾爹 契爺

兒 鬙宜切　乾媽 契媽　乾兒子 契仔

女 呢汝切　乾女孩 契女　拜把子 拜案

乖謬類

橫 訶硬切　豪橫 惡氣　暴燥 浮燥

燥 薩傲切　拐骨 壞骨　挖酷 刻薄

酷 珂屋切　揭短 數人短處　粧佯 詐獃

傻 賒鮓切　粧傻 詐牛　粧憨 詐怵

憨 哈安切　放刁 放儱賴　撒嬌 詐驕

楞 拉硬切　丟醜 去面　楞杵子 戇佬

貓 麻瓟切　打夾帳 打斧頭　癩貓子 無認賬

臊 薩傲切　不害臊 不知醜　儳頭人 不好人

儳 攃岸切　儳頭東西 不好貨　不把滑 無担戴

滑 呼乞切　不懂眼 不識人意思　討人嫌 乞人憎

叫 基要切　沒記性 無記性　花子 乞丐

⿰言𠬶 妻㾖切　死皮賴臉 詐生賴死　胡⿰言𠬶亂講

鬧 拏傲切　胡鬧亂鬧　嗷嘈 愁悶

架 基亞切　拉架子 剳局　拏架子 裝腔

牌 葩孩切　鬧牌子 演排場

疾病類

證 遮硬切　有病證 有病　請大夫 延醫

脉 麻惡切　把脉 診脉　害汗病 傷寒病

暈 於郡切　發瘧子 打擺子　發暈 發惛

抖 搭偶切　發抖 發震　發燒 發熱

哮 哈歐切　發毛 發慌　發哮 氣喘病

癆 拉豪切　癆病 內傷　害眼 眼熱

眵 叉衣切　長眵瞀 生眼屎　長疥瘡 生辣瘍

癤 賁協切　長疥瘡 生癩　長癤子 生瘡仔

贓 而昂切　長贓瘡 生疳疔　腦袋疼 頭疼

痱 發位切　痱子 熱痱　酒刺 飯痣

瘊 訶浮切　瘊子 似飯痣而硬　打劑藥 執劑藥

搓 粗窩切　搓藥丸 挪藥丸　打嚏噴 打乞痴

嚏 他異切　打呼 鼻鼾　淌一身汗 出一身汗

淌 他朗切　走陽 遺精　發惡心 作嘔

噦 於厥切　强扎掙着 免强郁動　乾噦 乾嘔

嗓 薩朗切　瀉肚子 疴肚　嗓子啞 聲喉破

啞 衣假切　出花兒 出痘　見苗兒 痘初出

掉 低耀切　灌漿兒 痘上水　掉痂瘡 搐靨

疙 戛婀切　癢痒 痕癢　淌鼻血 流鼻血

瘷 喀婀切　熱瘷子 熱瘡仔　風疙瘩 起風難

瘩 得哈切　痂瘩 瘡粒　痂瘡 瘡靨

瘌 麻訛切　瘡疤瘌 瘡痂　瘌脖子 割頸

脖 巴額切　掛脖子 弔頸　說糊話 發晴話

倒搭敖切

倒氣將死窜氣

活過來了翻生

苛 下三十四

婚喪類

聘 披隱切　下定 定親　聘姑娘 嫁女

娶 妻雨切　過聘 過禮　娶媳婦 娶新婦

粧 朱汪切　過嫁粧 搬嫁粧　挑蓋頭 挑頭帕

喫 欺益切　喫交杯 飲合巹酒　圓房 洞房

添 梯淹切　身子有喜了 身懷有孕　添兒子 生仔

雙 書汪切　雙生子 生孖仔　頭生兒 頭胎仔

歿 模惡切　歿生子 遺腹子　喫三天 三朝飲雞酒

團 徒完切　回老老家 返外家　團圓媳婦 養新婦仔

圓 於全切　後婚婆 番頭婆　報喪 送訃音

擦 堿哈切　擦眼淚 抹眼淚　道惱 弔喪

裹 姑我切　穿裝裹 與死人着衣服　入殮 收殮

殮 離演切　坐夜 臨殯前一晚　送殯 出喪

殯 篦應切　下葬 落葬　圓墳 埋墓卽拜三朝

脫 徒活切　上墳 拜山　脫孝 滿服

工商類

貨 呼卧切　請來看貨 請來睇貨　包圓兒買 盡買完

躉 都穩切　打躉兒賣 一總賣　牙子 販仔

拇 麽武切　拇量多少 估幾多　不打價 不二價

攙 擦安切　攙在裏頭 俵在內　攙勻了 俵勻

夥 呼我切　搭夥計 合伴　趕集 趁墟

集 剆益切　討帳收賬　串米 舂米

劈 葩益切　做活計 女人做工夫　劈麻 績麻

撚 呢掩切

撚線 搓線

打㨊擺 打布撲

㨊 巴供切

捺底子 褯鞋底

頑耍類

鴿 歌屋切　射鴿子 响箭射圓皮靶　耍龍燈 舞龍

傀 軲囘切　戴鬼臉 戴笑面　耍傀儡 做鬼戲

儡 盧囘切　擂鼓 打鼓　放風箏 放紙鷂

盒 哈額切　燒盒子 燒烟火　摔跟抖 打大番

毽 基厭切　踢毽兒 打燕　扮抬歌 扮色

幪 麻恒切　粧像聲 學鳥獸聲　幪瞎瞎 掩盲公

瞎 希押切　藏幪歌 藏瞇幪　打把式 舞把實

雀 妻約切　　頑雀 養雀鳥　　下棋 捉棋

牌 葩孩切　　鬭牌 打牌　　鬭骨牌 打骨牌

擲 渣逸切　　押寶 買寶字　　擲色子 擲色

攧 低烟切　　拉二絃 顫二絃　　攧三鏝 摜三鏝

擰 呢盈切　　擰平天倒 甯車篾　　擰扳不倒 甯洒擰

金銀類

金 基因切　土砧 金子 金　銀子 銀

銀 衣勤切　磕 花邊錢 番銀　大元寶 五十兩一錠

錁 喀卧切　抄 大錁子 大錠　小錁子 小錠

潮 乂敖切　士太偷 潮銀 低銀　俥 比過 兌過

鐲 朱活切　土姑 帶頭子 帶鈎　本 鐲子 手鈪

簪 帀安切　砍賒 戒箍子 戒指　閶卩贊 扁簪 髮簪

刮 姑宅切　刮舌兒 利刮　土 光板子 光身無花簪

鉗欺言切　耳鉗子　耳圈　耳挖子　耳挖

墜朱位切　耳墜子　耳扣

銅鐵類

鍋 姑窩切　銅鍋 銅鑊　銅鉼子 銅煲

杓 沙敖切　銅鑵子 銅罐　銅杓子 銅壳

鈴 離盈切　銅漏杓 漏壳　銅鈴鐺 銅鈴鎯

熨 衣郡切　熨斗 湯斗　倣圈 寫字銅壓

圈 欺淵切　比平 天平　法碼 天平碼

喚 呼玩切　烱鍋子 烟斗　喚嬌娘 賣絨線之銅鐺

帳 渣浪切　帳鈎子 蚊帳鈎　過江龍 酒角

提 他宜切　酒提子 酒壳　筆帽子 銅筆塌

鎖 蘇火切　鍋鏟子 鑊鏟　鎖鐄 鎖鬚

鑰 於覺切　琉璃馬 琉璃鴨脚　鑰鍉 鎖匙

鈒 遮哈切　小刀 刀仔　鈒翦 銀鈒

翦 賁演切　翦子 較翦　小鍋 鑊仔

鉗 欺言切　刀刃子 刀口　鉗子 火鉗

灰 呼煨切　灰抹子 灰匙　抬砲 過山鳥

吸 蝦畚切　子母砲 塔題　吸鐵石 攝石

錫瓦類

錫 蝦益切　錫鑞 錫　酒嗉子 酒壺

鑞 勒哈切　酒瓶子 酒罇　鉛鉈子 鉛秤鉈

鑘 他寒切　錢粮子 鉛彈　鑘子 塔㙮皆是

鑵 姑萬切　鑵子 罌　油鑵子 油罌

壺 訶吾切　硯水壺 寫字水罌　沙鍋 瓦鑊

銱 低要切　羹匙 匙羹　茶銱子 茶煲

鉢 逋活切　沙銱子 沙煲　缸鉢 瓦鉢

悶 麽恨切　牙盆子 沙盆　悶葫蘆鑵 錢罌

䠋 篦葉切　尿䠋子 尿壺

竹木類

炕 喀浪切　炕床　炕簷 床邊

⿰高亢 㰯要切　桌子 枱　⿰高亢頭案 搭机

屜 他異切　抽屜 櫃桶　桌簷 枱邊

⿰日奇 加衣切　桌縫子 枱罅　桌⿰日奇角 枱角頭

橕 車硬切　桌橕子 枱橫　桌子活動 枱不穩

墊 低厭切　墊穩他 攝好枱腳　馬杌子 斗櫈

⿱宀森 拉罕切　⿱宀森飾裝 首飾匣　⿱宀森收拾 衣物箱

槙 磨吾切
橛 居日切
踏 得哈切
梯 他衣切
扁 篦演切
棒 巴炕切
戳 初活切
塞 喹額切

餅槙子 餅印
椿橛 木椿
梯子 樓梯
擀麵杖 研麵棍
扁担 担挑
棒槌 擣漿棍
紡車子 紡花車
水杓子 水壳

用桶 水桶
脚踏 脚踏凳
鍋蓋 鑊蓋
案板 砧板
拐棍 拐杖
戳子 木圖書
木塞子 木卒
樓子船 橫樓船

筏佛哈切 擺渡 橫水渡 筏子船 小船

艞悌要切 船艞子 跳板 岢沙 亢沙

岢喀餓切 巃岸 埋岸 水龍 水車

轆勒屋切 滑車子 律羅 車轂轆 車輪

縴欺厭切 縴繩 纜繩 拉縴 拉纜

楥虛願切 鞋楥子 鞋劵 鞋拔子 鞋抽

傘薩罕切 亮轎 明轎 雨傘 雨遮

綑軲穩切 蒲扇 葵扇 一綑柴 一把柴

帽麻傲切　竹斗篷雨帽　竹壳帽竹索帽

簍拉偶切　竹囤子穀囤　竹簍子竹笠

罶離有切　魚罶子魚笱　竹篚子竹籬

淺妻演切　竹淺子筲箕　竹竿子衣裳竹

竿戛安切　酒囤子酒脚　撮箕竹簍

籃拉寒切　籃子竹籃　簸籮竹篙

簸鋪火切　篩籮羅斗　筲箒禾尾掃

箒遮偶切　催箒竹掃　掃箒掃把

罩 渣傲切　雞罩 雞忩　筆筒 筆升

管 姑挽切　筆管 筆桿　筆套 筆塌

烘 呼農切　烘籠 焙籠　籠屉 蒸籠

屉 他畀切　烟袋 烟筒　烟口袋 烟荷包

桿 㒵罕切　烟袋桿子 烟筒竹　薑擦 薑磨

擦 測哈切　棍兒香 線香　香棍兒 線香脚

棍 姑混切　孝順兒 㧥癢耙

花果類

梔 澁宜切　梔子花 白■花　鼓子花 燈籠花

晚 哇罕切　夜蘭香 夜香蘭　晚香玉 玉簪花

軜 他郎切　花菇都 未開之花朶　軜軜紅花 百日紅

瓣 巴拔切　花瓣子 花瓣　黄花 金針菜

莛 梯影切　花莛子 花礦　一箭花 一枝花

冒 麻傲切　冒出芽 發出芽　開罷了 花開完

佛 發額切　佛手 香椽　柚子 柚

橙叉恒切　橙子橙　柑子柑

橘基鬱切　桔子桔　橘子橘

橄戛罕切　山梨紅鮮山查　橄欖白欖

栗拉亦切　毛栗子風栗　荸薺馬蹄

荸巴益切　蕹菜青粥

蕹讀作甕　癩瓜苦瓜　茄子矮瓜

瓠訶悟切　瓠子尚瓠　紅薯番薯

萵烏戈切　香菜芫茜　萵苣菜生菜

芽 衣蝦切　黃芽菜 黃芽白　筒子菜 盎菜

齒 乂矣切　黃豆 白豆　馬齒菜 瓜子菜

屎 沙矢切　馬屎菜 馬屎莧　豆芽菜 芽菜

縍 巴佚切　菜梗子 菜礦　菜縍子 菜欶

咖 基呀切　牛皮菜 君達菜　咖嗟菜 天津大頭菜

蔫 呢烟切　晒蔫了 晒軟　菜脯 菜干

蔔 逋額切　糠心蘿蔔 通心蘿蔔　榛子 椎子

樜 渣夜切　叭嗟子 杏仁　甘樜 甜樜

米麻矣切　包兒米粟米　明開夜合日開夜閉

瓢披堯切　霸王鞭火央勒　浮瓢浮萍

茅彌天切　茅茨茅草　一大鋪拉一大片

嘟德烏切　一嘟嚕荔枝龍眼一撲撲　渣沙起來花草于見水復生

嚕勒五切　接活了搏生

禽獸類

錦 基引切　錦雞 野雞　絲毛雞 竹絲雞

母 麽武切　公雞 雞公　母雞 雞乸

雞 加衣切　雞打鳴 雞啼　小雞 雞仔

水 書毀切　雞子 雞蛋　水雞 田炪雞

鴨 衣甲切　鴨子 鴨　鴿子 白鴿

鴿 戛頷切　老鴰 老鴉　咧鴚 鵝哥

鴰 姑挖切　喜鵲 鴉鵲　似⿱喜見 猪屎乍

唰 波阿切　家雀 禾雀　夜貓子 鵂鶹雀

⿰忽鳥 訶杌切　貓兒頭子 貓頭鷹　⿰忽鳥⿰鳥犮⿰勒鳥 山百鷯

⿰鳥犮 波哈切　嗉子 雞鴨雀鳥絜頭　雀鳥吵 雀鳥唱

⿰勒鳥 勒哈切　翅髈 雀鳥翼　亮翅 伸翼

搧 沙安切　搧翅 拍翼　哈吧狗 洋狗

起 乞以切　狗起⿸疒襄 狗起水　走時子 犬獸打種

毧 如洪切　採毧 雀鳥打種　搭配 虫蛇打種

抱 巴傲切　下蛋 生蛋　抱蛋 捕鷇

犢得屋切　乍窩雞亂鬬　牛犢子牛仔

騍喀臥切　兒馬馬公　騍馬馬母

駒基於切　馬駒子馬仔　下崽子凡犬獸生仔

驅欺於切　山羊草羊　羊驅旅老羊

旅離宇切　一頭牛一隻牛　一匹馬一隻馬

匹葩謚切　一口猪一隻猪　一隻羊亦曰一隻羊

耗哈傲切　耗子老鼠　打前失馬行前脚失跌

蹶基肥切　撂蹶子馬向後踢人　馬打滚馬輾沙

岔 車作切
馬眼岔 馬驚慌
馬皮張 馬毛色

嚼 晝學切
馬嚼子 束馬口之鉄鐶
馬籠頭 束馬頭之索

韂 叉按切
馬屜 馬褥
馬韂 馬肚裙

踢 他益切
馬踢胸 馬胸前掛的紅纓
馬扯手 馬細韁用棉帶者

韁 基央切
偏韁 馬右韁用皮條者
騸馬 閹馬

羯 基核切
宦牛 閹牛
羯羊 閹羊

鐓 書魂切
鐓雞 閹雞
善狗 閹狗

閹 衣堅切
閹豬 亦曰閹猪
淨貓 閹貓

蟲魚類

肨 葩昂切　草魚 鯇魚　肨頭魚 大頭魚

豚 [illegible]魂切　河豚魚 雞抱魚　鳳尾魚 馬鱭魚

鬃 租翁切　斑鬃魚 生魚　扁鰱魚 騷魚

鰷 梯蕘切　塘蝨魚 塘虱魚　麵鰷魚 白飯魚

鰾 飽要切　團魚 脚魚　魚鰾 魚膠

魚 於渠切　魚白 魚獲　魚子 魚[illegible]

蟹 希[illegible]切　螃蟹 蟹　毛螃蟹 螃蜞

螃 葩杭切

蟆 麽乍切

蝆 衣講切

蠅 衣形切

螞 麽乍切

蚱 側哈切

蟣 基以切

蟟 離堯切

螃蟹夾子 蟹鉗（之 之呀合）

田雞 蛤蟆（官衎）

青蝆 青鼃

螥蠅虎 蠅虎（揾口）

螞螂 塘蛸（官郎）

螞蚱 草蜢（詐）

蟣蟟 荔枝虫（止了）

蜈蚣 蜈蚣百足俱叫蜈蚣

蝦蟆 姑都 雷公魚（蜀下四十八）

蝦蟆 蠄渠

螥蠅 烏蠅（倉開口）

螞蟻 蟻（馬耳）

刀螂 馬郎夯（官郎）

氣不忿 螟蛉（翅 分）

秋涼兒 秋蟾（超）

蜘蛛 蜘蛛蠄蟧俱叫蜘蛛（之 官朱）

蟈 姑活切 蟈蟈 似蜢而肚大 蛐蛐 蟋蟀

蛐 欺郁切 蛐蟮 黃犬虫 蟑螂 蛣[illegible]

蜢 麻耿切 蜢子 蚊蠓 蠍虎子 血蛇

蠍 希掖切 屎殼螂 笨屎虫

磕 喀婀切 亮光虫 放光虫 磕頭虫 舂米公

蚪 搭偶切 跟蚪虫 沙虫 蝲蝲蛄 上狗

蝲 勒哈切 簷蝙蝠 飛鼠 上樹拐 跳蟟拐

蜇 渣額切 蜂窩 蜂巢 蜂蜇人 蜂針人

虱 沙一切　臭虫 七蔥 木虱　虱子 尸 虱蝕

蝨 亓好切　蛒蝨 宮𧊅宮造 狗虱　蟣子 止 虱𧎪肉

擠 亓以切　蠹魚 杜 食書虫　擠虱子 止尸 手甲釘虱

招 欺牙切　招虱子 車蝦倉尸 捉虱　竈螞 開口馬 灶蝦

熰 蜊苛切　熰蚊子 區溫 屈蚊

下四十九

雜門類

毬 欺由切　骨董 古玩　帽毬子 地毬

箭 賫厭切　一條箭 一枝箭　一回箭 一副箭

䩞 巴敖切　一弧箭 一桶箭　䩞頭 牛角响箭

撒 塞哈切　翎黃 箭翎　撒袋 插弓箭袋

靶 波駡切　九龍袋 插火藥筒袋　刀靶子 刀柄

鞘 西要切　刀鞘子 刀壳　鞋擠腳 鞋窄頂腳

掀 希烱切　拔起鞋 抽起鞋　掀開 揭開

暘 衣祥切　布幔子 布簾　遮暘 布帳　下五十

幌 呼往切　幌子 招牌　鞶腰 束腰

緊 基巽切　攎布 抹桁布　蝕蠅刷 馬尾拂

攎 渣罕切　石臼子 舂坎　硯台 墨硯

臼 基友切　一扣紙 一頁紙　毛頭紙 沙紙

硯 衣見切　寶蓋頭 宀頭　立人傍 亻傍

繳 基咬切　反犬傍 犭狗傍　繳絲傍 糸傍

踼 他益切　踢才傍 扌傍　斜文傍 乂傍

倣發罔切　打走之 辶遥　寫倣學 印字格

勻於羣切　好勻柳 好句循　影格 字格

邋勒哈切　邋了字 漏了字　碧點子綠 碧綠

碧巴益切　焦金子黃 焦黃　鮮點子紅 鮮紅

鮮西烟切　雪光子白 雪白 擺　漆墨子黑 墨黑 苛

雪西日切　拉拉尕尾 䍇尾　有頭有尾 有始有終

前列別俗皆本　國朝字典運用並非杜譔惟句下所

注俚語間有有音無字者不得已借用別字代之以便

一目了然秬薌自跋

正音咀華卷三終

正音囊臢

本家　同宗也

聯宗　換帖也

趄条子　老山之意

冒失鬼　躁暴人

鬧雁兒孤　脾氣如孤雁無人賠

伀囊的　軟弱無能

扯皮條的　姦媒老扯也

滚疍罷　斥人扯去

栗巴頭子　笨木頭人

無二鬼　不三不四人

捱刀的　駡人斬頭嘅

勞毛的　娼寨龜公

打趔趄　行路脚步不穩

糟膏　煩悶之意

掩不上 掩唔埋

請向師 請地理先生

扭扭地方 掯吓地方

朕 這樣語詞原係這麼這麼合埋一字乃係朕也 如俗話錦話

捻 個樣又那麼那麼合埋一捻字 即俗話個樣

拉 係稱人老爺如廣東先生合成腥字也

細緻東西 幼細物件

石磡兒 石級也

籬笆 竹笪也

佛冠 釋家帽也

道冠 道士頭上簪的鷄髻也

擠得慌 人多甚逼

一蹬一蹬 一級一級

心紅銀 官府領的碌硃銀両

甜水 京城日出水也

苦水 京城之鹹水也

猛鳥 則冡去

大水盤子 如裝魚肉凡大嘅曰盤

三寸碟 豉油碟

五寸碟 闊邊碟

七寸碟 魚肉碟

臉盆 面盆

瓶子 樽也

一罈子 一埕也

別佈囉 米夾菜俾我

好肉麻 好肉酸

別鬧 米反

我不替你鬧 我唔同你反

沒人理你 無人理你

胳肢你 毡你

抓癢痒 㧙痕

孖沙癢[illegible]癢

刮臉 剃面

刮鬍子 剃鬚突

搯耳 取耳

切開四瓣兒 鈒開四索

別過來 米過嚟

戳子 凡地保道官用之

甩過臉來 擰轉面嚟

累墜 拖手掕腳

冷姑丁 忽然間

妯娌們 大伯娘叔嬸總稱

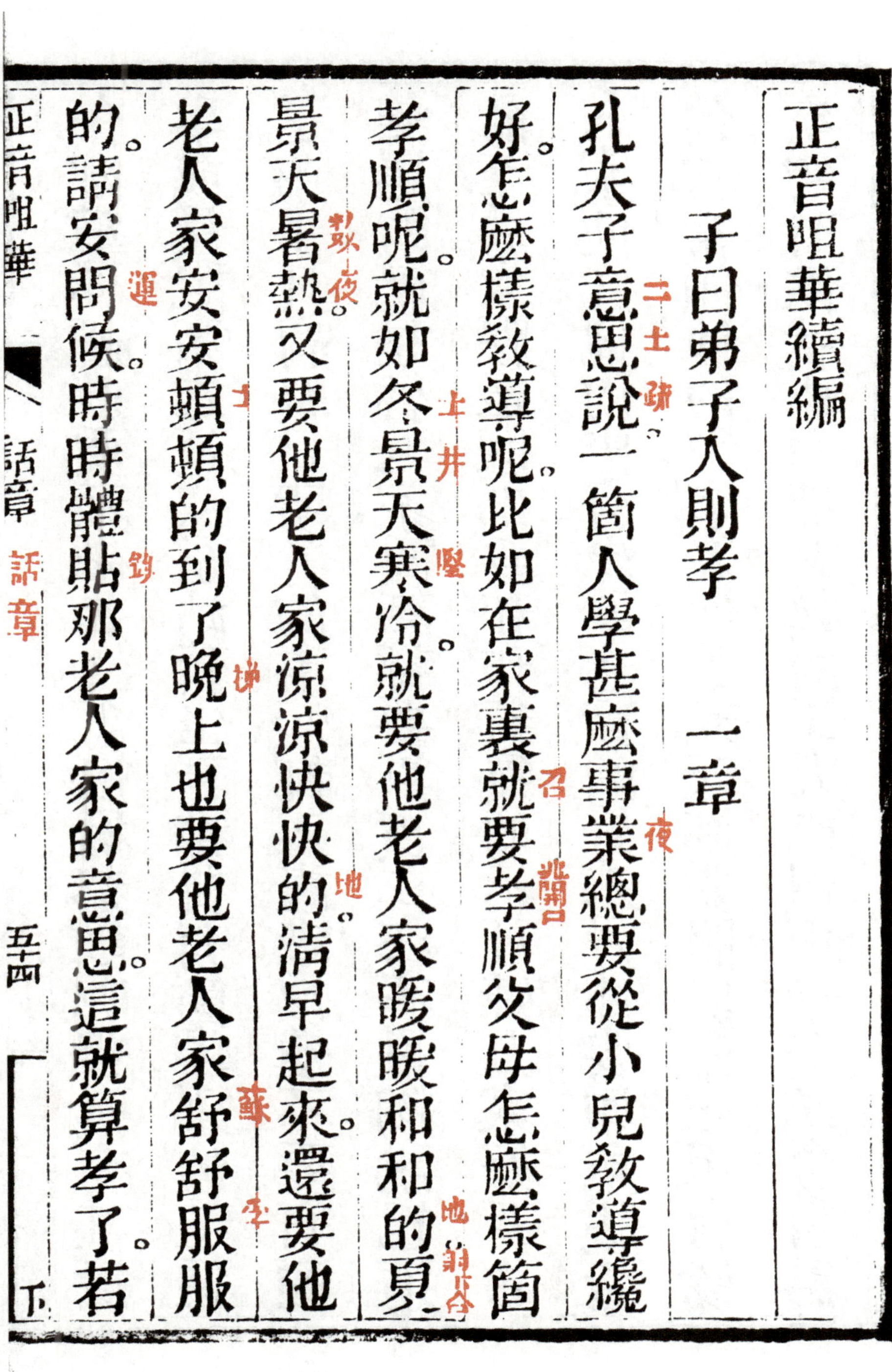

正音咀華續編

子曰弟子入則孝　一章

孔夫子意思說一箇人學甚麼事業總要從小兒教導纔好。怎麼樣教導呢。比如在家裏就要孝順父母怎麼樣箇孝順呢。就如冬景天寒冷。就要他老人家暖暖和和的。夏景天暑熱。又要他老人家涼涼快快的。清早起來。還要他老人家安安頓頓的。到了晚上也要他老人家舒舒服服的。請安問候。時時體貼那老人家的意思。這就算孝了。若在鄉黨外頭。就要恭敬長上。怎麽樣恭敬呢。但凡有甚麽事或是說話走道或是站着坐着。都要有箇儘讓的這便是弟了。凡有終日所幹的事情都要謹謹慎慎不要有頭無尾的就是替人家說話都要實實在在。不可糊說巴道的至於大夥走攏都要和和氣氣的。不可嫌人家好歹占人家便宜。他內中有忠厚老實的好人。另外要加意親近他。常常領他的教這幾件事天天都要照樣兒做但有餘空的時候就要做那文藝的工夫或習禮學樂。或念書寫字。或跑馬射箭或練駕御或學算數樣樣都要勤學不可閒曠了日子。一則可以考究孝弟等樣二則可以開發聰明所以教訓子弟們總要趁早纔好啊

子華使於齊　二節

孔夫子有箇徒弟。字叫子華。他這箇人習慣禮樂。言談舉止樣樣都好。一日夫子叫他往齊國問候箇朋友。當時有箇冉求是子華同窗的。見子華出外。他有娘媽子在家。恐怕他家計不敷過活。少不了要替他張羅張羅。因此向夫子請些米粮幫幫他。夫子道。給他六斗四升罷囉。冉子嫌給的太少了。再請多些。夫子道。還不彀嘛。給他十六斗就是喇。夫子是不用給的意思。誰知冉子還嫌少。另外把自

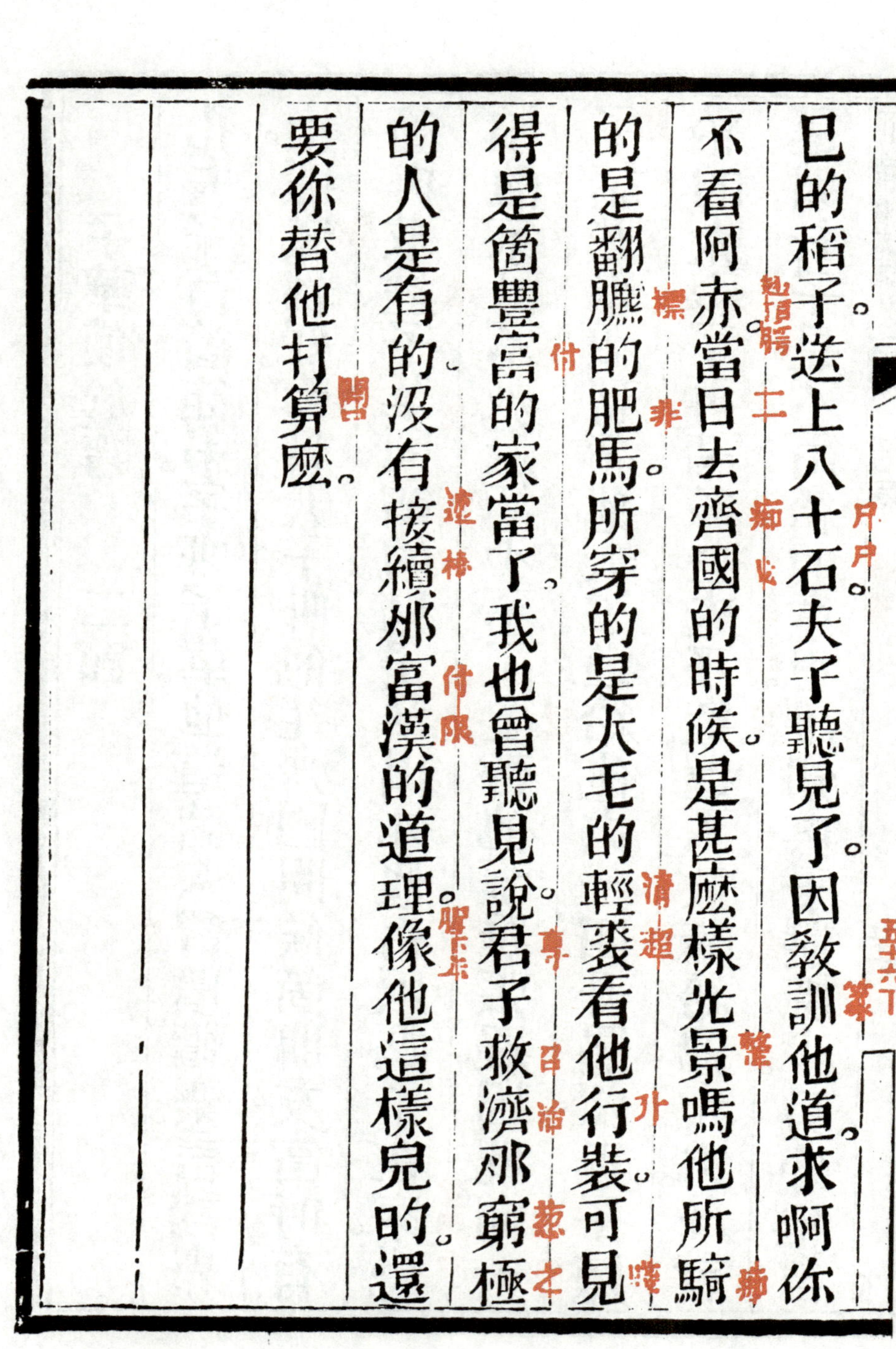

已的稻子。送上八十石。夫子聽見了。因教訓他道。求啊你不看阿赤當日去齊國的時候。是甚麽樣光景嗎他所騎的是翻膘的肥馬。所穿的是大毛的輕裘。看他行裝。可見得是箇豐富的家當了。我也會聽見說。君子救濟那窮極的人是有的。沒有接續那富漢的道理。像他這樣兒的。還要你替他打算麽。

子曰賢哉回也　一章

昔日有箇姓顏名囘的大賢。是孔聖人第一箇徒弟。一日夫子讚他道好箇阿囘呀怎麽見得他好呢。你瞧他所喫的是一筐子這麽點飯、所呵的是一瓢兒這麽點水就是他所住的房子、是那倣衚衕兒裏頭。你想他處到這箇光景若在別人。就憂愁的了不得了啊。我阿囘總不以窮苦爲念心裏頭還是自有一段的眞樂果然是箇好徒弟喇

闕黨童子將命　一章

闕黨地方。有箇小孩子。替我夫子同在一條衚衕兒住。他老子娘打發他去從遊夫子念書夫子的學房有甚麽客來。叫他站在那裏伺候傳傳話兒。那街坊的人見夫子這麽重用他。估量他有點成色了。因問道老夫子這箇小孩子。豈不是少年老成囉嘛。夫子說道那裡話呢。他纔來的那能彀成就呢。他本該是箇晚輩看見長輩在上頭坐。他在角鋪兒下頭坐。纔是呀。我見他倒在長輩的炕頭兒上坐着。就是替長輩出街也要在後頭跟着纔是呀。我見他不論先後。倒替那長輩並着髈兒走着他這箇樣兒。不是成就了是箇小孩子要做大人的模樣兒。別說他甚麽成就的話就是那眼面前的禮貌都還不懂得呀今兒有甚麽客來使喚使喚。不過叫他學學人家進退威儀出入上下。眉眼高低。大小法兒。也得見識見識。將來懂得點兒規矩變化氣質也未可定的如咎那就說得老成了呢。

孔子曰益者三友　一章

孔夫子的意思說。一箇人出來相與朋友總要帶雙眼睛有益於我的有三樣有損於我的有三樣。那三樣是有益的呢、一樣是正直的人你就有點兒錯。他必然開導你。斷乎不肯護短的。一樣是老實的人他總不說句撒謊的話、不幹件荒唐的事。一樣是有見識的人通今博古所有甚麼事情沒有不考究的這三樣人你若親近他常與他相與將來品行就端方了學問就大進了這豈不是有益了麽。那三樣是有損的呢。一樣是外面習慣禮貌堂堂。心裡實在拐骨不過。這樣就不是個正直人喇一樣是當面很會替人家嬉和。背地裏實在乖張無比這樣就是無信實的人了。一樣是不懂道理的人。嘴裏只會花言巧語這樣就是沒見識的人了這三樣人。你就要遠離他。不好替他走攏。若是替他走攏。就會把你的心都挑唆亂了。不知不覺的走到下流去了。這豈不是有損了麽。損益兩樣若不留心分別。那就不知道好歹了

陽貨欲見孔子　一章

魯國有箇陽貨想招呼咱們的夫子去見他他本來是箇亂臣賊子。咱們夫子怎肯去見他呢。他沒甚麼法兒囉買箇小猪子。懒得爛爛兒的乘咱們夫子出門的時候。他纔送了來。咱們夫子本不愛搭理他。但不去回拜又失了自已的禮。若去回拜又上了他的當。所以咱們夫子也等他不在家裏的時候。纔到他那兒道謝。剛剛有這麼湊巧在道兒上又撞見他。陽貨這箇東西當眞可惡的囉你道他怎麽說呢。他說道啊。你來我替你說話。譬如有一箇人將那些寶貝都收攏起來。朝死的坐在家裏。時候這麽亂也不出來管管。這也稱得起是有良心的人嗎。夫子答道。不是咯。貨又說道。又有一箇人常常想要出身做官兒見了可以靠得住的人。又不上前。又不漏臉。這也算得是懂時務的人嗎。夫子答道。不是囉。貨又說道。你瞧日月如流去而不返的了。這箇年歲不能爲你們留得住的了。俗語說的。白日莫閒過。青春不再來。這句話你都不曉得嘛。趁這

個機會還不巴結做官嘛還等到甚麽時候呢夫子聽見

他說的這些無裏無表的話也不理會他只是順口答道

是我就去做官囉你不用費心囉

子謂公治長 一節

昔日孔夫子有箇徒弟姓公治名長一日夫子談論他道這箇人品行又好學問又好招他做箇姑爺也是不錯的雖然他從前坐過監獄原是寃屈他的這也沒甚麽防礙呀夫子說過這句話兒之後就把自已的女兒嫁給他做老婆了那夫子為甚麽說他坐過監獄來呢只因公治長是懂得鳥音的有一天兒有箇雀鳥在半空中噪道公治長公治長南山有箇虎馱羊你喫肉我喫腸快取去莫徬

徨、那公治長聽見這奇怪的事。就走到郊外瞧瞧倒不錯。果然有隻被虎傷的死羊。丟在那裡。他心裡思量道這麼大的羊。白白的糟塌了。他很可惜了所以叫人扛回家裡去賞給那底下人喫。後來那失主不見了羊。囉滿道處找。都找不着。聽見道兒上的人說。公治長的家人這幾天兒在家裡弄綿羊呢那失主估量是他偷了。就惱得一膞子的氣。拉着公治長告在、地方官案前。公治長把鳥音的緣故說出來。那官長見這箇話。好像荒唐些兒只管押住他。

候箇辦法後來那公冶長坐在監裡。一日又聽見衆雀鳥大噪起來說道。公冶長。公冶長。齊人出師侵我疆。沂水上繹山旁。早防備莫徬徨。那時公冶長就把這幾句話兒告訴那掌獄的官。那掌獄官轉奏魯君。魯君差人出境外打聽。回報到果然不錯。魯君卽刻發兵替齊國交戰。大獲全勝。魯君見他確實懂得鳥音。查得現存偷羊的案本是冤枉他的。卽令地方官放了他出來罷。今兒夫子說他坐過監就是這件事喇。瞧起來這等冤屈的事情有甚麼相干

呢

子之武城　一章

昔日孔先師有箇學生姓言字叫子游做武城的知縣一日孔先師帶着衆學生經過那箇地方聽見有賦琴的聲兒又有歌詠的聲兒。你唱我和家家戶戶都有一種太平的景象夫子心裏就歡喜的了不得忽然微笑道好啊但是這麼小的地方。好比一箇雞兒一樣這麼大的道。好比一張牛刀一樣。宰這麼箇小雞兒何用這麼大牛刀呢那言徒弟對着師傅說道。從前學生念書的時候。常聽見老夫子說上等的人學習禮樂心裏就慈祥了。自然愛人底下的人學習禮樂心裏就和順了。自然聽使所以在這裏做官。地方雖小。也少不得這箇規矩。老夫子倘忘記了嘛孔先師瞧着眾學生說道你們聽聽阿偃所說的話很是呀我纔說的話。不過頑笑而已你們不要錯會了這箇意思啊。總要聽他說的纔是呢

子路從而後　一章

昔孔子從楚反蔡有許多徒弟跟隨回來單單有箇子路。走遲了一步轉眼不見了夫子因撞見一箇年高的老頭子手裏挂着一根拐杖挑着兩箇竹筐由田隴子走進來。子路忙問道請問這位老人家看見我們老夫子從這經過沒。那老人家抬起頭來瞧瞧他。就說道如今正該耕田的時候。我瞧你散手散脚的。分明不務農業是箇好喫懶動的了。若問你甚麼稻子麥子雜粮件樣都不能分別的了天天跟着你那夫子滿道處跑能彀幹出甚麽事來你要我你夫子嘛這麽大條道兒你來我往的誰是你夫子呢說完就把拐杖插在田裏便下田芸草也不答理他那時子路聽他說的話知道他是箇非常的人了就不敢簡慢他攝手攝腳的站在這裏那老人家見子路規規矩矩站在那兒也知道他是懂得禮性的便不是尋常的人因看見天色已晚了就請那子路到家裏歇宿叫家裏人宰了一箇雞兒弄大米飯同子路喫又叫他兩箇兒子出來

拜見你兒我弟倒有點文雅氣又懂得禮貌不像那些沒家教的那時大家敘談了一回就去睡覺了躺一會兒天就亮了子路老早起來告辭那老人家一路回去就找着夫子了他把昨兒的事情一件一件告訴夫子知道夫子說道你可知道這箇人甚麼人嘛你別當他是箇庄稼漢哪我看他一定是避世的人哪你再去見他這樣這樣的話對他說邀他出來同着一塊兒去做官也是好的呀那子路聽見夫子這箇意思就去再找那老人家見見誰知

一進了門。早被他料得要趕囘來有話說的預先躲避了。

沒有見面。見無奈把夫子的話。告訴他家裏人就囘來了。

齊宣王問曰文王之囿 一章

齊宣王一日向孟夫子問道。我聽說周文王的園囿有七十里這麼大。不知是不是。夫子知道不。孟子道。那小書上相沿已久。都是這麼說囉。宣王道。那文王也是百里侯封而已。他那園囿果然有這麼大嗎。孟子道。文王的園囿雖是這樣大。當時衆百姓們還嫌他小得一點兒呢。宣王道。那就奇囉。寡人的園囿不過四十里。比文王的還差一半哪。那百姓們反說我的太大了。這是甚麼緣故呢。孟子道不是呀。大王可知道文王的園囿嘛他的園囿不單是自已頑耍的。就是那百姓們割草的刊柴的。打圍的網雀鳥的。箇箇都喜歡在那裏頭。因那裏的東西有限。來往人多怪不得那時百姓嫌小喇。若大王的園囿就不同囉小臣當初來貴國的時候、到了郊外。先行查問國中有甚麼法令。纔敢進來。聽見人家說那裏就近的地方有一箇園囿方圓有四十里。這麼大。若是有人到那裏傷了一隻麋鹿。就要拉住這些人償命的呀。那百姓們瞧見這箇園囿倒

像個陷坑一般常常都心驚膽破的。怪不得他們嫌大喇

總之據爲已有。雖小也大。上與人同。雖大也小。大王如今

總要大夥兒同樂。便不論大小都好又何必把大小比較

呢。

孟子謂齊宣王曰王之臣 一章

孟夫子見齊王總不答理國政因設兩端事情問道大王有箇臣子他把老婆孩子托付下箇朋友往楚國地方遊玩去了及到一年半載那臣子回來看見他妻子臉上冷的焦黃的了身體餓的精瘦的了請問大王怎麽樣呢王道既是受人家的重托又不肯給他喫的穿的這樣無義的人還替他走攏嘛與他絶交就完了孟子道相與朋友既然是這樣喇比如又有箇掌刑獄的官一點法兒都沒

有。不能管理屬員請問大王怎麼樣呢。王道。做官的人啊。總要盡得職分纔好呀。他如今既是食了俸祿不能管理屬員。這樣無用的官。還要他幹嘛。即刻革了他就完了。孟子瞧見大王處人甚明。就照直問道。人君是一國的主子。就是一國的父母一樣了。今兒各處地方都不得安靜。請問大王又怎麼樣呢。宣王聽見這話。心裏有些嗽嘈了。故望左右的侍臣說別的話了。孟子見大王這麼樣。知道他不能改過的了。也不必再說了。

匡章曰陳仲子　一章

話說齊國有箇大夫姓匡名章常與孟夫子來往一日向孟夫子說道咱們國中這箇陳仲子豈非當眞是箇廉潔的漢子麽你看他在於陵的地方蓋了一間房子居住一連三天都沒有飯喫肚中饑餓的了不得身體又虛弱了連耳睡也重聽了眼睛也矇瞀了譜譜兒記得井邊上那株李子樹一定有好些李子可能充飢的那時他兩支腿也站不住了只得勉强扎掙着好容易爬到樹底下摩着

那箇李子。卻被毛毛蟲蛀了一大半。怪澁的都不論了。他放在嘴裏。吧嗒吧嗒的咽了幾咽。那耳睡纔聽得聞聲响了。眼睛纔瞧得見東西了。這樣安貧守分的事。不是廉士。怎能彀幹得來呢。孟子告訴他道。你們國中的人。貪圖富貴。不顧臉的也多得很。像仲子這樣的麼。可算是挺得大拇指頭的囉。但仲子怎麼當得這箇廉字。瞧他的行爲比方起來。好像那蛐蟮的操守。纔好。爲甚麼呢。那蛐蟮在上頭喫的是乾坭。在底下呵的是溷水。一點兒都沒有求人的去處了。若仲子未免要居住的要喫的。試問他住的房子。不曉得是伯夷建造的呀。還是盜跖建造的呢。又問他喫的米粮。是伯夷耕種的呀。還是盜跖耕種的呢。這兩件事都不知道怎麽樣的來歷呀。既是橫豎都不知道。那就不能像蛐蟮這麽廉潔了。匡子道。這有什麽相干呢。他那些居住的日用的。都是自己勤做活計。打草鞋。替他女人們織麻紡線。換來的。就是不知怎麽樣來的。也沒有妨礙呢。孟子說道。這是那兒話呢。你不想想他是甚麽的人嘛。

他本來不是貧賤出身哪。原是個做官做宦的子弟。誰不知道他哥哥是蓋邑大夫呢。計算他一年出息。合攏起來。還有萬鍾的俸祿。這都算朝廷的恩典。沒有甚麼不是的。不料他避了哥哥。棄了媽媽。單拉了他的女人兩口子跑到於陵地方居住。已是不近情的了。聽見他有一天回來見母親。可巧有人送隻鵝兒來。這也是官宦家往來的常事。他見了就縐着兩眉從鼻子裏哼了一聲說道。要這樣鶂鶂的東西做什麼呀。他哥哥聽見他說些沒趣的話。本要搶白他一頓。又恐怕招母親生氣。卻忍着性兒。不答理。他後來那仲子回去於陵。到底心裏惦着他的母親。改日又來瞧瞧。他母親是箇老人家。自然憐愛少子。叫人宰了這隻鵝兒給他喫。剛剛撞着他哥哥上朝回來。想起前情。因冷笑道。這就是那一天鶂鶂的肉了。他一聽見這句話。便鬧起脾氣來。急忙走出門外。用手指頭探入嗓子。一估腦都嘔吐出來了。他母親這麼疼愛他。給他東西喫他都不肯喫。這就沒可喫了。怎麼他娘子換回來的東西他就喫呢他哥哥的大房子。是朝廷的恩蔭。他都不肯去住這就沒可住了。怎麽於陵那箇地方。他就居住呢。看他這樣的行爲。可以說得去麽。我說他必要像蛐蟮的樣兒。纔算得是箇不求人的。就是這箇緣故喇。若不是這麽樣他還要喫的還要住的。總不過矯情飾貌。沽名釣譽。把這箇人倫的大道理全都不顧。既無君臣上下的體統。又沒母子弟兄的情分。件樣都不懂得。還說甚麽廉潔呢。

齊人有一妻一妾　一節

齊國有箇漢子大小兩箇老婆同在家裏過活那漢子天天出門去必在外頭酒醉肉飽纔回來他老婆問他道誰給你的喫呵呀他漢子答道都是大富大貴的人們他大老婆告訴小老婆道咱們當家的遭遭出街去必定喫飽呵醉了纔回來問他是誰給的呢他說是富貴的人們我想禮尙往來那富貴的人都是通情的呀爲什麽總沒見箇人來回拜他呢這箇很奇怪了待我瞧着他到底是那

裏去於是老早起來悄默聲的跟隨那漢子所到的地方滿道處都沒箇人替他站着談談的只見他一溜烟跑到東門外替那上墳的人討點喫剩的東西這邊討完了還不彀又望那邊去了這纔知道他喫飽呵醉原來是這麽着他老婆回到家裏告訴小老婆道咱們嫁夫招主原望終身倚靠啊如今這樣沒廉恥的寃家還倚靠什麽呢二人就臉對臉兒在堂屋裏大哭起來他漢子還不知道呢又揚揚得意從外頭回來替他兩箇老婆撒驕道拏醒酒

湯來啊你們做什麽哪都瞧不起我嗎丈夫在外是有體面噠呀所有富貴的大人們那箇不擡愛我呢你們還不知道嘛

齊饑陳臻曰　一章

先時齊國饑荒孟夫子在齊曾經勸齊王開發棠縣的倉廪以賑濟饑民。如砦又遇着饑荒的年了陳臻來問道齊國的饑民又望夫子勸大王發棠。這件事可以再行得不

孟夫子答道啊是嘛。我今日再勸大王發棠。是做馮婦那箇行徑囉。昔日晉國有箇好漢子。姓馮名叫阿婦。常常最好在山上打這些豺狼虎豹後來改了性子。做箇純厚的人總不幹這營生了。一日在家閒暇無事。出門去遊玩遊

玩。解解悶兒。偶然又來到曠野的地方。遠遠瞧見有許多人嘈嘈鬧鬧。有幾箇拏鎗刀的。有幾箇拏劒戟的。齊跑上前。追着一箇老虎。那箇老虎奔跑到山上。靠在山窟子那裏。呲牙舞爪的。想要撲人。衆人也沒箇敢上前擒他的。那時都沒甚麼法兒囉。忽然望見阿婦。忙向前迎接他。求他帮帮打那箇老虎。這時阿婦不覺又生起氣來。隨即挽起袖子。掖起衣裳。磨拳擦掌。一步兒就跳下車來。不用鎗刀器械。又不用人家帮手。筆直的跑上前打這箇老虎。那老虎就作起威勢卻用兩爪爬起向前撲來阿婦將身一趔雙手抓住兩爪往前一拉把虎壓在地下那虎將要掙起阿婦用腳一踢正踢在那老虎鼻梁子上聽見那老虎齁的一聲就癱死在地衆人都喜歡拍掌讚道眞本事了這麼大的老虎沒有人敢攖的卻被馮大哥三拳兩腳就結果了他眞本領了但這是沒有見識的話若是有見識的人一定笑話他了笑甚麼呢只因他既然改行卻又發起這箇脾氣來豈不是枉費了為善的起頭囉嗦我若復請

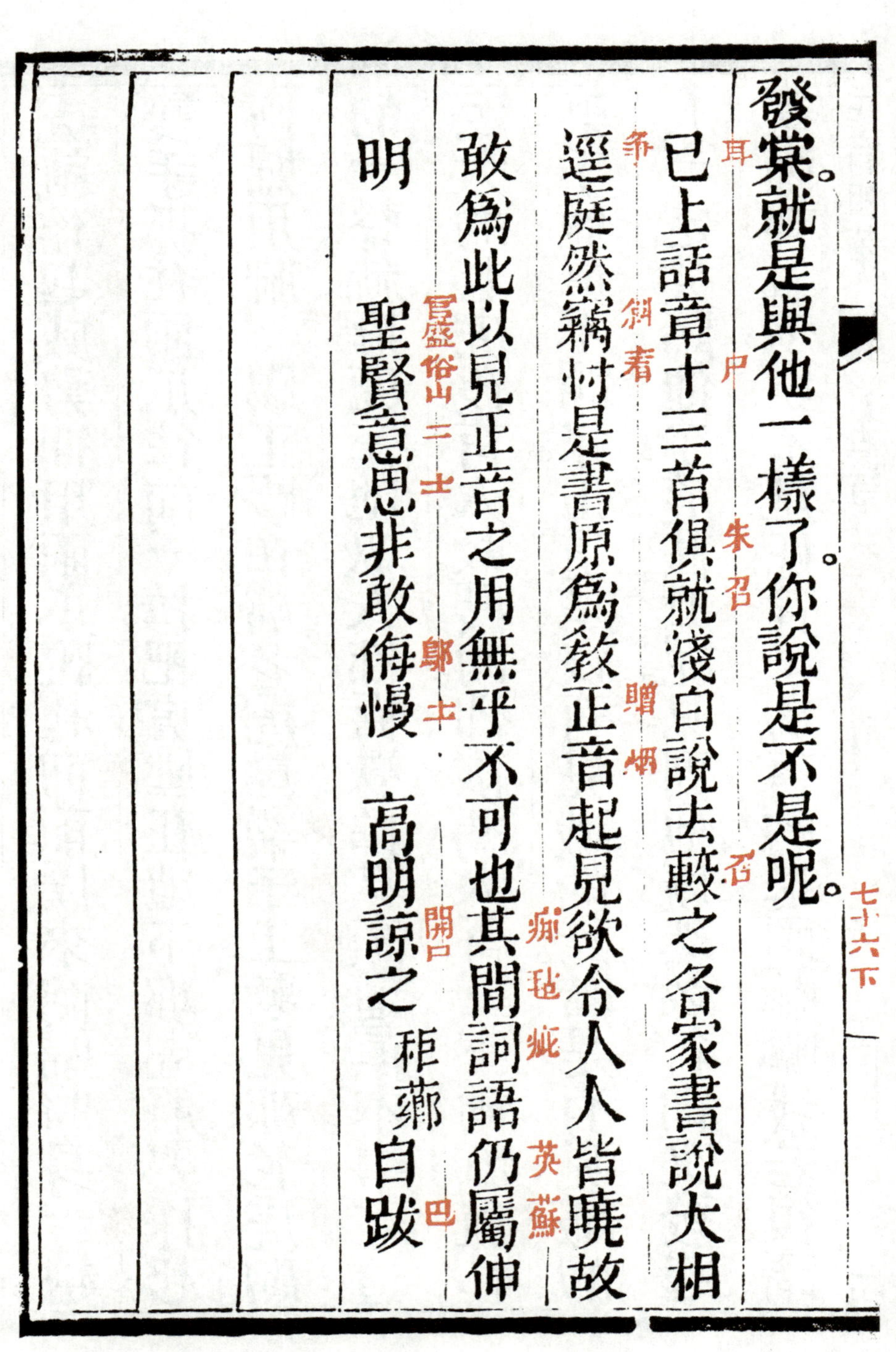

發棠就是與他一樣了。你說是不是呢。

已上話章十三首俱就淺白說去較之各家書說大相逕庭然竊忖是書原為教正音起見欲令人人皆曉故敢為此以見正音之用無乎不可也其間詞語仍屬俚明

聖賢意思非敢侮慢　高明諒之　秬薌自跋

審判嫌貧賴婚一案

原告郎勤學　媒人徐玉成　擺唆顏隨聲

被告顏始富　顏女顏百花　族長顏附和

官問郎勤學是你嗎　郎答是。官問你今年多大幹什麽事業與顏家對親幾年了爲甚麽退親已經退親又爲甚麽告人從實說來　郎供　童生今年三十歲向來念書父親在世請徐玉成做媒往來各有婚書庚帖後頭父親去世家事淡薄童生十二歲時候因葬母把二十畝田的契書與顏隨聲借貸三十兩銀子每兩每月加利三分那知道顏隨聲起不良之心利上加利算到十二年就要童生還他本利四百八十兩强把童生一十畝田占了去累童生不得過活童生氣不過把他告了在案尚未歸結從此記仇就在他叔父顏始富跟前調三窩四顏始富就來退親童生不依邀同媒人投稱他族老到丈人家理論摔着顏隨聲也在那裏說話丈人還沒有開口他就唆嚇起來又唧唧咕咕替丈人說丈人就將紙筆來壓派童生寫退婚書

童生不肯寫他一邊罵一邊叫拏繩子蔴條來童生無奈只得潦草寫下退書他然後纔放了童生受曲得很望大老爺作主現有庚帖婚書可據 官道 我且問你怎麽弄得這樣徠獃漫道是你丈人嫌你連本縣也瞧你不上人家有箇好好女兒嫁你這樣徠獃臭嗎下去 郎供 童生受了委曲望大老爺作主 官道 糊說下去候着 官向吏說 郎勤學告顏隨聲的案現存那房快去查出來叫顏始富徐玉成都上來顏始富你與郎家對親又怎麽樣退悔說上來

富供　監生原與已故郎大業相好徐王成說合對了兒女親家是有的。不料他死後他兒子郎勤學賭蕩花消把一分家業都弄干淨了。屢次催他完娶他全不理把女兒悞了這些年他想加倍取囘禮金退親。監生無法給他五十兩銀已經寫下了囘字現繳在案。官問　給五十兩銀子有誰見証。富供　有顏隨聲見証　官叫　徐王成顏家與姓郎的對親是你做媒嗎　徐荅　是小的做媒　官問　郎勤學怎麼把家當花消。顏家給五十兩銀子叫郎家寫退婚書的時候。

你在旁瞧見嗎徐供小的不在旁銀子小的不見有無退親不退親小的不知總是前幾年顏家叫小的催郎家完娶郎家說沒有娶費一年推一年是有的姓郎家事是他父親郎大業生意虧本臨死時候該下好些帳目郎勤學從小很勤儉無奈欠帳忒多到了二十歲止清了帳家事又完了顏家富厚見他窮苦好幾麼想叫郎家退親他女百花不依所以就擱到這會見郎姓請族老時候小的同到顏家他們吵鬧起來小的勸不開小的就去了沒聽見

有銀子後來他兩家怎麼小的不知道 官道 顏百花你見過他沒有 徐供 見過了 官道 認得不 徐供 認得 官問 顏隨聲是始富什麼人 徐供 是他總麻姪兒從前在顏附和家裏管帳 官道 下去 官叫 顏始富上來你給郎家五十兩銀子他替原媒都說沒有我且問你你的女兒還是給他做親好呀還是另嫁好呢他不願意自然告狀不休了豈不躭悮你女兒嗎你自想想 顏供 大老爺明鑒女兒今年二十九歲了郎家窮極女兒回去那裏有飯喫呢求大老爺

詳情。

官道 是呀。窮苦家誰肯把女兒嫁他呢。何況郎勤學那箇討人嫌的樣兒。但是他心裏不愉服啊。我替你打算怎麼好呢。也罷。本縣替你出箇主意。許他那五十兩銀大概沒有給他。如今再湊五十共成一百兩。繳在本縣。待本縣押他領回去另娶。你女兒另選佳壻。豈不兩便。雖然你目下吃虧些。還不至悞了你女兒終身。你自想想好不好。

富供 好得很。大老爺肯作主。漫道一百銀。就是多些。監生也是情願的。

官道 也罷。你加上三十兩。再不怕他不依。你願意呀。富供 大老爺公斷就是。官道 叫原差打發兩箇妥當的小差同着顏始富回家提一百三十兩銀子限初六日午堂呈繳不得有悞顏百花來了沒有。差稟 來了。官問 誰跟他來現在那裏。差稟 是他嬸娘跟他來還有一箇老媽子現在他親戚姓魯的家裏住着候審。官問 甚麼老媽子。差稟 是他的伴婆。官道 告訴他候着等初六那天要問話。官道 叫顏隨聲。官問 顏隨聲你這箇東西使着甚麼重利準折强占人家田產可惡極了拉下去糊塗東西打你

幾下就明白了 隨供 大老爺開恩小的有箇下情容稟 官道 有什麼話你說 隨供 三分算利原是耶家情願纔寫上借約十二年以來本利全無虧了小的小的不得已纔把他給拏手的田畝收租並不是小的强占他的乞大老爺明鑒 官道 啊你不是占人的爲什麼三十兩本銀就收人家二十畝田租的利呢二十畝田豈止值三十兩銀的利嗎且不說這箇人家告你這些年爲什麼不出審本縣知道你利浮於本巴不得捱一年多收一年利就是拏出些

兒來巴結房差給你沉案也是有的了。隨供 沒有小的沒有小的不敢。官道 你還橫嗎。既然不敢怎麽人家告你這些年你並不投到候審呢。怎麽連訴詞也不遞一紙呢。明擺着是延挨沉案你坐着收利。刀歪得很。不管拉下去。隨六 大老爺開恩小的屁股長瘡。受不得刑法。望大老爺開恩小的情願罰情願罰小的。官道 啊你願罰不願打。且慢擱着板子我且問你二十畝田每一年收多少稻子呢。隨供 每年四十石。官道 每年四十石。收了七年七四得二百

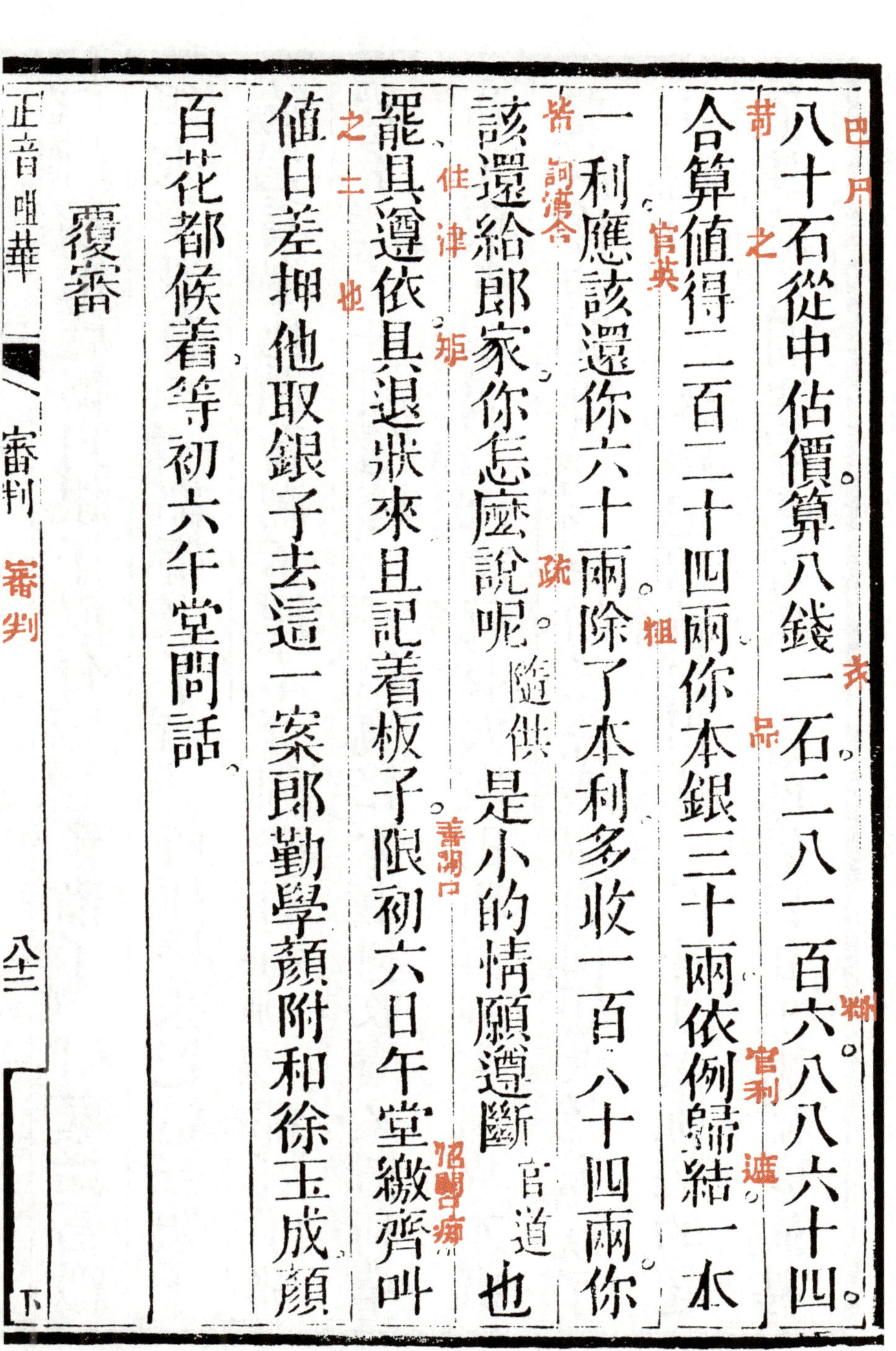

八十石從中估價算八錢一石二八一百六八八六十四。合算値得二百二十四兩你本銀三十兩依例歸結一本一利應該還你六十兩除了本利多收一百八十四兩你該還給郎家你怎麽說呢。隨供 是小的情願遵斷 官道 也罷具遵依具退狀來且記着板子限初六日午堂繳齊叫値日差押他取銀子去這一案郎勤學顔附和徐玉成顔百花都候着等初六午堂問話。

覆審

官問 顏隨聲繳到銀子沒有。差稟 預備了。官問 顏始富繳
銀來了沒有 差稟 都帶來了 官問 叫庫房來把這些銀子
驗過看過比過看潮不短不仔細些看看 庫稟 都好了都
彀了 官道 叫顏隨聲 官問 顏隨聲你重利放債又債利準
折不與人家說通說準就收人家田租與強占何異本縣
要問你的罪呀 隨求 小的已經繳銀退田懇大老爺饒了
小的 官問 你繳銀退田就恕得你囉嗎比如做強盜的起
了賍就不問罪囉嗎帶起候着你儘自在那裏磕頭做甚

嘛官問吏他說甚麽吏傳他說大老爺吩咐罰他免打他板子。他如今情願再罰乞大老爺免他問罪官道前繳一百六十四兩。是應該還郎家的租利不是罰你的銀子呀你如今願罰從新拏出四百兩銀子充公纔免得你罪隨供大老爺施箇全恩小的沒有這麽多官道你願意多少你說隨供一二百小的拏得出多就要賣田了求大老爺施恩官道你這宗混帳東西。做花子也是本該的。賣田贖罪就使不得了嗎。罷囉。馬上繳來三百兩也准你罷你怎麽

說呢 隨供 是了小的出去提一百繳上請大老爺格外施恩 官道 那箇不能三百是一定要的馬上繳准你三百若是立限限滿要四百纔能殼 官叫差 押他出去他願出三百立刻繳來若是不願出押着具限明早繳四百 差應 是囉 官道 叫徐玉成叫顏百花 官問 你是顏百花呀徐玉成你去瞧瞧看是不是 徐供 是不錯的 官問 顏百花你父親把你配合郎家如今又退了郎家要把你另嫁你依不這是你終身一件的大事有話不妨說 官叫吏 叫他伴婆告

訴他。吏稟顏百花不語。他的嬸娘說是郎家窮。沒有飯喫。官道呵呵。女人從一而終。烈女不嫁二夫。這是自古以來的道理。况且富貴的未必一輩子都富貴。貧賤的未必一輩子都貧賤。你不出聲。這就不能退了。官叫吏細細告訴他。吏稟顏百花又不語。官道叫他嬸子上來。你是顏百花的嬸娘嗎。嬸應是。官問你姓什麼。嬸供小婦人姓朱。官說朱氏且問你。你說郎家窮。不叫姪女嫁他。還有別的緣故沒有。朱氏供沒有別的。他的爹娘說是郎家窮。沒有飯喫大老爺。難道叫姪女回去活活餓死不成這也怎麼忍心呀。大老爺 官問 啊。原是單爲這箇窮字。不是還有別樣毛病呢。朱氏 他也是好好一箇漢子。不是痳瘋。又不是家裏不淸白。單爲着沒飯喫。又找不出銀子來娶親。纔弄出這許多緣故來啊 官道 呵呵。你說郎家窮。郎勤學。今箇可不窮了。本縣帮他做了一箇財主了。現在有二十畝田。現銀五百多兩。你說他兩日子的飯穀喫不 朱氏 嗳喲。這是天掉下來的富貴了。他兩口子好命。受大老爺這樣恩典。官

道下去告訴你的姪女。照舊給■勤學做親纔是 官叫差

叫兩造都上來。顏始富你的女兒很懂道理今日郎勤學不窮囉。你知道。不你那宗不肯燒冷鍋的有幾箇糟錢就欺人囉嗎。你當不起丈人兩箇字。本縣替他兩人主婚。仍把你女兒給郎勤學做親。你在旁邊看看。害羞不害羞。富

供 大老爺節恩典 官道 叫顏隨聲你這些銀子繳來沒有 隨

供 繳來了。官叫 庫房比過應過。給他收拾起來把顏始富所繳的一百三十兩將三十兩封起。拏上來下剩一百兩。

連前次繳的租利銀子一百六十四兩一股臘封固待本縣初八日當堂發給郎勤學官叫郎勤學本縣替你取囘二十畝田罰出顏家五百九十四兩銀子今日是黃道上吉日子西門外有所充公房子暫借你住三箇月你同着值日差先到那塊打掃本縣隨後打發人送顏百花到給你兩口子完婚從此勤儉巴結上進先把這三十兩拏去備辦床帳酒席省儉些不要充體面多花鈔三日後你來衙再領銀子本縣還有話吩咐叫兩箇值日小差提着鑰

匙同郎相公到福壽里把那所充公房子打掃干淨仍在

那裏伺候郎相公完娶三天後纔回衙門來 官叫 鄧勸學

你同着他去顏隨聲你好運氣攤着今日本縣主婚嫁百

花是一場好事免你治罪卻有件事使喚你下去等着 官

叫跟班 你進內衙告訴官太太打發兩箇老媽媽出來領

顏百花進去見官太太顏百花你跟着老媽媽進去見見

官太太朱氏同伴婆都跟着百花 叫跟班 來告訴官太太

我一套沒有穿過的衣裳沒有戴過的釵環叫百花更了

衣粧扮起來叫聽事差人出外頭辦一頂花轎十二對紗燈兩面彩旗六名鼓手八名小樂三十二名夫立刻辦齊到衙門來伺候送親所有賞銀開單到宅門來領叫跟班來進去把我昨日新縫的一套駝絨紅青緞子夾袍褂一件月白綢子長衫一套新洋布汗褟小衣都拏出來叫值日打發一箇小差把這些衣服用方盒子盛上送給郎相公你說大老爺知道你趕辦不上打發送來當是大老爺送的賀禮叫姓顏的兩箇人都上來徐玉成也上來顏附

和你是族老族內有不妥的事也不指撥指撥這箇族老當不住了今日應該罰你賞你顏家一箇臉罷本縣給郎勸學顏百花斷合斷得是不罰了顏隨聲罰得是不是叫顏始富拏出銀子帮帮女壻辦得好不好你說 附供 大老爺公斷很是很是是得很 官道 呵呵隨聲附和名不虛傳今天顏家的女兒出嫁你一箇是族老一箇是舅子你兩箇等等跟着花轎後頭送親到郎家去這是你本分的你若怠慢些兒兩罪俱發好好巴結新姑爺新富翁呵箇喜

酒就是害羞些也不妨的呀。顏始富。百花是你女兒父母無送親的禮。這一杯酒你聽不得呵了。怎麼好呢。你花了這些。銀子連酒也沒呵一盅。偏了郎勤學這箇好丈人囉。你且在那裏看看熱鬧瞧完就好回家。打點會親去也可以巴結得富貴的女壻了啊。徐玉成。你的媒做成了。今日還要煩勤你領百花到郎勤學家成婚。預備衣帽快快來。

徐玉成說好了。好了。大老爺這番恩不虧小的一場心了。

聽事回送親的鼓樂人夫。小的都辦齊在頭門外伺候。官叫跟班你告訴內衙去打發顏家女兒在西倉便門口上轎叫各夫都過西倉伺候撥兩名值日小差照料直送到鄖家安頓好纔囘來值日差瞧着顏家隨聲附和這兩箇人送親他若不去卽刻來囘話

此案得於友人自衙門傳來的因見其事關風化且饒有趣致故附錄之以爲學話之助 秬薌自跋

八十八

儀畧條欵

四拜禮、平身。端拱（而立）兩手合（揖揖也）拜。跪下（拜拜也）而興。起而（興興也）先一端立一深揖一叩首一興起照式一連四次而再一揖謂之禮畢。此惟見父母祖父母及該管地方官用之。餘不可用。今用三跪九叩禮亦同。

兩拜禮（即再拜）照四拜減去兩拜兩興。凡見老師。見岳丈。見父執輩。見有服尊親。俱用之。見朋輩亦可用。長輩答揖。朋輩答拜。

一跪三叩禮此見尊長常禮也燕見常見俱可用

打躂俗云打躂半膝見同輩長輩俱可用同輩答如之長輩扶住

打恭雙手揖下三動其手自足至首卽所謂三揖也同輩尊輩俱可用答禮如前

躬腰屈腰垂手見同輩卑輩皆可用若尊者躬腰則卑者垂手站住不得躬腰與尊者對抗

拉手兩人雙手捧住如半揖之狀見同輩用

拱手兩手拱至心長者答禮用

家禮

叩賀祖父母父母俱行四拜禮祭祀及久別回來亦同受者正坐拱手不回謝起來垂手旁站命坐則就坐侍坐不命坐則仍站住若坐下問答必站起叩賀伯祖叔祖伯父叔父及兄長俱行兩拜禮祭祀及久別回來亦同受者旁立亦答揖如兩拜後更拜則必親扶起起來坐立如前常見撫見打躚請安若路遇趲前打躚垂手旁站俟長者去乃去

拜見業師恩師禮

入門通名。有贄儀禮物郎於此傳進召進則進升階北面行再拜禮。師從旁答揖。若師同拜則說謝老師三字。禮畢命坐則北面三揖凡揖必答揖後倣此就次侍坐如師命坐客位退讓不敢再命乃三揖就坐。對答俱站起。如有事稟求站起三揖口說有箇下情求老師。然後說話。茶至起受茶。朝上揖謝茶。俟師叫呵茶。雙手捧着。看師呵一口則呵一口。師停住亦停住。防有問話也烟至。奉烟則食自已不攜烟筒接着。不謝。不請。不要噴烟。輕輕吐勿噴大不論問答。勿含着烟筒。檳至起受檳。朝上揖謝檳。不要混吐汁。不哭要妥辭別站起三揖口說告辭。師送出。俟師先行。一步隨後跟去。要輕輕放側身行勿令老師背着自己至簷前或至門口三揖垂手站住口說請老師轉壁。俟師回去纔上轎去。凡出入俱走旁門。若師位太尊。或是當任父母。仍自稱某生。如庠生則稱庠生童生則稱童生蓋不敢當門生之意凡師詢問祖父及父親名諱站起說上一字是某。下一字是某。不得一連說去。如單名說左邊从某。右邊从某凡問祖父名父名倣此

各生貢見府縣禮

各生貢見該管府縣。俱行四拜禮。扶住則罷。餘比拜見老師禮同。稱謂或老公祖。稱府 或老父師老父臺。俱稱縣 未受職時。自稱某生 如庠生則稱庠生 廩生則稱廩生 如已受直隸州同職。州判職。自稱治弟。已受教職。佐貳職。自稱治晚生。凡拜會俱用手本。說稟見。或云叩見。稟安。庠生見該學教官。其禮亦同。但稱老師。自稱門生。

賓主相見禮

投帖若不會合傳進掛號若會說要會候門上請會從大堂口下轎主人揖迎於門外客答揖及門及階皆揖升堂客再拜主人亦再拜興主人趨正客位客辭主人固請正之客趨正主人位主人辭客亦固請正之先問候然後敘談如主人有父兄者必要拜見其父兄主人固辭乃免茶至客起受茶揖謝主人答揖主人爲客揪開蓋盅說請客亦爲主人揪開蓋盅說請旋即雙手舉飲烟至一請檳至

客起受檳揖謝主人答揖辭退客起說告辭朝上一揖辭

說不敢勞送主人送及階及門客皆揖辭主人答揖送至

門外復揖如初客到轎口一揖上轎在轎上躬腰說請主

人亦說請主人俟客轎去乃回去若客是晚輩出入不敢

由中門縱使長者拘請亦宜放側身過去不得公然由之主人送至門外揖畢垂

手旁站說不敢當俟長者回去然後上轎凡官場中拜會

說話畢然後呵茶呵了茶即辭退或主人留挽再叫擡茶

則暫留主人回拜禮亦倣此

近來禮皆從簡賓主一見拉手各自快邁直到客廳客說特來叩賀或說請安主人說不行禮客請主人復辭客揖或拉腿主人回答亦如之主拉客坐客即坐烟茶至一請辭退客說暫別一揖至門外躬腰說請此亦簡便

正音咀華續編終

“早期北京話珍本典籍校釋與研究”
叢書總目録

早期北京話珍稀文獻集成

（一） 日本北京話教科書匯編

《燕京婦語》等八種
華語跬步
亞細亞言語集
北京風土編·北京事情·北京風俗問答
伊蘇普喻言·今古奇觀·搜奇新編
四聲聯珠
官話指南·改訂官話指南
京華事略·北京紀聞

（二） 朝鮮日據時期漢語會話書匯編

改正增補漢語獨學
高等官話華語精選
速修漢語自通
速修漢語大成
中語大全
修正獨習漢語指南
官話華語教範
無先生速修中國語自通
官話標準：短期速修中國語自通
“内鮮滿”最速成中國語自通

（三） 西人北京話教科書匯編

尋津録
語言自邇集
官話類編
華語入門
漢英北京官話詞彙
漢語口語初級讀本·北京兒歌
北京話語音讀本
語言自邇集（第二版）
言語聲片
華英文義津逮
北京官話：漢語初階

（四）清代滿漢合璧文獻萃編

清文啓蒙
清話問答四十條
一百條·清語易言
清文指要
續編兼漢清文指要
庸言知旨
滿漢成語對待
清文接字·字法舉一歌
重刻清文虛字指南編

（五）清代官話正音文獻

正音撮要
正音咀華

（六）十全福

（七）清末民初京味兒小説書系

新鮮滋味
過新年
小額
北京
春阿氏
花鞋成老
評講聊齋
講演聊齋

（八）清末民初京味兒時評書系

益世餘譚——民國初年北京生活百態
益世餘墨——民國初年北京生活百態

早期北京話研究書系

早期北京話語法演變專題研究
早期北京話語氣詞研究
晚清民國時期南北官話語法差異研究
基於清後期至民國初期北京話文獻語料的個案研究
高本漢《北京話語音讀本》整理與研究
北京話語音演變研究
文化語言學視域下的北京地名研究
語言自邇集——19世紀中期的北京話（第二版）
清末民初北京話語詞彙釋